Madeleine Herren

Internationale Organisationen seit 1865

Eine Globalgeschichte der internationalen Ordnung

Geschichte kompakt

Herausgegeben von
Kai Brodersen, Martin Kintzinger, Uwe Puschner, Volker Reinhardt

Herausgeber für den Bereich *Neuzeit*:
Uwe Puschner

Berater für den Bereich *Neuzeit*:
Walter Demel, Merith Niehuss, Hagen Schulze

Madeleine Herren

Internationale Organisationen seit 1865

Eine Globalgeschichte
der internationalen Ordnung

Die Deutsche Nationalbibliothek verzeichnet diese Publikation
in der Deutschen Nationalbibliografie;
detaillierte bibliografische Daten sind im Internet über
http://dnb.d-nb.de abrufbar.

© 2009 by WBG (Wissenschaftliche Buchgesellschaft), Darmstadt
Die Herausgabe des Werkes wurde durch
die Vereinsmitglieder der WBG ermöglicht.
Gedruckt auf säurefreiem und alterungsbeständigem Papier
Einbandgestaltung: schreiberVIS, Seeheim
Satz: Lichtsatz Michael Glaese GmbH, Hemsbach
Printed in Germany

Besuchen Sie uns im Internet: www.wbg-wissenverbindet.de

ISBN 978-3-534-20365-9

Inhaltsverzeichnis

V

Geschichte kompakt

In der Geschichte, wie auch sonst,
dürfen Ursachen nicht postuliert werden,
man muss sie suchen. (Marc Bloch)

Das Interesse an Geschichte wächst in der Gesellschaft unserer Zeit. Historische Themen in Literatur, Ausstellungen und Filmen finden breiten Zuspruch. Immer mehr junge Menschen entschließen sich zu einem Studium der Geschichte, und auch für Erfahrene bietet die Begegnung mit der Geschichte stets vielfältige, neue Anreize. Die Fülle dessen, was wir über die Vergangenheit wissen, wächst allerdings ebenfalls: Neue Entdeckungen kommen hinzu, veränderte Fragestellungen führen zu neuen Interpretationen bereits bekannter Sachverhalte. Geschichte wird heute nicht mehr nur als Ereignisfolge verstanden, Herrschaft und Politik stehen nicht mehr allein im Mittelpunkt, und die Konzentration auf eine Nationalgeschichte ist zugunsten offenerer, vergleichender Perspektiven überwunden.

Interessierte, Lehrende und Lernende fragen deshalb nach verlässlicher Information, die komplexe und komplizierte Inhalte konzentriert, übersichtlich konzipiert und gut lesbar darstellt. Die Bände der Reihe „Geschichte kompakt" bieten solche Information. Sie stellen Ereignisse und Zusammenhänge der historischen Epochen der Antike, des Mittelalters, der Neuzeit und der Globalgeschichte verständlich und auf dem Kenntnisstand der heutigen Forschung vor. Hauptthemen des universitären Studiums wie der schulischen Oberstufen und zentrale Themenfelder der Wissenschaft zur deutschen und europäischen Geschichte werden in Einzelbänden erschlossen. Beigefügte Erläuterungen, Register sowie Literatur- und Quellenangaben zum Weiterlesen ergänzen den Text. Die Lektüre eines Bandes erlaubt, sich mit dem behandelten Gegenstand umfassend vertraut zu machen. „Geschichte kompakt" ist daher ebenso für eine erste Begegnung mit dem Thema wie für eine Prüfungsvorbereitung geeignet, als Arbeitsgrundlage für Lehrende und Studierende ebenso wie als anregende Lektüre für historisch Interessierte.

Die Autorinnen und Autoren sind in Forschung und Lehre erfahrene Wissenschaftlerinnen und Wissenschaftler. Jeder Band ist, trotz der allen gemeinsamen Absicht, ein abgeschlossenes, eigenständiges Werk. Die Reihe „Geschichte kompakt" soll durch ihre Einzelbände insgesamt den heutigen Wissenstand zur deutschen und europäischen Geschichte repräsentieren. Sie ist in der thematischen Akzentuierung wie in der Anzahl der Bände nicht festgelegt und wird künftig um weitere Themen der aktuellen historischen Arbeit erweitert werden.

Kai Brodersen
Martin Kintzinger
Uwe Puschner
Volker Reinhardt

I. Einleitung
1. Internationale Ordnung und Globalgeschichte

Die Welt der Gegenwart zeichnet sich durch ein dichtes Netz von globalen, grenzübergreifenden Aktivitäten aus, zu denen die ungeheure Zahl von über 61.100 internationalen Organisationen ebenso beiträgt wie die Veranstaltung internationaler Konferenzen und Kongresse. Der stolze Hinweis auf die Partizipation an internationalen Organisationen gehört zur Selbstdarstellung moderner Außenministerien, und das politische Potenzial von Nichtregierungsorganisationen in der ganzen Breite zwischen WEF-Gegnerschaft und Olympischen Spielen prägt das heutige Verständnis von Internationalität. Angesichts dieser vielfältigen und weltumspannenden Netzwerke ist die Anzahl der derzeit 193 von der UNO anerkannten souveränen Staaten lächerlich gering – und dennoch gibt es keinen Grund, von einem Ende des Nationalstaates zu sprechen.

In diesem Spannungsfeld zwischen Grenzüberscheitung und nationaler Abgrenzung hat sich ein eigenständiges Forschungsgebiet entwickelt, dessen intellektuelle Brisanz sich im angelsächsischen Sprachraum hinter einem fehlenden Plural versteckt: „international organisation". Dieses Forschungsgebiet setzt sich auch mit internationalen Organisationen auseinander – weit mehr aber mit den Grundsätzen der internationalen Organisation, der internationalen Ordnung. Von zunehmender Bedeutung sind globale Steuerungsmechanismen, die als Global Governance Globalisierungsprozesse zu verstehen helfen. Als Entwicklung internationaler Ordnungsvorstellungen verstanden, ist Internationale Organisation ein Spezialgebiet des Faches Internationale Beziehungen und damit keine historische, sondern eine politikwissenschaftliche Disziplin. Warum also sollten sich Historiker und Historikerinnen mit internationaler Organisation auseinandersetzen? Welcher Erkenntnisgewinn ist zu erwarten und wie unterscheidet sich eine historische Analyse von der reichhaltigen sozialwissenschaftlichen Literatur?

Zum einen ist eine Geschichte der internationalen Ordnung als mögliches Kernthema einer derzeit diskutierten, zeitgemäßen Globalgeschichte geeignet. Zum anderen bieten Überlegungen zur historischen Entwicklung der internationalen Ordnung einen geeigneten Einstieg zur Frage, wie eine moderne Geschichtswissenschaft Globalisierungsprozesse thematisiert und sich dabei mit ihrer eigenen (nationalen) Vergangenheit auseinandersetzt.

Die vielseitig vernetzte Welt der Gegenwart sucht ihre Herkunft in einer Globalgeschichte, die sich deutlich von einer Weltgeschichte imperialistischer Eroberung und einer eurozentrischen Universalgeschichte unterscheidet. Die Geschichtswissenschaft ist als akademische Disziplin im 19. Jahrhundert entstanden und hat lange die Geschichte der (europäischen) Nationen erzählt, als identitätsbildende Nationalgeschichte ebenso wie als Prognose, dass mit der imperialistischen Expansion der Nationalstaaten das letzte Stadium des Kapitalismus ausgebrochen sei. Kein Historiker wird daran zweifeln, dass die Schaffung des Nationalstaates die Neuzeit prägt – aber zusehends setzt sich die Vorstellung durch, dass die begrenzte Ordnung

Geschichte der Grenzüberschreitungen

1

der Nation schon allein unter dem Druck weltwirtschaftlicher Verflechtung zwangsläufig eine Vervielfältigung von Grenzüberschreitungen nach sich zieht. Christopher Bayly schlägt eine Globalgeschichte vor, die statt der einen, an Europa gemessenen fortschrittgerichteten Erfolgsgeschichte ein polyzentrisches Entwicklungsmodell aufzeigen soll, geprägt von der Gleichzeitigkeit grenzüberschreitender Vernetzung und nationaler Abgrenzung. Andere Historiker und Historikerinnen sind dabei, die Lektion der postkolonialen Debatten zu lernen und verstehen Geschichte als „entangled" oder „shared histories", als „histoire croisée" und „connected history". In diesen Debatten hat seit dem Ende des Kalten Kriegs ein langer Abschied von der Vorstellung der Universalgeschichte des 19. Jahrhunderts begonnen. Was bleibt, ist eine Geschichtsschreibung, die ihre eigenen Ordnungsvorstellungen kritisch reflektiert und immer wieder die Frage stellt, was denn geschichtlich bedeutsam wird, was verloren und vergessen geht, wie unterschiedliche ‚Geschichtlichkeiten' miteinander konkurrieren, welche Geschichten sich Gesellschaften und Kulturen erfinden. Solche Überlegungen mögen abstrakt erscheinen, sind aber die unabdingbare Voraussetzung, um internationale Organisation als historischen Prozess fassen zu können. Der Gegensatz zwischen Weltgeschichte und neuer Globalgeschichte lässt sich am wandelnden Verständnis ihres Kernbegriffs deutlich machen: Die wissenschaftliche Einführung des Begriffs „internationale Organisation" wird dem schottischen Völkerrechtler James Lorimer (1818–1890) zugeschrieben. Lorimer betonte allerdings mit dieser Begriffsprägung weniger die Kooperation, sondern die Differenz zwischen unabhängigen Staaten. Was zwischen – *inter* – Nationen passiert, ist in der Vorstellung Lorimers ein durch das Völkerrecht geregelter und durch die Diplomatie formalisierter Spezialfall und im Übrigen ein politisches Feld, das exklusiv von den souveränen Staaten des christlichen Abendlandes zu beanspruchen sei – unter Ausschluss von so genannten ‚unzivilisierten' und ‚barbarischen' Staaten.

Der westliche Blick des Völkerrechts
J. Lorimer: Studies National and International, Edinburgh 1890, S. 149 f.

It was on this ground that I sought to explain, in my introductory lecture last year, the defects of *Corân* as the basis of any political system which was to claim international recognition. The ethical creed by which the conduct of one Mahometan to another is regulated – with rather important exceptions of polygamy and slavery – does not perhaps differ very essentially from the ethical creed which nature reveals to the rest of us. But the moment a Mahometan comes in contact with the external world, this creed not only ceases to act, but is positively reversed. "What was affirmative becomes negative, and what was negative becomes affirmative. The premises from which a Mussulman deduces his rules of conduct to an unbeliever are precisely the converse of those by which he deduces his rules of conduct towards a believer; and if he promises by international treaty or otherwise, that his conduct shall be the same, he simply promises to violate the *Corân*."

Wenn wir der Vorstellung des Internationalen als formalisierte ‚Lücke' zwischen den Staaten die Idee entgegen halten, dass dem Globalen selbst ein eigener Stellenwert zukommt, entwickelt sich ein ganz anderes Bild: Grenzüberschreitungen und Globalisierungsprozesse werden, wie Jürgen Oster-hammel und Niels P. Petersson darstellen, zu einem tief in die Geschichte zurück reichenden Normalfall, bei dem nicht nur Handelsbeziehungen und Personen, sondern auch Ideen, Kulturen und Religionen Grenzen über-schreiten. Moderne Vorstellungen von internationaler Ordnung interpretie-ren die trennscharfe Unterscheidung zwischen einer staatlich dominierten, internationalen Ebene und transnationalen Grenzüberschreitungen zuse-hends als programmatische Ordnungsvorstellung und nicht als Abbild histo-rischer Entwicklungsprozesse. Besteht die Bereitschaft, dem Globalen die Bedeutung eines historischen Themas zuzuschreiben, so erhält das 19. Jahr-hundert neben seiner Prägung als Epoche der Nation und des Nationalismus die Charakteristik eines globalen Zeitalters.

Ausbau und Einsatz von Kommunikationstechnologien beschleunigten und vergrößerten Migrationsströme und internationalisierten die Zeit. Seit dem globalen Einsatz der Telegrafie konnte die britische Kolonialverwaltung nicht mehr mit der Gewissheit regieren, dass Nachrichten aus London wäh-rend des Monsuns eine Übermittlungszeit von mehreren Monaten brauchten. Grenzüberschreitungen prägten Landschaften und Städte. Opulente Bahn-höfe gaben der flüchtigen Zeit zwischen Ankunft und Abfahrt Raum und Form. Kanalbauten in Suez und Panama und internationale Eisenbahnlinien durchschnitten als imperialistische Großprojekte die Kontinente und sorgten dafür, dass an der Wende zum 20. Jahrhundert ein verschlafenes mandschuri-sches Fischerdorf namens Harbin zu einem Verkehrsknotenpunkt der transsi-birischen und der transmandschurischen Eisenbahn wurde. Als der Schrift-steller Jules Verne 1873 seine Romanfigur Phileas Fogg auf die Reise schickte, ließ sich die Welt bereits in 80 Tagen umrunden. Der Weltreisende, so lehrt dieser Roman, war in dieser Zeit vorzugsweise britischer Nationalität und brauchte nur minimales Gepäck, aber unbedingt *Bradshaw's Continental Railway Steam Transit and General Guide*. Die neue Bedeutung des Fahrplans macht auf einen Blick ersichtlich, dass Globalität auch eine andere als nur eine territoriale Erscheinungsform aufweist und einen immensen Aufwand an multilateralen Absprachen, Normierungs- und Standardisierungsprozessen, nicht minder aber eine Verständigung über transkulturell gültige Zeichen, Normen und Symbole bedingt. Ist damit die Geschichte der Großmächte, der Krisen und Kriege hinfällig? Keineswegs. Die hier vorgelegte Geschichte der internationalen Ordnung ist vielmehr bestrebt, die vielfach bestehenden, spannungsreichen Bezüge zwischen einer Geschichte der Staaten und einer breit gefassten Globalgeschichte zu verdeutlichen. Sie zeigt dies am Beispiel der Geschichte internationaler Organisationen. Diese werden allerdings nicht als einzelne Institutionen vorgestellt. Vielmehr werden sie als höchst spannungsreiche Plattformen der Auseinandersetzung zwischen nationaler Abgrenzung und dem Ausbau globaler Netzwerke gesehen und mit zwei wei-teren Erscheinungsformen der internationalen Organisation verbunden, mit dem Auftreten internationaler Kongresse und Konferenzen und den Weltaus-stellungen, seit 1851 nationale Großanlässe mit globaler Ausstrahlung. Kon-gresse wie Weltausstellungen zeigen die internationale Ordnung in ihrer kul-turellen Vielfalt, sie präsentieren Spannungsfelder der Vernetzung und der transkulturellen Umsetzung, und sie erlauben nicht zuletzt, Einsicht in unter-schiedliche Geschichten von Grenzüberschreitungen zu gewinnen.

Das 19. Jahrhundert als globales Zeitalter

2. Definitionen, Entwicklungsmodelle und Zäsuren

Veränderungen von Status und Funktion internationaler Organisationen sollen Rückschlüsse auf Funktionen und Reichweite komplexer Netzwerke erlauben. Die Darstellung ist daher chronologisch aufgebaut. Im ersten Teil erscheinen internationale Organisationen als Instrumente kleinstaatlicher Machtpolitik und Ausdruck der Emanzipation einer grenzübergreifenden Zivilgesellschaft im 19. Jahrhundert. Das folgende Kapitel diskutiert die Auswirkungen des Völkerbunds auf die internationale Ordnung einer in den Zweiten Weltkrieg taumelnden Weltgesellschaft. Ein drittes Kapitel stellt die neuen Spielregeln der Vereinten Nationen und die Bedeutung des Kalten Kriegs bei der versuchten Trennung zwischen politischer und technischer Kooperation dar. Ein Ausblick thematisiert die wachsende Bedeutung der Nichtregierungsorganisationen in der Zeit nach dem Ende des Kalten Kriegs. Jedem Kapitel ist eine Zeittafel vorangestellt, welche auf die Gründung des für die jeweilige Zeit charakteristischen Organisationstypus' eingeht. Dabei werden die internationalen Organisationen mit ihrem offiziellen Namen bezeichnet und auf eine deutsche Übersetzung verzichtet. Spezielle Berücksichtigung findet dabei die zeitgenössische Darstellung internationaler Ordnungsvorstellungen.

Voraussetzungen für eine Globalgeschichte der internationalen Ordnung

Die hier vorgelegte Globalgeschichte der internationalen Ordnung unterscheidet sich in mehrerer Hinsicht von der Geschichte der internationalen Beziehungen. Grenzüberschreitende Prozesse folgen anderen Raum- und Zeitkonzepten als die Geschichte der Nation und ihrer staatlichen Außenpolitik. Eine globale Perspektive bedeutet, dass sorgsam darauf geachtet wird, unter welchen historischen Voraussetzungen ‚international' nicht mehr ‚europäisch' bedeutet. Raum bleibt zweifellos ein Schlüsselelement der Geschichte, aber es gilt, die Falle einer positivistischen Aufzählung von Grenzgängen zu vermeiden, denn fehlende, verschwiegene und vergessene Netzwerke geben wichtige Hinweise auf die Akzeptanz von Globalität in der jeweiligen Zeit. Um diesem Aspekt die nötige Beachtung zu schenken, wird in der Darstellung der dynamischen Entwicklung von Grenzüberschreitungen Asien speziell berücksichtigt. Es gibt mehrere Gründe, die Bedeutung Asiens zu betonen. Zum einen bezieht diese Geschichte internationaler Organisation ihre Bedeutung aus der Frage, wie globale Konzepte und Netzwerke begründet und beansprucht werden. Eine Geschichte kontinentaler Organisationen müsste anders geschrieben werden. Sie könnte in Lateinamerika beginnen, die Einberufung der ersten internationalen, panamerikanischen Konferenzen im 19. Jahrhundert und die Gründung der panamerikanischen Union beleuchten und in den Prozess der europäischen Integration einmünden. Das ist allerdings nicht die Absicht dieser Darstellung. Es gibt keine überzeugenden Gründe, Afrika zu vernachlässigen, denn die vielfältigen kulturellen und ökonomischen Netzwerke, die düstere Geschichte des transatlantischen Sklavenhandels und die daran geknüpften internationalen Menschenrechtsdiskurse, die Bedeutung der indischen Arbeiter in Südafrika und die strukturellen Folgen von Kolonisierung und Imperialismus haben die Geschichte der internationalen Ordnung geprägt. Wenn dennoch Asien in dieser Darstellung größere Aufmerksamkeit erhält, hat dies zwei Gründe: Asiatische Netzwerke gingen nicht den Weg des kontinentalen Zusammenschlusses, sie hatten eine bislang wenig beachtete globale Zielsetzung. Der explizite Einbezug Asiens erlaubt überdies ein Beispiel vorzustellen, das derzeit rege diskutiert wird. Diese Darstellung versteht sich zwar als Einführung in die Thematik internationaler Ordnung, will damit aber auch auf das innovative Potenzial des Themas in der Forschung aufmerksam machen. Die Anforderungen an eine moderne Geschichtsschreibung des 21. Jahrhunderts sichtbar zu machen und die Konstituierung internationaler Ordnungen auch als Aushandlung kultureller Differenzen zu verstehen ist ein intellektuelles Abenteuer – kein Repetitorium von Fakten und Ereignissen.

Die Erweiterung des Raumes über Europa hinaus beeinflusst auch den Umgang mit der Zeit, einem Schlüsselelement der Geschichtsschreibung. Periodisierung und Epochenbildung müssen neu überdacht werden, wie sich am Beispiel „Zwischenkriegszeit" zeigen lässt. Der Begriff, der unterdessen umstritten ist, priorisiert die Weltkriege als Ordnungskriterien und blendet andere Zäsuren aus. In Europa endete die Zwischenkriegszeit 1939. Zu diesem Zeitpunkt herrschte in Asien seit der japanischen Besetzung der Mandschurei bereits acht Jahre Krieg.

Epochenbildung und Meistererzählung

Welche Vorstellungen neben Raum und Zeit können eine Globalgeschichte der internationalen Ordnung zu strukturieren helfen? Die zeitgenössischen Vorstellungen über die zentralen Merkmale internationaler Ordnung enthalten wiederkehrende Argumentationsmuster. Diese lassen sich als „Meistererzählung" verstehen, als grundlegende, die Zeit prägende Denkmuster, auf die einzugehen Gegner und Befürworter internationaler Ordnungsvorstellungen nicht umhinkamen.

Im langen 19. Jahrhundert orientierte sich die Meistererzählung der internationalen Ordnung zusehends an einem Gebilde, das Zeitgenossen als ,internationale Organisation' beschrieben. Dieser Begriff bediente höchst unterschiedliche Vorstellungen, beweist aber bis zum heutigen Tag, dass eine grenzübergreifende Plattform nicht allein der Sicherstellung internationaler Normen und Regeln dient, sondern auch die ,Übersetzung' zentraler gesellschaftlicher und kultureller Veränderungen auf die Ebene der internationalen Politik zu leisten hat. Was Zeitgenossen ihren jeweiligen internationalen Organisationen an Aufgaben zuschrieben und nach wie vor zuweisen, erlaubt Rückschlüsse auf die globale Durchsetzung von Vorstellungen, Ideen und Konzepten. Dabei weisen die Meistererzählungen der internationalen Organisation charakteristische Unterschiede auf. Im 19. Jahrhundert forderte die Vorstellung eines sich grenzüberschreitend ausdehnenden bürgerlichen Vereins das staatliche Deutungsmonopol der internationalen Politik heraus. Staat und Diplomatie hatten sich mit dem transnationalen Informationsaustausch und den Ansprüchen einer Internationalisierung der parlamentarischen Ordnung auseinanderzusetzen. Für die Zeit zwischen 1919 und 1945 verschob sich diese Meistererzählung zusehends zur grenzübergreifenden Organisation von Arbeitsbeziehungen. Zeitgenossen griffen zur Darstellung der internationalen Ordnung vorzugsweise zur Metapher der Maschine und beschrieben deren Funktion nach dem Denkmodell eines global gedachten Korporatismus. Nach 1945 dominierte die internationale Ordnung des Kalten Kriegs. Im bipolaren Denkmodell setzte sich die normative Trennung von Technik und Politik durch. Internationale Organisationen befanden sich fortan in zwei strikt getrennten Lagern, wobei politisches Gewicht und Handlungsspielraum der Regierungs- gegenüber den Nichtregierungsorganisationen in dieser Zeit deutlich größer waren. Nach dem Ende Kalten Kriegs begann die Epoche der Nichtregierungsorganisationen. Zusehends setzt sich die Vorstellung durch, dass ein dynamisches Netz weltweiter Kommunikation die Bedeutung der Institutionen zu überholen beginnt.

Definitionen internationaler Organisationen

Solche Meistererzählungen erlauben eine analytische Fernsicht auf internationale Organisationen, die thematisch, in ihrer Struktur, Ausrichtung und Selbstbenennung höchst unterschiedlich sind. Sie nennen sich Komitee (Internationales Komitee vom Roten Kreuz), Association oder Union (Union of International Associations), Institut (Institut de droit international), Bureau (Bureau international d'éducation). Gelegentlich fehlt der explizite Hinweis auf die internationale Ausrichtung, wie bei der 1933 gegründeten Islamic Research Association oder dem seit 1964 bestehenden Zusammenschluss der G-77, einem Verbund von Entwicklungsländern. Was aber verbindet den Weltpostverein mit der internationalen Organisation der Freimaurer? Angesichts dieser großen Unterschiede ist die Frage der Definition zentral. Die gängigen Definitionen sind auf die Gegenwart bezogen, ihre Übertragung auf ältere Formen internationaler Organisationen erscheint aus einer geschichtswissenschaftlichen Perspektive problematisch. Historiker und Historikerinnen verstehen Definitionen als zeitbezogene Deutungsmonopole. Sie sind weniger an den Inhalten moderner Definitionen, dafür weit mehr an der Frage interessiert, wer zu welchen Zeiten beanspruchte festzulegen, was denn unter die Kategorie „internationale Organisation" fallen sollte. Im Folgenden wird das Dilemma der Definition auf zwei Ebenen gelöst: Es sollen jene Elemente vorgestellt werden, die vom 19. bis ins 21. Jahrhundert immer wieder erscheinen. Schließlich soll auf zeitgenössische Definitionen Bezug genommen werden. Was also sind die definitorisch zentralen Elemente? **Internationale Organisationen** der Neuzeit werden durch ihr Verhältnis zu den Staaten bestimmt, sie sind Teil einer international sich erweiternden Zivilgesellschaft, und sie leisten einen grenzübergreifenden Informationstransfer für ihre Mitglieder.

E | **Internationale Organisationen**
Internationale Organisationen sind grenzübergreifend formalisierte Strukturen, die im internationalen System von Zivilgesellschaften und/oder Staaten als Akteure wahrgenommen werden. Sie sind Teil der internationalen Organisation der Welt und verbinden ihre mindestens aus drei unterschiedlichen Staaten stammenden Mitglieder durch die Regelung eines grenzübergreifenden Informationszugriffs.

a) Staaten und internationale Ordnung

Unterscheidungsmerkmale internationaler Organisationen

Das sozialwissenschaftlich am besten etablierte Unterscheidungsmerkmal differenziert in der Beschreibung internationaler Organisationen zwischen *nongovernmental organizations* (NGOs) und *intergovernmental organizations* (IGOs), also zwischen Nichtregierungs- und Regierungsorganisationen. Dieses Unterscheidungsmerkmal hat längst Einzug in die Alltagssprache gehalten und ist selbst zu einer globalisierten Begrifflichkeit geworden. Unterdessen werden in Indien so gut wie in Deutschland Vertreter internationaler Organisationen mit unüberhörbar negativem Unterton als *NGOies* bezeichnet. Die scheinbar trennscharfe Aufteilung in staatliche und private Netzwerke bedarf wiederum einer historischen Differenzierung. Die Trennung zwischen NGO und IGO geht auf die Entscheidung des Wirtschafts- und Sozialrats der Vereinten Nationen zurück. Dieser befand 1950, dass jede internationale Organisation, die nicht auf einem zwischenstaatlichen Abkommen beruhte, als „non-governmental organization" zu betrachten sei. Damit war eine fortan häufig verwendete Trennung zwischen IGO und NGO geschaffen, die allerdings historischen Untersuchungen nicht Stand hält. Im 19. Jahrhundert gab es nur wenige internationale Organisationen, die ausschließlich Regierungsorganisationen vorstellten und aufgrund eines internationalen Abkommens gegründet worden waren. Diese Organisationen wurden in der zeitgenössischen Literatur als Public International Unions oder Internationale Verwaltungsvereine bezeichnet. Die meisten Organisationen stellten semioffizielle Mischformen dar, sei es, dass private Organisationen staatliche Subventionen erhielten oder staatliche Organisationen private Experten einbezogen. Die Fiktion einer Trennung zwischen staatlicher und privater Initiative scheint aber auch im 21. Jahrhundert immer deutlicher in Frage gestellt zu werden, fantasievolle neue Kürzel versuchen derzeit die Brüchigkeit der Trennung zwischen staatlichen und privaten Organisationen zu kitten. So sind QUANGOs Quasi nongouvernementale Organisationen, welche die Privatisierung ehemals staatlicher Aufgaben unter staatlicher Aufsicht betreiben. GONGOs – Government Organized Nongovernmental Organizations – machen ersichtlich, dass sich derartige Gebilde auch eignen können, um die Grenzen zwischen Staat und Gesellschaft zu verwischen.

Eine der wissenschaftlich interessantesten und historisch bedeutendsten Fragen setzt sich mit Wandel und Entwicklung des Verhältnisses zwischen Staaten und internationalen Organisationen auseinander. Die modernen, im 19. Jahrhundert gebildeten Nationalstaaten hielten am staatlichen Monopol der Regelung von Außenbeziehungen fest. Diplomatie und Außenpolitik sind Arkanbereiche, deren Sicherung gegenüber einer wachsenden Vielfalt von grenzübergreifenden, zivilgesellschaftlichen Organisationen sowohl mit einer internationalen Zivilgesellschaft als auch gegen eine solche geschieht. Wir tun gut daran, diese schwierige Beziehung zwischen Staat und Zivilgesellschaft im Einzelfall kritisch zu reflektieren und uns vor Augen zu halten, dass das Spektrum breit ist: Internationale Organisation kann als Opposition gegen nationale Politik konzipiert sein, sie kann aber ebenso gut eine mehr oder minder versteckte Form staatlicher Präsenz darstellen. Das weite Spektrum zwischen Staatlichkeit und Opposition lässt sich am besten an konkreten Beispielen aufzeigen: Die 1864 gegründete Internationale Arbeiterassoziation vereinigte als Kampfansage an die Staaten die Proletarier aller Länder – der 1885 gegründete Kongo Freistaat zeigt dagegen, dass aus internationalen Organisationen sogar Staaten werden können (vgl. S. 29). In der Breite dieses Spektrums ist bis zum heutigen Tag (fast) alles möglich. Historiker und Historikerinnen müssen im jeweiligen Fall die Frage nach der staatlichen Anerkennung und nach dem Handlungsspielraum stellen. Selbst für internationale Organisationen, die aufgrund eines internationalen Abkom-

Staaten und internationale Organisationen

mens gegründet wurden, blieb die Frage ihres rechtlichen Status' lange Gegenstand höchst kontroverser Auseinandersetzungen. Erst der Völkerbund erreichte Exterritorialität und war damit den diplomatischen Vertretungen gleichgestellt. Die UNO erhielt unter Einschluss ihrer Sonderorganisationen bereits bei ihrer Gründung Exterritorialität zugestanden, öffnet sich nun aber zusehends den Nichtregierungsorganisationen.

Völkerrechtliche Verbindlichkeit, Supranationalität und Weltregierung

Können internationale Organisationen Völkerrechtssubjekte sein und Immunität erreichen? Sind internationale Beamte von der Steuerpflicht ausgenommen? Solche Fragen wurden erst 1961 im Wiener Übereinkommen über diplomatische Beziehungen international geregelt. Zu diesem Zeitpunkt setzten juristische Überlegungen ein, die das Völkerrecht erweitern und internationalen Organisationen einen den Staaten ähnlichen Charakter als Völkerrechtssubjekte gewähren wollten. Ob und inwiefern dies auch für nichtstaatliche Organisationen gelten sollte, ist eine bislang nicht gelöste und sehr umstrittene Frage. Ähnlich verhält es sich mit dem Handlungsspielraum internationaler Organisationen. Staaten waren erst in der zweiten Hälfte des 20. Jahrhunderts bereit, ihre Souveränität einzuschränken und einer internationalen Organisation zu übergeben. Solche supranationalen Organisationen können für die ihnen angeschlossenen Mitgliedsstaaten rechtlich verbindliche Entscheide treffen – allerdings handelt es sich dabei um ausschließlich regionale Zusammenschlüsse (etwa die Europäische Union), während globale Organisationen keinen direkten Zugriff auf die nationale Gesetzgebung haben.

Die Gründung einer „Weltregierung" blieb bislang aus – aber die Vorstellung, dass eine solche anzustreben sei, begleitet die zahlreichen Versuche, der internationalen Ordnung ein politisches Programm zu verleihen. Eine zentrale Bedeutung nimmt dabei der Philosoph Immanuel Kant (1724–1804) ein, dessen 1795/96 erschienene Schrift „Zum Ewigen Frieden" in unzähligen Plänen einer föderativen Weltregierung zitiert wird. Solche Pläne erscheinen in typischen Konjunkturen. Im 19. Jahrhundert imaginierten sie eine pazifistische Welt, in der Konflikte durch Schiedsverfahren gelöst werden sollten. Zwischen den Weltkriegen empfahlen Völkerbundsvertreter wie William Rappard (1883–1958) die Erweiterung der Genfer Organisation zur Weltregierung. Nach dem Zweiten Weltkrieg fanden Pläne zur Schaffung einer Weltregierung vor dem Hintergrund der atomaren Bedrohung prominente Befürworter wie den Physiker Albert Einstein (1879–1955) und den britischen Mathematiker Bertrand Russell (1872–1970). Allerdings bleibt auch bei derartigen Plänen festzuhalten, dass sie nicht durchweg von pazifistischen Vorstellungen zur Sicherung des Weltfriedens geprägt waren. Eine ganze Reihe solcher Pläne orientierte sich an Formen gemeinsamer Herrschaft europäischer Großmächte, an der gemeinsamen Verwaltung internationaler Kolonien, dem Modell des British Commonwealth of Nations, der Mandatspolitik des Völkerbunds, also allesamt an europäischen und amerikanischen Herrschaftsmodellen.

b) Personen: Epistemische Gemeinschaften und globale Zivilgesellschaft

Die Vielfalt internationaler Organisationen soll nicht darüber hinwegtäuschen, dass Kenntnisse über deren Anzahl und Organisationsstruktur historisch unbefriedigend sind. Michael Wallace und J. David Singer brachten diese Problematik bereits vor einiger Zeit auf den Punkt: selbst bei Regierungsorganisationen, denen eine gewisse Bedeutung und Stabilität zugeschrieben werden können, sagen Statistiken, die sich nach dem Gründungsdatum solcher Organisationen richten, sehr wenig aus. Das hat zum einen mit formalen Gründen zu tun – während sich die Entstehung einer Organisation fassen lässt, sterben internationale Organisationen leise und unbemerkt. Ob eine Organisation nicht mehr als eine Adresse ist, ob sie politisches und gesellschaftliches Potenzial besitzt oder nur aus ihrem Sekretär besteht, ist schwierig zu eruieren. Staaten hatten im 19. Jahrhundert ihren Administrationen eine Dokumentationspflicht auferlegt und bauten nationale Archive und Nationalbibliotheken. Internationale Organisationen haben dagegen keine vergleichbaren Archivierungspflichten. Erst in jüngster Zeit hat die UNESCO ein elektronisches Archivportal zugänglich gemacht, das in ersten Ansätzen versucht, das Quellenmaterial zu lokalisieren, das internationale Organisationen hinterlassen haben.

Eine Geschichte der internationalen Ordnung braucht Informationen über ihre gesellschaftspolitische Bedeutung, über die Charakteristik von Grenzgängern und die Ausprägung von personellen Netzwerken. Die Einbeziehung grenzübergreifender Netzwerke in eine Geschichte internationaler Organisationen hat mehrere Vorteile. Der Begriff des **Netzwerks** verbindet Institutionen und Personen, hat aber auch den großen Vorteil, dass er bereits im 19. Jahrhundert in der zeitgenössischen Literatur zur Beschreibung jener neuen internationalen Ordnung benutzt wird, die nicht auf Monarchen, Staatspräsidenten und Diplomaten begrenzt ist. Eine personenbezogene Geschichte internationaler Organisationen ermöglicht die Beschreibung der sich wandelnden Gruppe von Grenzgängern. Sie ist unabdingbar, um mit jenen Mengen von Literatur umzugehen, die seit dem 19. Jahrhundert zum Thema geschrieben wurden. Dabei ist ein auffallender Hang zur Selbstdarstellung festzustellen: internationale Organisationen beschreiben sich vorzugsweise selbst. Wortgewaltige Autoren und Autorinnen prägten bis 1945 das Bild einer um Deutungsmacht ringenden internationalen Gemeinschaft. Die Geschichten des Völkerbunds sind von Völkerbundsbeamten wie Francis Paul Walters und Egon Ranshofen-Wertheimer geschrieben worden.

Bedeutung einer Sozialgeschichte der internationalen Ordnung

Netzwerke
Der Begriff Netzwerke und dessen Anwendung auf die internationale Ordnung sind bereits in zeitgenössischen Quellen nachzuweisen. Als sozialwissenschaftlicher Begriff zur Analyse von komplexen Systemen („Netzwerkgesellschaft") handelt es sich um ein Konzept, das vornehmlich vom spanischen Soziologen Manuel Castells (geb. 1942) geprägt wurde. Dieser geht von der mathematischen Definition untereinander verbundener Knoten aus. Für die historische Arbeit ist die Vorstellung von Netzwerken als heuristisches Prinzip hilfreich. Vorstellungen von Netzwerken helfen, die Vielfalt von grenzübergreifenden Prozessen zu verstehen und etablierte Vorstellungen von Hierarchien herauszufordern. Allerdings bleibt festzuhalten, dass grenzübergreifende Netzwerke ein analytisches Konstrukt darstellen. Netzwerke sind also nicht identisch mit Personen und Organisationen, beschreiben aber deren historisch sich wandelndes Interesse an grenzübergreifenden Konzepten.

Die Sozial- und Kulturwissenschaften bieten zwei Konzepte an, die sich zur theoretischen und methodischen Spezifizierung internationaler Netzwerke eignen: die Vorstellung von epistemischen Gemeinschaften – *epistemic communities* – wie auch die von einer internationalen und zuweilen auch globalen Zivilgesellschaft. Die *epistemic communities* gehen von der Bildung von Expertennetzwerken aus, die auch grenzübergreifend gedacht werden können. In der Tat gibt es epistemische Gemeinschaften wie den Zusammenschluss der Völkerrechtsexperten, die das Verständnis internationaler Organisation seit dem 19. Jahrhundert tiefgreifend prägen. Das Modell eignet sich überdies zur Darstellung der beeindruckenden Zunahme von Berufsverbänden aller Art und hat den Vorteil, dass die staatliche Nachfrage nach Expertenwissen, aber auch Prozesse der Professionalisierung und Bürokratisierung als internationale Phänomene erfasst werden können.

Allerdings lassen sich lange nicht alle im 19. Jahrhundert als „Internationalisten" bezeichneten Personen als wissensbasierte Experten fassen. Vielmehr haben wesentliche, den Diskurs prägende Gruppen eine politische und ideologische Zielsetzung. Pazifisten wie Alfred Hermann Fried (1864–1921) prägten den internationalen Diskurs nachhaltig. Die Mitglieder der Interparlamentarischen Union, vor allem aber die Aktivistinnen der internationalen Frauenverbände stellen keine epistemischen Netzwerke dar und sind weit besser als internationale Zivilgesellschaft zu fassen. Die (Wieder)entdeckung des Begriffes der Zivilgesellschaft erlaubt den Blick auf jene Bereiche zu lenken, die sich zwischen Markt, Staat und Familie abspielen. Die Annahme einer globalen Zivilgesellschaft hat den großen Vorteil, internationales Lobbying sichtbar zu machen und jenes gesellschaftspolitische Engagement erfassen zu können, das vor allem die Frauenverbände meisterhaft beherrschten: Bis 1918 waren Frauen mit wenigen Ausnahmen vom Stimm- und Wahlrecht ausgeschlossen. Die Einforderung von politischer Partizipation erfolgte über eine Internationalisierung ihrer Verbände, die so erfolgreich war, dass sich in der Völkerbundssatzung sogar ein Gleichstellungsartikel befand. Eine ganze Reihe von zivilgesellschaftlichen Vereinigungen lernte bereits im 19. Jahrhundert, nationale Mängel, Verbote und Restriktionen über die Mobilisierung einer internationalen Öffentlichkeit zu verbessern oder zumindest zu umgehen. Dennoch hat der Ansatz auch seine Grenzen. Das Konzept geht von einem historischen Modell aus, das bei der politischen Vereinsbildung, bei Koalitionsrecht und Versammlungsfreiheit ansetzt. Ob internationale Organisation Individualrechte voraussetzt oder ob diese vielmehr über die Hintertüre grenzübergreifender Netzwerke erst geschaffen werden, bleibt eine schwierig zu beantwortende Frage. Nicht minder problematisch ist die unausgesprochene Vorstellung, dass eine grenzübergreifende Zivilgesellschaft eine grundsätzlich positive, demokratiefördernde Zielrichtung hat. Bislang sind demokratische Kontrollmechanismen erst im nationalen Rahmen wirksam – internationale Organisationen bieten dagegen beides: Möglichkeiten zur Schaffung von Freiräumen wie auch leicht zu unterwandernde Institutionen, die für kriminelle Netzwerke und totalitäre Einflüsse missbraucht werden können.

Die Begriffe Epistemische Gemeinschaften und internationale Zivilgesellschaft sagen beide noch wenig darüber aus, welches persönliche Profil und welche Lebenswelten hinter der abstrakten Vorstellung der internationalen

Internationale Frauenverbände

Grenzgänger, Internationalisten, Experten

Organisation stehen. Bislang hat erst eine Publikation versucht, in einem vornehmlich auf die angelsächsische Welt ausgerichteten *Dictionary of Internationalists* einer grenzüberschreitenden Gesellschaft ein Gesicht zu geben. Internationalisten treten als Gruppe seit dem ausgehenden 19. Jahrhundert auf unterschiedlichen Konferenzen und Kongressen in Erscheinung. Trotz der Vielfalt der Themen zeichnen sich diese Auftritte durch die gemeinsame Orientierung am Vorbild der Diplomatenkonferenzen aus. Die unübersehbare Nähe zur Diplomatie und die aristokratische Präsenz in einem Teil der internationalen Organisationen lassen darauf schließen, dass die Mitgliedschaft in internationalen Organisationen ein Elitephänomen darstellt. In internationalen Organisationen ist die Aristokratie gut vertreten: Das monegassische Fürstenhaus profilierte sich vor dem Ersten Weltkrieg in der Meeresforschung, gleich mehrere Fürsten engagierten sich in internationalen Sportorganisationen, indische Maharani beteiligten sich in den dreißiger Jahren in internationalen Frauenorganisationen, erster Präsident des 1961 gegründeten WWF war Prinz Bernhard der Niederlande. Die Nutzung aristokratischer Netzwerke ist allerdings weniger erstaunlich als der offensichtliche Verlust ihrer Monopolstellung und die Besetzung internationaler Positionen durch bürgerliche Honoratioren und wissenschaftliche Experten. Man sollte allerdings angesichts der wachsenden Anzahl von „Internationalisten" nicht unterschätzen, dass Grenzüberschreitung als Lebensform erst in der zweiten Hälfte des 20. Jahrhunderts mit einem gut bezahlten Posten in der UN-Administration gleichzusetzen war. Für die Zeit vor 1945 gelten Grenzüberschreitungen nach wie vor als risikoreich und Engagements in internationalen Organisationen als ambivalentes Lavieren zwischen Weltgewandtheit und Heimatlosigkeit. In internationalen Zentren wie Genf und Brüssel entstand eine moderne, etwas ratlose, vor allem aber hermetisch von der Außenwelt abgeschlossene Gruppe von Personen, die mit internationalen Kongressen und einer allmählich wachsenden internationalen Administration beschäftigt waren. Die einen, wie der in Korfu geborene jüdische Schriftsteller Albert Cohen (1895–1981), entdeckten in der Überschneidung verschiedener Kulturen eine eigene, transkulturelle Welt. Andere nutzten Netzwerke zu eigenen Zwecken. Unter den selbsternannten Internationalisten dürfte es nicht wenige geben, die als Hochstapler auf den dynamischen Zug der Internationalisierung aufsprangen. Sie kamen dem steigenden Bedarf an Personen entgegen, welche die wachsende Bedeutung des internationalen Networking und der Organisation bedienten. Fast allen gemeinsam ist dabei eine ausgesprochen nationale Form internationaler Präsenz. Kongresse – auch jene der Geflügelzüchter – versanken in einem Meer von nationalen Flaggen. Internationale Vereine, auch die allerkleinsten, setzten auf Multinationalität, nicht etwa auf kosmopolitische Globalität. Das nationale Profil internationaler Organisation prägte das 19. Jahrhundert und die Zwischenkriegszeit, trat aber nach 1945 hinter die ideologische Polarisierung des Kalten Kriegs zurück. Im 21. Jahrhundert gewinnt die Betonung des Nationalen derzeit besonders dort wieder an Bedeutung, wo es darum geht, der westlichen Dominanz im globalen System eine außereuropäische nationale Identität entgegenzuhalten (als Beispiel sei der *rooted cosmopolitanism* des britischen Philosophen Kwame Anthony Appiah erwähnt).

> Vorbild und Eliten

c) Ziele: Globale Informationsvermittlung

Gibt es eine allen internationalen Organisationen gemeinsame Zielsetzung? Seit der zweiten Hälfte des 19. Jahrhunderts betraf die internationale Organisation alle nur erdenklichen Bereiche des politischen und kulturellen Lebens, der technischen Normensetzung, der Wirtschaft und der wissenschaftlichen Auseinandersetzung. Alle diese thematisch höchst unterschiedlichen Prozesse globaler Erweiterung basierten auf dem gemeinsamen Ziel, Informationen zugänglich zu machen. Ob Weltpostverein oder Tierschutzorganisation – in staatlichen Konventionen und den Satzungen privater Vereine wird stets die Bedeutung des Zugangs und der Verteilung von Information betont. Die Auseinandersetzung mit der Frage, wer denn Informationen liefern und wer sie nutzen darf, beschreibt seit dem ausgehenden 19. Jahrhundert die Grenzen zwischen staatlicher Geheimdiplomatie und der Ausprägung einer internationalen Öffentlichkeit. Beide Bereiche, die geheimen Verträge des internationalen Bündnissystems und die Öffentlichkeit internationaler Konferenzen und Kongresse, basierten auf verbesserten Kommunikationstechnologien und einer wachsenden Vielfalt der Medien. Nicht von ungefähr gibt es gute Gründe, den Beginn von *Global Governance* an die Gründung der Internationalen Telegraphenunion und an die Verdichtung des Telegrafennetzes zu knüpfen. Vor der Gründung der Vereinten Nationen war die internationale Administration immer noch verschwindend gering – aber die Presse, die Fotografie, das Radio und schließlich das Fernsehen ließen Zeit und Raum kleiner, den Bedarf nach Übersetzung kultureller Differenzen größer werden. Zwischen die Weltpolitik der Großmächte und die Globalisierung des Handels schob sich zusehends eine zivilgesellschaftliche Vorstellung von Globalität, die in Weltausstellungen Form und Bedeutung gewann.

Weltausstellungen und die Entwicklung einer Sprache des internationalen Vergleichs

Weltausstellungen prägten das 19. Jahrhundert und mobilisierten Millionen von Besuchern. Allerdings sorgte erst eine 1928 gegründete internationale Organisation, das Bureau international des expositions, dafür, dass Weltausstellungen bestimmten Vorgaben entsprechen mussten, um als solche zu gelten. Im 19. Jahrhundert handelte es sich um Ausstellungen, die sich selbst zur Bedeutung eines globalen Ereignisses erklärt hatten. Seit der ersten, 1851 in London eröffneten Weltausstellung brachten solche Großanlässe einem Millionenpublikum die schwierige Auseinandersetzung zwischen Beherrschung und Kooperation, zwischen nationaler Selbstdarstellung und der Notwendigkeit eines internationalen Vergleichs und damit den Unterschied zwischen universellen und globalen Vorstellungen nahe. Dieser Unterschied lässt sich am besten mit der Entwicklung global gültiger Sprachen darstellen. Seit der Jahrhundertwende kämpften verschiedene Kunstsprachen wie das Esperanto (Universal Esperanto Association, gegründet 1908) um internationale Anerkennung, ohne diese auch tatsächlich zu erreichen. Wesentlich erfolgreicher waren dagegen alle Bemühungen, die Übersetzungen im weitesten Sinne anboten: Übersetzungen von Zolltarifen, von Medikamentenbeschreibungen, von Währungen und Messgrößen. Erfolgreich waren Verständigungen über gemeinsame Terminologien in der Forschung, aber auch über gemeinsame Spielregeln im Sport (ein Anliegen der Ice-Hockey League, 1908), sowie über kompatible Begriffe in der Eisenbahntechnologie und in der Wirtschaftsprüfung. Solche Standardisierungsprozesse wurden bislang als Begleiterscheinung von Modernisierung verstanden. Mit der kulturwissenschaftlichen Ausrichtung der Sozial- und Geisteswissenschaften ist zusehends auch die oben angeführte „Übersetzungsleistung" von Interesse. Seitdem die postkoloniale Theorie eine kritische Reflexion westlich geprägter Universalismen einfordert, richtet sich das Forschungsinteresse zunehmend auf die Frage, wie und ob globale Begriffe entstehen, wie und ob internationale Organisationen aus einem anderen als einem eurozentrischen Blick dargestellt werden können. Der indische Historiker Dipesh Chakrabarty hat mit seiner Forderung nach einer Provinzialisierung Europas das kritische Bewusstsein nach der Herkunft von Erkenntnisinteressen geschärft. Im konkreten Fall der Geschichte internationaler Organisationen fällt die Antwort auf den ersten Blick eindeutig aus: Bis 1945 hat die überwältigende Mehrheit der internationalen Organisationen ihren Sitz in Europa. Von den 444 beim Völkerbund gemeldeten internationalen Organisationen befanden sich 1929 gerade mal 24 außerhalb Europas. Erst mit der Eröffnung des Hauptsitzes der Vereinten Nationen in New York kündigte sich eine transatlantische Verschiebung des Mächtegleichgewichts an. Doch erinnern wir uns an die eingangs erwähnten definitorischen Schwierigkeiten: Ist der Sitz geeignet, eine internationale Organisation zu charakterisieren? Mit der nötigen Vorsicht halten wir fest, dass internationale Organisationen mit globaler Reichweite bis zum Ausbruch des Zweiten Weltkriegs vornehmlich in Europa lokalisiert waren, auch wenn die hier nicht weiter berücksichtigten kontinentalen Organisationen wie die panamerikanische Union sehr wohl auch außerhalb Europas entstanden.

d) Geschichte als Ordnungsmacht:
Reflexionen über Verschweigen und Vergessen

Geschichte arbeitet als Wissenschaft mit zeitlichen und räumlichen Ordnungskriterien. Die Vergangenheit an sich bleibt unzugänglich. Dennoch sorgt die kritische Reflexion über Auswahlkriterien dafür, dass Vergessenes und Verdrängtes nicht verschwindet. Was also wird in der hier vorgeschlagenen breiten Definition internationaler Organisationen verschwiegen, vergessen oder gar verdrängt? Es sind vor allem drei Aspekte, die in jüngster Zeit in der Geschichte internationaler Organisationen eine zusehends wichtige Rolle spielen: die Frage nach deren Begrenzung auf Non-profit-Organisationen, nach dem Einbezug grenzübergreifender familiärer Netzwerke und die Rolle der geografischen Verortung internationaler Ämter:

Bedeutung von multinationalen Firmen und familiären Netzwerken

1) Internationale Organisationen werden seit dem 19. Jahrhundert als non-profit-Organisationen definiert und daher multinationale Unternehmen ausgeschlossen. Der Unterschied zwischen Shell und dem Internationalen Olympischen Komitee leuchtet auf den ersten Blick ein – dennoch sollte nicht das Missverständnis entstehen, dass internationale Organisationen ökonomisch irrelevant wären oder prinzipiell nicht mit Unternehmen zusammenarbeiten würden. Seit dem Ende des Kalten Kriegs und seit der Klimakonferenz von Rio de Janeiro 1992 hat die Zusammenarbeit zwischen der UNO und privaten Firmen zugenommen. So genannte „multistakeholder partnerships" beschreiben eine zusehends engere Zusammenarbeit zwi-

Multistakeholder partnerships

schen IGOs, NGOs und multinational tätigen Firmen. Allerdings sind solche Verbindungen auch bereits im 19. Jahrhundert nachzuweisen. In der Internationalen Telegraphenunion spielten beispielsweise private Firmen insbesondere bei denjenigen Staaten eine wesentliche Rolle, die, wie die USA, für die Telegrafie über kein Staatsmonopol verfügten.

Zivilgesellschaft

2) Mit dem Begriff der Zivilgesellschaft ist der Blick auf die privaten Netzwerke substantiell erweitert worden. Allerdings schließt die gängige Definition der Zivilgesellschaft als Aktionsfeld zwischen Familie, Staat und Wirtschaft familiäre Netzwerke aus. Damit geraten die grenzübergreifenden Verbindungen des europäischen Adels ebenso aus dem Blick wie Generationen von Händlerfamilien, die, sei es von Hyderabad oder von Hamburg aus, ihre Handelsniederlassungen quer über die Kontinente eröffneten.

Verortung internationaler Organisationen

3) Von der Aufwertung internationaler Organisationen zu Akteuren internationaler Politik profitierten jene Länder, die internationale Ämter aufwiesen. Allerdings wäre auch die Vorstellung denkbar, dass die Eröffnung internationaler Büros auf die Bedeutung des jeweiligen Ortes als internationalen Knotenpunkt schließen lässt, und nicht etwa umgekehrt. Die Seidenstraße war, so ließe sich argumentieren, Jahrhunderte lang Transportweg für Güter, Menschen *und* Ideen. Im 19. Jahrhundert eröffneten allerdings die internationalen Organisationen ihre Büros in den europäischen Hauptstädten. Die Territorialität internationaler Organisationen weist ein charakteristisches Entwicklungsmuster auf: internationale Ämter waren erst in Europa und in den Hauptstädten lokalisiert und der Aufsicht des jeweiligen Sitzlandes unterstellt. Mit der Eröffnung des Völkerbundsekretariates in Genf verließen internationale Organisationen die enge Bindung an die Hauptstädte und die politischen und diplomatischen Zentralen. Nach 1945 eröffnete die bedeutendste internationale Organisation, die UNO, ihren Hauptsitz im neuen Zentrum der Macht, in den Vereinigten Staaten. Im 21. Jahrhundert gibt es zwar unterdessen bedeutende regionale Zentren der UNO – allerdings mit dem fundamentalen Unterschied, dass die Präsenz internationaler Organisationen sich deutlich verschoben hat: Während internationale Organisationen fast hundert Jahre lang für Hauptsitz und Konferenzen ein ruhiges Plätzchen mit politisch stabilen Verhältnissen suchten und daher neutrale Kleinstaaten wie die Schweiz und Belgien bevorzugten, sind die blauen Nummernschilder der UNO heute zum Merkmal von Krisengebieten geworden.

II. Internationale Organisationen im langen 19. Jahrhundert

1851	Erste Weltausstellung in London
1853	Internationaler Statistikkongress (London)
1856	Internationale Donaukommission
1863/64	Internationales Komitee vom Roten Kreuz, Genfer Konvention
1865	Internationale Kommission des Leuchtturmes auf Cap Spartel
1865	Internationale Telegraphenunion
1865	Phylloxera und Rinderpest in Europa
1865	Lateinische Münzunion (Paris)
1866	Erster offizieller Besuch einer chinesischen Delegation in Europa
1867	Weltausstellung in Paris
1869	Eröffnung des Suezkanals
1872	Jules Verne, „Tour du monde en quatre-vingt jours"
1873	Patentschutzkongress, Weltausstellung in Wien
1873	Institut de droit international
1874	Weltpostverein
1875	Int. Bureau für Maß und Gewicht
1875	Int. Staatsschuldenkommission (Konstantinopel)
1878	Weltausstellung in Paris
1883	Internationales Bureau zum Schutz des industriellen Eigentums
1884/85	Berliner Afrika Konferenz, Gründung des Freistaates Kongo
1888	Internationaler Frauenrat
1889	Zentralbureau der internationalen Eisenbahntransporte
1889	Interparlamentarische Union
1890	Internationale Union für die Veröffentlichung der Zolltarife
1899	Erste Haager Friedenskonferenz
1900	Weltausstellung in Paris
1904	Weltbund für Frauenstimmrecht
1905	International Institute of Agriculture
1905	Association internationale pour l'étude des régions polaires
1907	Zweite Haager Friedenskonferenz
1907	Union des Associations Internationales (Brüssel)
1910	Weltsprache-Amt

1. Vom Wiener Kongress zur Internationalen Telegraphenunion

Die Vorgeschichte der internationalen Ordnung des 19. und 20. Jahrhunderts beginnt mit dem Wiener Kongress. In Wien hatten sich 1814/15 ausschließlich europäische Mächte zur Neuordnung Europas nach den napoleonischen Kriegen versammelt. Der Kongress selbst war ein internationales Großereignis, doch der Kreis der Bevollmächtigten, die versteckt hinter Zensur und Geheimhaltung die wichtigen territorialen Entscheidungen trafen, war mehr als übersichtlich. Dennoch hat die Aufnahme der Wiener

Kongressakte in das Weltkulturerbe der UNESCO durchaus seine Berechtigung: der Wiener Kongress, der immerhin fast neun Monate tagte, schuf mit opulenten Bildern, einer dichten Berichterstattung und rauschenden Festen eine internationale Öffentlichkeit, die bürgerliche Bittsteller, Erfinder und Künstler zu einer Reise in die österreichische Hauptstadt veranlasste. Es sollte nicht gelingen, den in Wien angedachten regelmäßigen Treffen der großen Mächte Dauer zu verleihen – die Heilige Allianz brach ebenso in sich zusammen wie der Versuch, die alte Ordnung zu restaurieren. Dennoch etablierte der Wiener Kongress ein Konsultativsystem von internationalen Treffen, das als so genanntes europäisches Konzert hundert Jahre Bestand hatte. Internationale Konferenzen unterschiedlicher Prägung sollten fortan nichts unversucht lassen, um diese Formen etablierter internationaler Zusammenkünfte zu kopieren. Diese Form der Mimikry sorgte dafür, dass die feinen formalen Unterschiede zwischen Konferenz und Kongress alsbald verwischt wurden und das internationale System des 19. Jahrhunderts fortan zweierlei Äußerungsformen kannte: das kleine, exklusive Kammerorchester des europäischen Konzerts der fünf Großmächte und ein zusehends größeres Symphonieorchester, in dem alle jene spielten, die 1814/15 noch als Bittsteller nach Wien gepilgert waren.

Int. Flussregime   Neben der strukturellen Legitimierung des Kongresswesens traf der Wiener Kongress eine Reihe von Entscheidungen, die über die für einen Friedenskongress üblichen territorialen Bestimmungen hinausgingen. Die Bestimmungen über die freie Binnenschifffahrt für Flüsse mit mehreren Anrainerstaaten etablierte das Prinzip der Internationalisierung der Wasserwege. Solche Bestimmungen stehen am Beginn der Regelung der Rheinschifffahrt. Das gleiche Prinzip bestimmte 1856 nach dem Krimkrieg die Gründung der Donaukommission. Diese frühen, und teilweise sogar supranationalen internationalen Organisationen existieren bis zum heutigen Tag und sind global verbreitet. Ein internationales Flussregime galt bereits im 19. Jahrhundert für den Kongo, die Entwicklung der 1972 gegründeten Organisation für die Entwicklung des Senegal Flusses (OMVS) zeigt das Entwicklungspotential dieser mit der internationalen Verwaltung von Wasser und Energie befassten Organisationsform. Mit der Ächtung des Sklavenhandels setzte der Wiener Kongress in einem weiteren Bereich neue Voraussetzungen. Das Verbot des Sklavenhandels und der Kampf gegen die Sklaverei erhielt mit dem Wiener Kongress eine internationale Legitimation, auf die sich fortan die Debatte von Missionsgesellschaften und frühen Menschenrechtsbewegungen beziehen konnte.

Weltausstellungen   Trotz dieser bahnbrechenden Neuerungen des internationalen Systems
und die Bedeutung   blieb die internationale Ordnung des Wiener Kongresses in ihrer politisch
der Statistik   rückwärtsgewandten Zielsetzung mehr auf die Grenzsicherung als auf Grenzüberschreitungen ausgerichtet. Dies sollte sich erst in der Mitte des Jahrhunderts ändern. 1851 eröffnete Königin Victoria in London die erste Weltausstellung. Die Ausstellung unterschied sich grundlegend von bisherigen Märkten und Industrieausstellungen. Sie war ein gesellschaftliches Großereignis, diente der Repräsentation globaler britischer Herrschaft und bewies die Vereinbarkeit ökonomischer Interessen mit Kunst und Kunsthandwerk.

Schon 1851 wurde der enge Zusammenhang zwischen Weltausstellungen, internationalen Kongressen und der halboffiziellen Unterstützung von

Internationalisierungsprozessen deutlich. Der belgische Statistiker Adolphe de Quételet (1796–1874) war als Jury-Mitglied nach London eingeladen worden und nutzte die Weltausstellung, um die Veranstaltung eines internationalen Statistikkongresses vorzuschlagen. Dieser fand 1853 in der fortan üblichen Zusammensetzung von Diplomaten, gelehrten Gesellschaften und Experten statt mit dem Ziel, Statistik als kosmopolitische Wissenschaft zu lancieren. Das 1885 eröffnete Internationale Statistische Institut versteht bis zum heutigen Tag die Zusammenkunft in Brüssel als Gründungskongress.

Viele weitere internationale Organisationen folgten diesem Beispiel und nutzten Weltausstellungen zur Gründungsversammlung. Die Besucher der Weltausstellungen stellten also kein ausschließlich konsumierendes Publikum dar. Die internationalen Plattformen eigneten sich für Regierungen, Industrie und Gesellschaft zur globalen Repräsentation und der Demonstration neuer Technologien. Im Jahr der Londoner Weltausstellung wurde England telegrafisch mit dem Kontinent verbunden. Diese neue Kommunikationstechnologie revolutionierte die Geschäftswelt und unterstützte die Gründung von Depeschenagenturen wie die im gleichen Jahr gegründete Nachrichtenagentur von Julius Reuters. Die Telegrafie beschleunigte die Nachrichtenübermittlung und machte Information zu einer unternehmerischen Tätigkeit, setzte allerdings weitreichende Koordinations- und Standardisierungsprozesse voraus. Es kann allerdings nicht genug betont werden, dass die Telegrafie zwar entscheidend zur internationalen Organisation beitrug, aber auch grundlegende globale Ordnungsvorstellungen in Frage stellte. Die Telegrafie setzte die diplomatische Entscheidungsfindung unter einen bislang unbekannten Zeitdruck, zwang Außenministerien zu einem 24-Stunden-Dienst, erhöhte den Arbeitsaufwand durch die nun notwendige Chiffrierung und versorgte Historiker und Historikerinnen mit einer neuen Quellensorte, dem diplomatischen Telegramm. Der Informationsvorsprung der europäischen Zentren gegenüber der Peripherie begann sich mit der wachsenden Ausdehnung des Netzes zu verringern. Durchschnittene Telegrafendrähte und umgehauene Masten gehörten fortan zum Szenario kolonialer Aufstände.

Die dynamische Entwicklung der internationalen Ordnung ist jedoch nicht auf Weltausstellungen, Kongresse und internationale Organisationen zu beschränken – nicht minder zentral ist deren Einbindung in politische Konzepte und außenpolitische Strategien. Die Führungsrolle übernahm in den fünfziger Jahren des 19. Jahrhunderts Napoleon III. Sein autoritäres Regime hatte mit zwei unterschiedlichen Formen internationaler Organisation zu tun. Zum einen wählten rebellierende Studenten unter der Führung von Paul Lafargue (1842–1911) den internationalen Kongress als Plattform des Protests. Zum anderen suchte das legitimationsbedürftige Second Empire internationale Anerkennung durch eine Außenpolitik, die multilaterale Ansätze bevorzugte. Diesem Konzept entsprach die Veranstaltung zweier Weltausstellungen (1855 und 1867) in Paris und die Standardisierung von Währungs- und Messeinheiten. Napoleon III. erreichte mit der Gründung der Lateinischen Münzunion 1865 den monetären Zusammenschluss von Frankreich, Belgien, Italien und der Schweiz. Absprachen über den Edelmetallgehalt der Gold- und Silbermünzen ermöglichten eine freie Zirkulation des Münzgel-

Französische Implementierung von Internationalisierungsprozessen

des. Zwar gelang es nicht, eine gemeinsame Zentralbank zu gründen, und in den siebziger Jahren wurde der Bimetallismus der Lateinischen Münzunion durch den Goldstandard abgelöst. Napoleon III. hatte sich aber an die Spitze einer Bewegung gesetzt, deren internationales Potential ebenso unbestritten wie von globaler Bedeutung war. Die Vereinheitlichung der Währung wurde regelmäßig auf internationalen Konferenzen gefordert und war ein zentrales Anliegen der internationalen Statistikkongresse.

Standardisierung von Maß und Gewicht

Noch erfolgreicher war die Standardisierung von Maß und Gewicht, auch wenn die Einrichtung der dafür zuständigen internationalen Organisation erst 1875 mit der Gründung des Internationalen Büros für Maß und Gewicht in Sèvres gelang. Die Verwendung des Dezimalsystems als Mess- und Gewichtseinheit war ein Erbe der Französischen Revolution. Seit 1799 lagerten die beiden Prototypen des Urmeters und des Urkilogramms aus Platin gefertigt in den Archives Nationales in Paris. Die allmähliche Verbreitung einer wissenschaftlich gesicherten Messeinheit, bei dem der Meter als zehnmillionster Teil eines Erdmeridianquadranten und das Kilogramm als Gewicht eines Kubikdezimeters Wasser definiert wurde, beschränkte sich nicht auf Europa. Japan signierte die Meterkonvention 1885, nationale Archive rund um die Welt bewahrten eine Kopie des Urmeters und des Urkilogramms, um damit die nationalen Messeinheiten zu eichen.

Zwischen Wiener Kongress und der Herrschaft Napoleons III. zeigte eine eurozentrische, auf die Großmächte ausgerichtete internationale Ordnung zusehends Elemente auf, die ihre Bedeutung aus der Ausdehnung multilateraler Netzwerke und nicht aus der Exklusivität eines klein gehaltenen Kreises der Mächtigen bezog.

2. Vom Einzelfall zur Struktur: 1864/1865 – das Annus mirabilis internationaler Organisationen

In der Mitte der sechziger Jahre des 19. Jahrhunderts führte die Koinzidenz von außenpolitischen Interessen, wissenschaftlicher Internationalisierung und internationaler Kooperation zu einer ungewöhnlichen Dichte von Organisationsgründungen. Was bislang als singuläre Erscheinung auftrat, verdichtete sich zur Struktur unterschiedlich ausgerichteter, gleichzeitig gegründeter und aufeinander bezogener Typen internationaler Organisationen: Mit der Internationalen Telegraphenunion (1865) wurde der Typus der *internationalen Verwaltungsunion* geschaffen, im gleichen Jahr zeigte die Einrichtung einer internationalen Verwaltung für den Leuchtturm auf Cap Spartel die *Internationalisierung von Verwaltungen als Form indirekter Herrschaft*. Die Gründung des Roten Kreuzes (IKRK) und die Verabschiedung der Genfer Konvention entwickelten eine zukunftsweisende Form der *Zusammenarbeit zwischen nationalen, zivilgesellschaftlichen Vereinen und multilateralen Konventionen*. Die Gleichzeitigkeit struktureller Etablierung gilt selbst für jene Organisation, die statt internationale Kooperation die Überwindung der Nation bezweckte: 1864 wurde in London die Internationale Arbeiterassoziation gegründet. Sie zerbrach allerdings daran, dass die anarchistische Opposition sich vehement dagegen zur Wehr setzte, Internationalität zu institutionalisieren. Dies wiederum war das Anliegen zahlreicher wissenschaftlicher Organisationen. Mit der ebenfalls 1864 gegründeten Vorläuferorganisation der internationalen Geodätischen Gesellschaft (Potsdam) hatte die bislang an Universitäten und Akademien gebundene wissenschaftliche Institutionalisierung eine neue Organisationsform gefunden, die des *internationalen Vereins*. Bezeichnenderweise setzte diese Form wissenschaftlicher Internationalisierung in der Erdvermessung ein, in einem Bereich, der die imperialistische Expansion Europas begleitete.

Internationale Organisationen taten in dieser Zeit vor allem eines, sie folgten in einem zahlenberauschten Jahrhundert der Meistererzählung der Statistik. Sie übersetzten die verwirrende Vielfalt der Welt in ein System des Zählens, das wiederum von westlichen Vorstellungen geprägt war. Hier mag der Hinweis auf die Schwierigkeiten genügen, welche die Übersetzung einer auf dem lateinischen und griechischen Alphabet beruhenden und von links nach rechts gelesenen Gleichung in eine nicht westliche Sprache bedeutet. Bedeutung der Statistik

Das hauptsächliche Ziel dieser von Paris bis nach Tokio reichenden internationalen Organisation der Welt bestand keineswegs darin, die Vielfalt der nun für ein immer breiteres Publikum zugänglichen Welt nachzuweisen. Neben einer strukturellen Sicherung des Deutungsmonopols über die scheinbare Objektivität der Zahlen zementierten die so gewonnenen Aussagen über die Methode des Vergleichs die westliche Hierarchisierung der Welt.

a) Die Internationalisierung der staatlichen Verwaltung

In den siebziger Jahren des 19. Jahrhunderts begünstigten die keineswegs friedlichen politischen Rahmenbedingungen Prozesse der Internationalisierung. In Europa wüteten neben dem deutsch-dänischen Krieg auch die Reblaus und die Rinderpest, in den Vereinigten Staaten herrschte Bürgerkrieg, in Süd- und Südostasien konkurrierten alte und neue Kolonialmächte. Diese erzwangen die Öffnung Japans, griffen auf die südostasiatischen Inseln aus und legten den Sommerpalast in Peking in Schutt und Asche. Wo immer es nicht geraten schien, alleinige Herrschaft anzustreben, sorgten nun Formen indirekter Herrschaft und kooperative Formen internationaler Verwaltung zur Legitimierung des europäischen Einflusses. Neben den internationalen Verwaltungsunionen prägten sich also Formen internationaler Einmischung in die Verwaltungen von Gesellschaften aus, die aus der europäischen Perspektive als unzivilisierte, oder höchstens halbzivilisierte Peripherie betrachtet wurden. Im zeitgenössischen Diskurs versteckte sich dieser Prozess hinter der globalen Feststellung eines Ausbaus staatlicher Verwaltungen, der sich als Modernisierung interpretieren ließ. Ein sprechendes Beispiel bietet die Entwicklung Chinas. Unter dem Druck der „ungleichen Verträge" brachen mit der Legalisierung der christlichen Mission transnationale Netzwerke ins Land ein, während die Eröffnung westlicher diplomatischer Vertretungen in Peking ein westliches Verständnis von diplomatischer Internationalität durchsetzte. Für China bedeutete dies eine grundlegende China

Neuausrichtung der Selbstwahrnehmung: Das Reich der Mitte, das als Zentrum der Welt bislang keine Außenbeziehungen benötigte, eröffnete nun eine außenpolitische Verwaltung nach westlichem Vorbild. Die drängende Finanzknappheit führte überdies zum Ausbau der Zollverwaltung, die der Brite Robert Hart (1835–1911) übernahm. Damit entstand eine Verwaltung, die zwar formal in den chinesischen Staat integriert war, aber von westlichen Beamten und internationalen Interessen geprägt wurde. Welche Konsequenzen ein solches Arrangement hatte, sollte sich alsbald zeigen: Die internationalisierte chinesische Seezollverwaltung wurde mit der Aufsicht diverser Kriegsentschädigungszahlungen und der Garantie für ausländische Kredite befasst.

Dem frühen chinesischen Beispiel folgten ähnliche Formen internationaler Infiltration. Die Internationalisierung nationaler Verwaltungen begleitete insbesondere die Staatsbankrotte, die im Zuge der Depression der siebziger Jahre auftraten. Im semi-souveränen Ägypten kontrollierte 1876 eine internationale Staatsschuldenverwaltung die Einkünfte. Ähnliche Verwaltungen wurden im Osmanischen Reich (1881) und in Griechenland (1898) gegründet. Internationalisierung als Kontrolle findet sich also in unterschiedlichen Ausprägungen. Die Gleichzeitigkeit von konventioneller Machtpolitik und der Entstehung neuer Akteure prägt auch die Geschichte institutioneller Neugründungen: 1865 wurden die Telegraphenunion und eine internationale Verwaltung des Leuchtturms auf Cap Spartel gegründet. Beide wurden in der zeitgenössischen Literatur dem Typus der so genannten **Verwaltungsunionen** zugewiesen.

E | **Definition der Internationalen Verwaltungsunion**
Internationale Verwaltungsunionen, auch als Verwaltungsvereine und Public International Unions bezeichnet, sind die im 19. Jahrhundert entstandenen Vorläufer der modernen IGOs. Sie wurden durch einen multilateralen Staatsvertrag gegründet. Die Mitgliedsländer trafen sich an internationalen Konferenzen und finanzierten ein internationales Amt als Exekutivorgan. Im Gegensatz zu heutigen IGOs standen die internationalen Ämter unter der Oberaufsicht desjenigen Staates, in der die Organisation ihren Sitz hatte. Verwaltungsunionen prägen den gouvernementalen Internationalismus bis zur Gründung der Vereinten Nationen und wurden danach zu Sonderorganisationen der UNO. Die bedeutendsten Verwaltungsunionen des 19. Jahrhunderts sind die Internationale Telegraphenunion und der Weltpostverein.

Der Leuchtturm auf Cap Spartel: Multilateralisierung der internationalen Politik

Die Gründung einer internationalen Kommission zur Verwaltung des Leuchtturms auf Cap Spartel geht auf eine 1865 geschlossene multilaterale Konvention zurück. Die Konvention regelte die Verwaltung eines Leuchtturms auf marokkanischem Hoheitsgebiet, in unmittelbarer Nähe von Tanger und 30 Seemeilen entfernt von Gibraltar. Zur offensichtlichen machtpolitischen Bedeutung des Standorts als Zugang zum Mittelmeer kamen weitere charakteristische Merkmale: Die Konvention ersetzte einen 1861 geschlossenen Handelsvertrag zwischen Spanien und Marokko, der den Beschluss zum Bau eines Leuchtturms enthielt. Die Konvention entzog damit der einstigen Kolonialmacht Spanien die exklusive Verfügungsmacht über einen strategischen Bereich. Der Wandel von der Bilateralität zur Multilateralität ist ein charakteristisches Merkmal des Wandels internationaler Orga-

nisation im 19. Jahrhundert. Bezeichnend ist überdies die Zusammensetzung der Unterzeichnerländer, die sich keineswegs auf die Mittelmeerlän-
der beschränkten: Belgien, Frankreich, Großbritannien, Italien, die Niederlande, Norwegen, Österreich, Portugal, Schweden und die USA gehörten
zu den ursprünglichen Unterzeichnerländern einer Konvention, die erst
1958 aufgehoben wurde. Von diesem Zeitpunkt an ging der Leuchtturm in
die alleinige Hoheit Marokkos zurück. Bemerkenswert ist die Partizipation
der Vereinigten Staaten, die bei dieser Konvention buchstäblich vor der europäischen Haustüre erschienen. Im Bereich der vordergründig technischen
Kooperationen begannen die Vereinigten Staaten die selbst gewählte Isolation der Monroe-Doktrin bereits in der zweiten Hälfte des 19. Jahrhunderts
zu verlassen.

Während die Leuchtturmverwaltung auf internationaler Basis territoriale
Herrschaft etablierte, hatte die Internationale Telegraphenunion (Union Té-
légraphique Internationale) seit ihrer Gründung eine globale Zielsetzung.
Die Telegraphenunion wurde 1934 in Internationale Fernmeldeunion umbenannt und hat heute ihren Sitz in Genf. Sie entspricht in mehrerer Hinsicht dem Prototyp jener neuen Organisationsform, die im 19. Jahrhundert
„Verwaltungsunion" hieß. Die Telegraphenunion regelte weltweite Infor-
mationsflüsse und bedingte eine machtpolitisch bedeutsame Etablierung
von Kooperation. Die Frage, wo die Zentrale dieser Organisation sein
sollte, war daher von größter Bedeutung. Die zwanzig europäischen Gründerstaaten einigten sich darauf, die Zentralstelle 1868 in Bern zu eröffnen.
Damit setzte – parallel zur Bedeutung Frankreichs – der Siegeszug der
neutralen europäischen Kleinstaaten ein. Die Zentralstellen der großen
Verwaltungsunionen befanden sich fortan in Brüssel und Bern – nicht in
London und Berlin. Da der Staat des Sitzlandes gleichzeitig ein Oberaufsichtsrecht besaß, war die Frage des Ortes von höchster politischer Brisanz.
Warum ließen die europäischen Großmächte eine derartige Profilierung
europäischer Kleinstaaten zu? Die Antwort liegt im Bündnissystem der
Großmächte, das ein höchst labiles Gleichgewicht der Kräfte anstrebte und
deshalb die Zuweisung zusätzlicher Erweiterungen nicht vertrug. Die Eröffnung eines internationalen Amts in Bern, Brüssel und Den Haag erschien
dagegen harmlos. Die Kleinstaaten nutzten diese Nische allerdings zu
einem erbitterten Konkurrenzkampf um jede weitere Organisation. Die Bedeutung der Neutralität wurde in Belgien wie in der Schweiz unter dem
Einfluss der Verwaltungsunionen neu definiert. Im 19. Jahrhundert begann
der Aufstieg Brüssels zur heutigen Bedeutung als europäische Metropole
und Sitz der EU. Im 19. Jahrhundert traf das belgische Interesse am Sitz internationaler Organisationen allerdings auf die gleich lautenden Angebote
der Schweiz. In der zeitgenössischen Literatur wurde der Eidgenossenschaft
außenpolitische Knauserigkeit vorgeworfen. Die Schweiz hätte aus Spar-
gründen darauf verzichtet, genügend Botschaften zu eröffnen. Das Land
würde nun diesen Mangel auf Kosten der Vertragsstaaten mit der Eröffnung
internationaler Büros kompensieren und ihre amtsmüden, aber pensionslo-
sen Minister auch noch auf Kosten der internationalen Gemeinschaft als
Direktoren weiterbeschäftigt. Doch beschränkte sich der Einfluss der Verwaltungsunionen darauf, Kleinstaaten ins Spiel zu bringen? Keineswegs.
Verwaltungsunionen brachten neue Spielregeln ins internationale System.

Die Bedeutung der
Kleinstaaten als Sitz
internationaler
Organisationen

Statt nur fünf Großmächte zu beteiligen, waren Verwaltungsunionen ausgesprochen große Gebilde. Gemessen an der Anzahl beteiligter Staaten ist der Weltpostverein bis zum heutigen Tag die größte gouvernementale Organisation, größer noch als die Vereinten Nationen. Allerdings wurde diese Größe durch das in solchen Organisationen übliche Mehrfachstimmrecht kompensiert. Die Jahresbeiträge der Vertragsstaaten richteten sich nach der Länge der Telegrafenleitungen, nach der Größe des Gebiets oder der Länge des Eisenbahnnetzes. Wer mehr zahlte, hatte ein Mehrfachstimmrecht.

Ägypten

Dieses Vorgehen begünstigte zwar wiederum die industrialisierten Staaten, schloss aber die Gesellschaften außerhalb Europas nicht aus. Ägypten gehörte zu den Gründungsmitgliedern des Weltpostvereins. Das ist bemerkenswert, denn diese Verwaltungsunion beruhte auf einer multilateralen Konvention souveräner Staaten. Ägypten stand aber unter der Suzeränität des Osmanischen Reichs, war also kein souveränes Land, erreichte aber durch die Mitgliedschaft in einer Verwaltungsunion Zugang zur bislang verschlossenen internationalen Politik. Der Berliner Kongress hatte 1878 deutlich gemacht, dass alle Staaten außerhalb der Pentarchie höchstens mit Plätzen in der zweiten Reihe rechnen konnten. Umso mehr nutzten diese Staaten die Kongresse der großen Verwaltungsunionen zur Realisierung politischer Ziele. An den Konferenzen des Weltpostvereins kritisierten die Vertreter des Osmanischen Reichs die exterritorialen Poststellen der europäischen Mächte und stellten damit die Rechtmäßigkeit europäischer Sonderrechte in Frage. Der politische Nutzen der Verwaltungsunionen ging daher weit über die von ihnen angestrebte technische Koordination hinaus. Deutliches Zeichen dieser politischen Bedeutung war das Interesse neu geschaffener Staaten, umgehend einer derartigen Verwaltungsunion beizutreten, um auf diese Weise indirekt politische Anerkennung zu erreichen.

Weltpostverein als Modell

Dennoch bleibt die Frage bestehen, ob die Verwaltungsunionen mehr als ein Sammelbecken letztendlich ‚zweitklassiger' Staaten darstellten, mehr als eine Parallelaktion, die letztlich mit zentralen politischen Entscheidungen wenig zu schaffen hatte. Eine wichtige Schnittstelle zur internationalen Politik findet sich in der Satzung des 1874 gegründeten Weltpostvereins (UPU). Diese hielt fest, dass Streitigkeiten durch ein Schiedsverfahren beigelegt werden mussten und präsentierte damit ein im 19. Jahrhundert viel zitiertes, modernes Beispiel friedlicher Konfliktlösung. Die historische Bedeutung der UPU besteht in der frühen Überwindung nationaler Grenzen und einem über Europa hinausgehenden Zusammenschluss der Staaten im Postverkehr. Die Gründung reicht in die 1860er Jahre zurück. Eine erste internationale Konferenz fand 1863 auf Anregung der USA in Paris statt. Der Vorschlag eines internationalen Postvereins stammte vom Generalpostdirektor des Norddeutschen Bundes, Heinrich von Stephan (1831–1897). Die Gründungskonferenz fand auf Einladung des Schweizerischen Bundesrates in Bern statt und führte zu einem am 9.10.1874 unterzeichneten Übereinkommen. Dieses legte fest, dass die Vertragsstaaten ein einheitliches Postgebiet mit Transitfreiheit und einheitlichem Porto darstellten und ein internationales Büro finanzierten. Die rasche Zunahme der Mitgliedschaften führte 1878 zur Namensänderung vom Allgemeinen Postverein zum Weltpostverein.

b) Semioffizielle Arrangements, Wissenschaft, Zivilgesellschaft und Krieg

Während des Deutsch-dänischen Kriegs wurden 1864 erstmals Verletzte von Helfern versorgt, die eine Binde mit rotem Kreuz auf weißem Grund am Arm trugen. Ein Jahr zuvor hatte ein kleiner Kreis von Genfer Pazifisten um Henri Dunant (1828–1910) einen privaten Hilfsverein gegründet. Ein Internationales Komitee zur Unterstützung der Verwundeten sollte verhindern, dass Verwundete wie bei der Schlacht von Solferino 1859 unversorgt auf dem Schlachtfeld liegen blieben. Der Hilfsverein bestand aus einer Reihe nationaler Hilfsgesellschaften. 1864 erhielt dieses zivilgesellschaftliche Engagement staatliche Unterstützung. In Genf fand eine Diplomatenkonferenz statt, die zur Genfer Konvention führte, einem multilateralen Abkommen zur „Verbesserung des Loses der Verwundeten auf dem Feld". Fortan sollten die Verwundeten versorgt werden unabhängig davon, zu welcher Streitpartei sie gehörten. 1876 gab sich die Organisation den heute bekannten Namen Internationales Komitee vom Roten Kreuz (IKRK). Das IKRK ist weder eine Verwaltungsunion noch ein NGO, allerdings sind zivilgesellschaftliches und gouvernementales Engagement miteinander verknüpft. Zugang zu den Rotkreuzkonventionen haben nur diejenigen Staaten, die auch nationale Rotkreuzgesellschaften zulassen. Das IKRK dürfte die bekannteste Form des Internationalismus im 19. Jahrhundert darstellen. Es handelt sich zweifelsohne um eine internationale Organisation, allerdings um eine, die den Krieg voraussetzt. Kriege werden aber gemeinhin als Ende grenzübergreifender Kooperationen dargestellt. Am Beispiel des Roten Kreuzes stellt sich also die grundsätzliche Frage, wie Kriege und internationale Organisation sich zueinander verhalten. Ist die hier vorgestellte neue Struktur internationaler Organisation nur ein politisches Schönwetterprogramm? Ist im Gegenteil die Schrecklichkeit der Kriege das auslösende Moment, das zu pazifistisch motivierten grenzübergreifenden Zusammenschlüssen führte? Die Vorstellung des Krieges war in der Tat im 19. Jahrhundert eine maßgebliche Kernidee der internationalen Ordnung. *Erstens* regelte eine der Quellen des Internationalismus – das Völkerrecht – in ihrer älteren Version primär Fragen von Krieg und Frieden. Das 1873 gegründete Institut de droit international betrachtete neben der wissenschaftlichen Weiterentwicklung des Völkerrechts die Sicherung des Friedens und die Beachtung des Kriegsrechts als seine zentrale Aufgabe. *Zweitens* bedingte militärische Modernisierung nicht weniger als andere Bereiche technischer Kooperation grenzübergreifende Absprachen und Normierungsprozesse. 1891 war in den USA sogar eine Association of Military Surgeons mit dem Ziel gegründet worden, militärmedizinisches Wissen in Friedenszeiten vor dem Vergessen zu bewahren. Die Einladung zur Jahreskonferenz dieser Vereinigung wurde über die diplomatischen Kanäle verbreitet und fand internationale Beachtung. *Drittens* war die Kriegsführung wesentlicher Bestandteil des gesellschaftlichen und politischen Selbstverständnisses des 19. Jahrhunderts: Das komplexe Bündnissystem der Staaten regelte den potenziellen Kriegsfall, der militärische Sieg galt als Basis des Sozialdarwinismus, eines auf die Gesellschaft übertragenen Überlebenskampfes des Besten und Tüchtigsten.

Viele internationale Organisationen des 19. Jahrhunderts nahmen diese

Krieg und
die Gründung
internationaler
Organisationen

Vorstellung eines ‚friedlichen' Kampfes auf und arbeiteten fortan in einer scheinbar widersprüchlichen Form der Selbstdarstellung: Einerseits wiesen internationale Organisationen darauf hin, dass sie kooperativ organisiert und vernetzt arbeiteten. Andererseits betonten die gleichen Organisationen nicht weniger vehement ihre kämpferische Zielsetzung, wenn es ihre Inhalte zu beschreiben galt. Zivilgesellschaftliche Organisationen fanden damit eine Sprache, die einem Grundtenor der Zeit entsprach und sich überdies bestens zur semioffiziellen Kooperation eignete. Solche Phänomene sind von der 1865 gegründeten Heilsarmee angefangen bis zu den zahlreichen Sportorganisationen festzustellen. Ebenso folgte der Kampf gegen Seuchen und Krankheiten der Sprache und den Metaphern des Kriegs.

Die internationale Organisation der Seuchenbekämpfung

Die Metapher des Kampfes eignete sich ausnehmend gut, um zivile und gouvernementale Anliegen in einem schwer zu entwirrenden Gemisch von wissenschaftlicher Profilierung und konventioneller Machtpolitik zu verbinden. Seuchen und Krankheiten wurden im 19. Jahrhundert zu einer politischen Frage erster Ordnung. Der dominierende Glaube an Modernisierung und Fortschritt machte derartige Erscheinungen zu einem Zeichen der Rückständigkeit. Auf der Ebene der internationalen Politik kollidierte die Vorstellung von Rückständigkeit mit einer modernen Infrastruktur, die erst für die schnelle Verbreitung der Seuchen sorgte. Die Erweiterung der Weltwirtschaft und die Nutzung schnellerer Transportmittel waren mit dem klassischen Mittel der Quarantäne nur schwer zu vereinbaren. Das neue Konzept bestand aus ausgeklügelten polizeilichen Personen-, Waren- und Herkunftskontrollen und einem wissenschaftlichen Konzept der Prävention. Beides schloss imperialistische Einflussnahme unter dem Vorwand der Seuchenbekämpfung nicht aus.

Der Beginn der internationalen Gesundheitspolitik wurde von einer Kombination aus westlichen, wissenschaftlichen Netzwerken und der Einrichtung von außereuropäischen Kontrollinstanzen geprägt. 1839 wurde der Oberste Gesundheitsrat in Konstantinopel gegründet. Ähnliche Institutionen befanden sich in Tanger, in Alexandria und in Teheran. Es handelte sich jeweils um nationale Institutionen, die aber dem Außenministerium unterstellt waren. Das Personal kam mehrheitlich aus Europa – von den 17 Mitgliedern, die an der Jahrhundertwende im Obersten Gesundheitsrat arbeiteten, stammten gerade mal vier Personen aus dem Osmanischen Reich. Diese Verwaltungen vollzogen die Beschlüsse der internationalen Sanitätskonferenzen. Solche Konferenzen fanden seit 1851 regelmäßig statt. Die Konferenzen diskutierten anfänglich über die Bekämpfung von Cholera und Pest, weiteten dann aber ihr Programm zusehends auf die Seuchenprävention aus. Dabei wuchs die Bedeutung wissenschaftlicher Netzwerke. Ärzte, Tierärzte, Sozialpolitiker und Experten, die im weitesten Sinne unter dem zeitgenössischen Begriff der „Hygiene" zusammengefasst werden konnten, gründeten eigene internationale Organisationen, die wiederum ein semioffizielles Arrangement mit den Staaten eingingen. Diese zivilen Netzwerke polsterten die politischen Maßnahmen der Seuchenbekämpfung mit wissenschaftlichen Argumenten und halfen mit, das Deutungsmonopol der westlichen Medizin global zu verbreiten. Eine für die Seuchenbekämpfung zuständige Verwaltungsunion wurde erst nach der Jahrhundertwende gegründet. Das 1907 beschlossene Office international d'hygiène publique mit Sitz in Paris beschränkte sich auf die Informationsvermittlung. Die zivilen medizinischen Netzwerke nahmen dagegen explosionsartig zu. Selten lässt sich im 19. Jahrhundert ein Bereich nachweisen, der Grenzen transparenter gemacht hätte – gegen Innen nicht weniger als gegen Außen. Mediziner, Hygieniker, Sozialpolitiker waren an der Schnittstelle von Wissenschaft, Berufsverband und Politik tätig. Sie waren an Normierungs- und Standardisierungsprozessen beteiligt, an der Internationalisierung von Medikamentennamen und Pharmakopöen. Ihre Kongresse waren Fachveranstaltungen, erhielten staatliche Subventionen und boten gleichzeitig ein ideales Testgelände für machtpolitische Auseinandersetzungen.

Der Panamakanal bietet ein Beispiel für die enge Verbindung von Expertenwissen und internationaler Politik: Als die Vereinigten Staaten für den Bau des Panamakanals 1903 die Kanalzone besetzten, begann die britische Delegation auf den internationalen Hygienekongressen kontinuierlich auf die Gefahr der Übertragung des Gelbfiebers hinzuweisen. Der Kanal, ein Unternehmen gigantischen Ausmaßes, wurde in dieser Lesart zur Bedrohung, ja bereitete nachgerade die Verbreitung des bislang auf den Pazifik beschränkten Gelbfiebers in den Atlantik vor. Die Entdeckung einer Gelbfieber übertragenden Mücke ermöglichte die wissenschaftliche Begründung dieser politisch motivierten Bedrohung und führte schließlich dazu, dass die Vereinigten Staaten 1913 versprachen, eine internationale Konferenz einzuberufen – das alleinige amerikanische Monopol über die Kanalzone war damit zumindest auf dieser Ebene in Frage gestellt.

Die Bekämpfung von Pflanzenkrankheiten und Tierseuchen zeigt ähnliche Mechanismen auf, mit dem Unterschied allerdings, dass ökonomische Interessen eine zentrale Rolle einnahmen. Seuchenpolitisch begründete Beschränkungen im Handel mit Tieren und Pflanzen waren im 19. Jahrhundert schwer von nichttarifären Handelshemmnissen zu unterscheiden. 1881 versahen sieben europäische Staaten amerikanisches Schweinefleisch mit Importrestriktionen. Die Maßnahme fiel in die Zeit der landwirtschaftlichen Schutzzölle, wurde aber mit dem Schutz der Konsumenten vor Krankheiten begründet. Allerdings war für amerikanische Farmer nur schwer einzusehen, weshalb ausschließlich amerikanisches Fleisch gefährlich sein sollte. Ähnliche Mechanismen lassen sich bei internationalen Konventionen zum Schutz einzelner Tierarten erkennen. An der Jahrhundertwende sollten – nicht ohne Blick auf die französische Modeindustrie – Vögel geschützt werden. Noch spielten Überlegungen zum Tier- oder gar Umweltschutz keine bedeutende Rolle. Vielmehr galt es, einen nach wie vor starken Landwirtschaftssektor zu unterstützen und Krankheiten abzuwenden. Seuchenbekämpfung, Professionalisierung und gouvernementale Maßnahmen gingen Hand in Hand, auch wenn eine Verwaltungsunion erst nach dem Ersten Weltkrieg gegründet wurde. Im 19. Jahrhundert waren Reblaus und Rinderpest die Pflanzenkrankheit resp. Tierseuche mit dem bedeutendsten Internationalisierungspotenzial. Die Rinderpest verbreitete sich 1860 von Russland kommend durch Europa und verursachte große Schäden. Diese Tierseuche führte zum ersten internationalen veterinärmedizinischen Kongress und gab Anlass zu Überlegungen, wie Tierseuchen international erfasst und bekämpft werden konnten.

Handel und Seuchenbekämpfung

25

3. Internationalisierung und Imperialismus (1884–1900)

Internationale
Ordnung und
europäisches
Bündnissystem

1870/71 wurden mit dem deutsch-französischen Krieg und der Gründung des Deutschen Reichs in Europa jene politischen Rahmenbedingungen geschaffen, welche fast ein halbes Jahrhundert die internationale Organisation der Welt zumindest auf der diplomatischen Ebene bestimmen sollten. Die Niederlage Frankreichs und der politische Systemwechsel vom Second Empire zur Dritten Republik führten nicht zu einem Verzicht auf eine Politik der Internationalisierung. Frankreich blieb in der Vorkriegszeit jene Großmacht, die systematisch den Ausbau von Normierungs- und Standardisierungsprozessen weiter entwickelte und internationale Organisationen in die Metropole zog. Was Napoleon III. begonnen hatte, erwies sich als unumkehrbarer Prozess und als Form politischer Legitimation, an der auch die Dritte Republik interessiert war. Längst war auch den hart gesottensten Realpolitikern klar geworden, dass komplexe Beziehungsnetze die konventionelle Außenpolitik territorialer Machtsicherung überlagerten. Als der deutsche Reichskanzler Otto von Bismarck (1815–1898) mitten in der Großen Orientkrise 1877 in Bad Kissingen sein außenpolitisches Programm entwickelte, waren ihm die Beziehungen der Länder zueinander bereits wichtiger als der Ländererwerb selbst. Der sprichwörtliche „cauchemar des coalitions" ist eine präzise Schilderung politischer Netzwerkbildung und letztlich das Eingeständnis, dass sich die Vorstellung vom saturierten Reich überlebt hatte. In der Zeit zwischen 1870 und 1914 schlossen sich die bislang fragmentierten Bereiche des Handels und des Verkehrs zu einer Weltwirtschaft zusammen. Wie Jürgen Osterhammel und Niels P. Petersson formulieren, wurde „die ganze Welt zu einem Interaktionsraum der konkurrierenden Territorialstaaten". Die politische Antwort der Großmächte auf die Anforderung globaler Präsenz bestand in der Bildung von Imperien, einem Versuch, den für die wachsende Arbeitsproduktivität notwendigen großen Markt im Inneren zu sichern. Seitdem 1868 in England in der Öffentlichkeit der Ruf nach „Greater Britain" laut wurde, verwendeten auch Staaten eine Rhetorik der Expansion, die schwerlich als Großmächte zu bezeichnen sind. „La Belgique la plus grande", Greater Britain oder die deutsche Weltpolitik hatten jeweils das Ziel, grenzübergreifende Netzwerke in einem nationalen Sinn umzudeuten und in einer multilateralen Politik zu kanalisieren. Letztlich war aber die Dynamik der Grenzüberschreitung ein schwer zu kontrollierendes Phänomen. Dafür sorgte neben der steigenden Bedeutung des Exports und der Weltwirtschaft die Entwicklung der Zivilgesellschaft.

Transnationaler
Diskurs der
Gleichheit

Das 19. Jahrhundert war geprägt vom Streben nach Gleichheit – zumindest in Europa. Wie Jörg Fisch hervorhebt, ließ der Gleichheitsbegriff unterschiedliche Deutungen zu. Politische Gleichberechtigung und Gleichheit vor dem Gesetz ebneten den Weg zur Forderung nach deren Erweiterung zur Chancengleichheit und zur Korrektur materieller Ungleichheit, auch wenn die Vorstellung der Gleichheit von modernen Menschenrechten weit entfernt war: Gleichheitspostulate blieben aus europäischer Perspektive mit dem Argument kultureller Fortschrittlichkeit jeweils auf den Westen beschränkt. Der scheinbar kultivierte Westen schloss überdies die weibliche

Hälfte der Bevölkerung von der politischen Partizipation aus. Juden hatten im Zarenreich noch nicht einmal Niederlassungsfreiheit. Die Meistererzählung der Gleichheit blieb also in einer Asymmetrie gefangen. Die Welt war weit davon entfernt, in eine fortschrittliche und in eine rückständige Hälfte aufgeteilt werden zu können – aber der Diskurs der Gleichheit brachte eine grenzübergreifende Dynamik in die nationalen Unterschiede – was national nicht erreicht wurde, schien nun im Zusammenschluss mit jenen erreichbar, die diesem Ziel schon näher waren. Diese Möglichkeit verstanden Frauenorganisationen besonders gut für ihre Zwecke zu nutzen. Ebenso lernten Parlamentarier nationale Anliegen über internationale Forderungen zu erreichen – sorgsam beobachtet von außereuropäischen Ländern, die diese Lektion der internationalen Stärkung nicht minder schnell übernahmen. Internationale Präsenz erfordert allerdings bedeutende strukturelle Voraussetzungen. Zivilgesellschaftliche Netzwerke sind ohne Koalitionsrecht und Niederlassungsfreiheit, ohne Passwesen, Ein- und Ausreisebestimmungen nicht denkbar. Sie bildeten sich schon aus diesem Grund etwas später als staatliche Netzwerke aus, vor allem blieben staatliche und zivilgesellschaftliche Internationalität in einem spannungsreichen Verhältnis aufeinander bezogen. Während technische Kooperationen zivile Experten und staatlichen Handlungsbedarf zusammenführten, wissenschaftliche und selbsternannte Geografen die notwendigen Kenntnisse zur Aufteilung der Welt lieferten, blieben grenzübergreifende Emanzipationsprozesse eine Angelegenheit, die von beiden Seiten mit Argwohn und Aufmerksamkeit verfolgt wurde. Die schnelle Entwicklung der Interparlamentarischen Union ist eine Seite dieses Prozesses – die andere Seite betonte das transnationale Gefahrenpotential. Die Grenze der Begeisterung über globale Weitläufigkeit zeigte sich 1898. Als Kaiserin Elisabeth von Österreich von einem Anarchisten am Genfer See erstochen wurde, steigerte sich die Angst vor anarchistischen Attentaten zur hellen Panik. 1899 trafen sich die meisten europäischen Staaten in Rom zu einer Diplomatenkonferenz. Das Resultat der Konferenz beschränkte sich nicht auf die Verabschiedung einer multilateralen Konvention: Die Jagd auf Anarchisten, deren Erfassung sowie die Informationsvermittlung zwischen den Staaten ließen die nationalen Polizeiorgane näher zusammenrücken. Die Idee zur Schaffung von Interpol stammt aus dem 19. Jahrhundert, auch wenn die Organisation dieses Namens erst 1923 gegründet wurde.

a) Die Internationalisierung westlicher Eigentumsrechte

1873 luden Kaiser Franz Joseph und Kaiserin Elisabeth zur Weltausstellung nach Wien ein. Im Jahr der Wiener Weltausstellung wurden Banken zahlungsunfähig, Konkurse und Selbstmorde jagten sich. Der Boom der Gründerjahre war zusammengebrochen. Allerdings sollte sich die Bedeutung der Weltausstellung als Plattform innovativer grenzübergreifender Vernetzung erneut bestätigen. Während der Weltausstellung fand der erste Patentrechtskongress statt. In der Tat förderten die Weltausstellungen die Angleichung der sehr unterschiedlichen Patentrechte grundlegend, denn Unternehmer waren nur dann bereit, ihre Produkte einem internationalen Publikum zu zeigen, wenn diese gegen Nachahmung geschützt waren. Der britische Sta-

Weltausstellung und Eigentumsrechte

tistiker Leone Levi (1821–1888) forderte deshalb sogar die Etablierung eines Welthandelsrechts. Die Durchsetzung eines international kompatiblen Rechtsverständnisses war allerdings schwierig. Das Patent erinnerte in Kontinentaleuropa an die vormoderne Privilegienpolitik der Obrigkeit. Obwohl die Kongressteilnehmer selbst zur Kasse gebeten wurden, die Cholera sich ausbreitete und die Weltausstellung selbst ein finanzielles Desaster war, trafen sich im August 1873 Diplomaten, Industrielle und Handelskammervertreter. Der Berichterstatter der japanischen Ausstellungskommission sorgte dafür, dass die Beschlüsse dieser Zusammenkunft global verbreitet wurden. Der Kongress richtete sich nach dem Vorbild von Telegraphenunion und Weltpostverein und verabschiedete eine Resolution, die Patentschutz als Merkmal zivilisierter Nationen verstand und die Regierungen beauftragte, eine internationale Verständigung anzustreben. Ein vom Kongress eingesetztes Exekutivkomitee betrieb ein transnationales Lobbying, das sich auf die nationalen Patentgesetzgebungen auswirkte, beispielsweise auf das Deutsche Patentgesetz von 1877.

Die Gründung der
Berner Ämter

Die internationale Sicherung des geistigen Eigentums war eine bahnbrechende Neuerung. Sie setzte einen expandierenden Weltmarkt voraus und machte diesen zugleich auch erst möglich. Der Schutz des geistigen Eigentums ist heute in der WIPO (World Intellectual Property Organization) zentralisiert. Die WIPO ist seit 1974 eine Sonderorganisation der UNO, geht aber auf zwei im 19. Jahrhundert geschlossene Konventionen zurück, die Pariser Konvention von 1883 und die Berner Konvention von 1886. Die Pariser Konvention regelte den Schutz von Erfindungen, Warenzeichen und des Industriedesigns, die Berner Konvention schützte literarisches und künstlerisches Eigentum in seiner vollen Breite, vom Gedicht über die Oper bis zur Statue. Beide Konventionen führten zur Bildung von Verwaltungsunionen, die wiederum internationale Ämter mit Sitz in Bern hatten. Die beiden Ämter wurden 1893 in einer Institution, dem BIRPI (Bureau International réuni pour la protection de la propriété intellectuelle) zusammengefasst. Einmal mehr war privates Engagement in eine offizielle Konvention eingegangen.

Die beiden Konventionen prägten die internationale Organisation aber nicht minder aus einer zivilgesellschaftlichen Perspektive. Die Welt der Ideen begann sich zu individualisieren und in Eigentumsrechte zu transformieren. Dabei standen bekannte Künstler wie Victor Hugo (1802–1885) für die Bedeutung dieses Prozesses ein. Der Schutz von Markenzeichen und die wachsende Bedeutung der Werbung führten zu einer Sprache der Symbole, die an Produkte geknüpft waren. Ein Kokosfett ersetzte vor dem Ersten Weltkrieg teure tierische Fette – und brachte die Palme samt den zugehörigen kolonialen Sehnsüchten in deutsche Küchen. Der Patentschutz bedeutete für eine kapitalistische Weltwirtschaft die erfolgreiche Durchsetzung von individuellen Eigentumsrechten. Die 1908 erweiterte Berner Konvention war nicht auf europäische Staaten begrenzt: Japan unterzeichnete 1908 ebenso wie der Präsident der Republik Liberia und der Bey von Tunis. Allerdings war die Vorstellung einer kulturellen Gleichberechtigung aus der westlichen Perspektive im 19. Jahrhundert kein ernst zu nehmendes Thema.

Vielmehr ist von einem Prozess der doppelten Vereinnahmung auszugehen: Während die Weltwirtschaft sich über die Sicherung von Eigentumsrechten verbreitete, verloren außereuropäische Kulturen zusehends ihr Deutungsmonopol an wissenschaftliche Gesellschaften, die sich als internationale Netzwerke konstituierten. Die international vernetzten Gelehrten gingen davon aus, dass es Aufgabe eines Kultur beanspruchenden Europa sei, Kulturgüter in der außereuropäischen Welt auszumachen, zu interpretieren und diese in westlichen Museen zu ‚sichern'.

In den 1880er Jahren erlebten insbesondere jene Gesellschaften großen Zulauf, die sich mit der Erweiterung territorialer Kenntnisse beschäftigten. Charles P. Daly (1816–1899), Präsident der American Geographical Society of New York, stellte 1880 fest, dass über fünfzig geografische Gesellschaften weltweit aktiv waren. Geografie erfasste ein bedeutendes Spektrum von Wissenschaftsbereichen, die sich in der zweiten Hälfte des 19. Jahrhunderts ausdifferenzierten. Diese Fächer beteiligten sich an der 1884 erfolgten Festlegung des Nullmeridians, beschrieben in der physikalischen Geografie die Beschaffenheit der Erde, nützten die Telegrafie zum Ausbau der Wettervorhersage in der wissenschaftlichen Disziplin der Meteorologie, schlossen aber auch Ethnografie und prähistorische Forschungen ein und betrachteten von der Arktis bis zu den Quellen des Nils die Welt als Forschungsgebiet europäischer Wissenschaft. Das gemeinsame Ziel, eine akkurate Weltkarte zu erarbeiten, war nur eines der Projekte, welche diese Art der Forschung zu einer zeittypischen Form der grenzübergreifenden Kooperation veranlasste. Es ist naheliegend, die Geografie des 19. Jahrhunderts als eine Wissenschaft zu betrachten, die der territorialen Expansion nahe stand. Militärische Landvermesser machten einen beträchtlichen Teil der Mitglieder jener Gesellschaften aus. Wie sehr allerdings das vom britischen Historiker Eric Hobsbawm beeindruckend beschriebene „Imperiale Zeitalter" territoriale Expansion mit internationaler Organisation zu kombinieren wusste, lässt sich am Beispiel des Kongo überzeugend aufzeigen. Der berüchtigte Freistaat Kongo, ein Staat im persönlichen Besitz des belgischen Königs Leopold II. (1835–1909), entstand aus der Verwandlung einer internationalen Organisation in einen Staat.

Westliche Deutungsmonopole und die Entwicklung internationaler Wissenschaftsorganisationen

b) Die Erfindung des internationalen Staates

Während die Armeen der europäischen Großmächte den Kolonialbesitz erweiterten, bediente sich König Leopold II. von Belgien einer anderen Eroberungspraxis. Er gründete die Association Internationale Africaine, die später in Association Internationale du Congo (AIC) umbenannt wurde, und präsentierte Eroberung als wissenschaftliche Entdeckung zeitgemäß an einem von ihm 1876 in Brüssel veranstalteten internationalen Kongress für Geografie. Die Umsetzung der vordergründig wissenschaftlich legitimierten ‚Entdeckung' überließ der König einem der bekanntesten Journalisten seiner Zeit: Henry Morton Stanley (1841–1904), zur Zeit der Kontaktaufnahme mit dem belgischen König durch seine Suche nach dem britischen Missionar David Livingstone einer der bekanntesten Bestsellerautoren seiner Zeit. 1884/85 geriet das bis damals kaum zugängliche Kongobecken in den Fokus der internationalen Politik. Reichskanzler Otto von Bismarck lud zur Berliner Afrikakonferenz ein und erklärte die drei C – Commerce, Christianité, Civilisation – zum Ziel dieses Treffens. Bevollmächtigte aus 19 Staaten er-

Die Gründung des Kongo Freistaats

schienen auf einer Diplomatenkonferenz, die zwar nicht den Startschuss zum *Scramble for Africa* gab, aber für die Aufteilung Afrikas die Spielregeln setzte. Am Rande dieser Konferenz und ohne Spuren in den offiziellen Protokollen zu hinterlassen, wurde die AIC nun in einen Staat transformiert. Die Flagge der AIC – ein goldener Stern auf blauem Grund – wurde im Mai 1885 zum Hoheitszeichen des Etat Indépendant du Congo (EIC), des Freistaats Kongo.

Die Aktion ist ein Lehrstück über die Möglichkeiten, wie im 19. Jahrhundert mit dem Instrument der internationalen Organisation diplomatische Mimikry betrieben, wie internationale Organisationen mit ökonomischen Interessen staatsähnliche Funktionen erfüllen und Souveränitätsvorstellungen ad absurdum geführt werden konnten. Obwohl Eisenbahngesellschaften auch staatsähnliche Funktionen ausübten, gingen diese Beispiele lange nicht so weit wie der EIC, der auf der institutionellen Ebene die perfekte Kopie eines Staates darstellte: Der EIC hatte ein Territorium, das Belgien bei weitem übertraf, eine Regierung, die sich allerdings in Brüssel befand, eine Verwaltung, die allerdings aus Europäern und Amerikanern bestand und einen Monarchen, der sich allerdings hütete, den Boden seines Privatstaates zu betreten. Da der Staatsbildungsprozess und das Zugeständnis der Souveränität von einer internationalen Diplomatenkonferenz ausgingen und die Gebietserweiterung in der Hand einer internationalen Organisation lag, war das belgische Parlament von der Entscheidungsfindung ausgeschlossen. Der belgische Senat bestätigte nachträglich, dass der König Staatschef des EIC war und legte fest, dass die Beziehung zwischen Belgien und dem Kongo auf die Person des Königs begrenzt war. Dies sollte sich ändern, als der Belgische Staat 1908 den Kongo als Kolonie übernahm.

Transnationales Lobbying   Der Anerkennung einer internationalen Gesellschaft als Staat war ein transnationales Lobbying der belgischen Krone vorausgegangen: Henry S. Sanford (1823–1891), ein amerikanischer Diplomat und Vertrauter Leopolds II., bereitete in der amerikanischen Öffentlichkeit eine für die Belange des Königs günstige Stimmung vor. Er erreichte mit einer geschickten Verbindung von Freihandelsversprechen und der Vision, im Kongo ein zweites Liberia aufzubauen, dass die Vereinigten Staaten die AIC offiziell anerkannten, noch bevor die Berliner Afrikakonferenz zusammentrat. Die Kongogesellschaft hatte wiederum der französischen Regierung ein Vorkaufsrecht zugesichert. Damit nutzte der belgische König den französisch-britischen Wettlauf um Afrika – und erhielt daher die Zusicherung der britischen Unterstützung umso leichter, zumal der Schotte William Mackinnon (1823–1893) in London Leopolds Interessen vertrat. William Mackinnon war der Besitzer eine der größten Reedereien der damaligen Zeit. Zusätzlich spendete König Leopold II. großzügig für die Berliner Afrikagesellschaft und pflegte gute Kontakte zu Bismarcks Bankier Gerson Bleichröder. Solche höchst informellen Kontakte, die allesamt beim belgischen König und nicht etwa dem belgischen Außenministerium zusammenliefen, sorgten letztendlich für eine der AIC positiv gesonnene Stimmung auf der Berliner Afrikakonferenz. Gründe zum Zweifeln, dass die internationale Kongoassoziation den besten Garanten für den verlangten Freihandel darstellte, waren allerdings nicht von der Hand zu weisen. Die Verträge, die Henry Morton Stanley im Namen des Königs mit den indigenen Stammesfürsten geschlossen hatte, sicherten der AIC die Handelsvorteile über ein Gebiet, dessen Rohstoffe, vor allem Kautschuk und Kupfer, mit fortschreitender Industrialisierung immer mehr nachgefragt wurden.

Von der internationalen Organisation zum internationalen Staat
(Reeves, Jesse Siddall: The International Beginnings of the Congo Free State. Baltimore 1894, S. 73 f.)

Does the term 'International Colony, *sui generis*', explain the status of the institution recognized as a power by the representatives in Berlin? It is difficult to conceive of a colony without a metropolis; the word 'International' shows that none such existed. It is true that, like a colony, it received from without all the elements of its political existence. (…) An International State better describes the institution, yet that term is open to as many objections as was that of an 'International Colony'; legally it was a State, apparently it was international, while in reality its moving spirit was the King of Belgium. To add to the complex condition of affairs, the Belgian Constitution forbade the King the acceptance of the headship of any other State. One is almost forced to confess, with the 'Ex-Diplomat', that the institution was indeed, "from an international point of view, a monstrosity".

Zeitgenössische Experten wurden sich über die Klassifikation des neu entstandenen Gebildes nicht einig. Belgische Völkerrechtsexperten bezeichneten den EIC als internationale Kolonie, andere machten darauf aufmerksam, dass eine Kolonie ein Mutterland bedingt, dies wiederum durch den expliziten Hinweis auf die Internationalität ausgeschlossen war. Der EIC blieb auch im zeitgenössischen Diskurs vielleicht das überzeugendste Beispiel dafür, dass die Trennlinie zwischen staatlichen und privaten internationalen Aktivitäten verwischt war. Internationale Organisationen stellten ganz offensichtlich eine potente Möglichkeit zur konventionellen Machterweiterung dar, und so neu das Instrument der internationalen Organisation auch war, es schien sich nur allzu leicht in jene Form transformieren zu lassen, die europäische Staaten längst hinter sich gelassen hatten: Der EIC war eine absolute Monarchie, Leopold ein autokratischer afrikanischer Herrscher, eine Verfassung existierte nicht.

In der Folge sollte sich aber zeigen, dass das charakteristische Merkmal dieser Staatsgründung, nämlich deren explizite Absicherung in einer internationalen Öffentlichkeit, auch deren größter Schwachpunkt war. An der rücksichtslosen und menschenverachtenden Ausbeutung der Rohstoffe durch die Zwangsarbeit der indigenen Bevölkerung entzündete sich eine transnationale Menschenrechtsbewegung. Im gleichnamigen Roman von Joseph Conrad (1857–1924) als „Herz der Finsternis" beschrieben, wurde der Kongo zur Metapher des Imperialismus. Dieses Bild des Kongo diente sehr viel später als Vorlage zu Francis Ford Coppolas Film „Apocalypse Now". Proteste gegen Leopolds Regime formierten sich wiederum in einer internationalen Organisation, der 1904 gegründeten Congo Reform Association. Die Begründer der Organisation, der britische Journalist Edmund Dene Morel (1873–1924) und der britische Konsul Roger Casement (1864–1916) berichteten unermüdlich über die Kongogräuel und wurden dabei von schwedischen, britischen und amerikanischen Missionaren und

Transnationaler Kampf gegen die Kongogräuel als frühe Menschenrechtsbewegung

31

von Mitgliedern der internationalen belgischen Verwaltung mit Informationen beliefert, die mehr waren als bloße Berichte. Die Congo Reform Association publizierte Fotos von verstümmelten Menschen und überzeugte das Publikum mit Bildern, deren Authentizität unbestritten erschien. Da Leopold II. eine Gegenkampagne lancierte, tobte nach der Jahrhundertwende ein Pressekrieg, an dem bekannte Schriftsteller wie Mark Twain (1835–1910) und Arthur Conan Doyle (1859–1930) beteiligt waren. Als schließlich Leopold II. aufgab und den Freistaat in eine belgische Kolonie überführte, brach die Kampagne zusammen – allerdings nicht ohne einen tiefen Eindruck über die Macht einer offensichtlich nun auch globalen Berichterstattung hinterlassen zu haben.

4. Globale Vernetzung in der unmittelbaren Vorkriegszeit

Der internationale Freizeitpark: Pariser Weltausstellung 1900

1900 besuchten 50 Millionen Personen die Pariser Weltausstellung, die unter dem Thema „Le bilan d'un siècle" stand – Bilanz eines Jahrhunderts. Nach der politisch brisanten Jahrhundertfeier der Französischen Revolution auf der Weltausstellung von 1889 verband diese Bilanz eines Jahrhunderts monarchische Prachtentfaltung und republikanisch-nationale Selbstdarstellung, Modernisierung und die Projektionen europäischer Vorstellungen des Exotischen. Diese größte und profitabelste Weltausstellung des 19. Jahrhunderts war ein internationales Ereignis ersten Ranges. Das Ausstellungskomitee achtete darauf, globale Vernetzung auf eine Weise zu demonstrieren, dass Paris als unübersehbarer Knotenpunk im globalen Netz erschien. In Paris ließ sich die ganze Welt erfahren. Ein bizarres Gebäude lud zur „Tour du monde", einer Weltreise mit vorbeiziehenden Panoramen ein. Elektrisches Licht machte die Nacht zum Tag. Mit Rolltreppen, in der neu gebauten Pariser Metro, in Aufzügen und rollenden Transportbändern schmolzen Distanzen in einer Geschwindigkeit, die nur durch eine gigantische amerikanische Druckerpresse übertroffen wurde, die in Paris eine zweisprachige Sonderausgabe der New York Times produzierte. Selbst die bis dahin eher ephemeren internationalen Kongresse wurden nun in einem opulenten Palais des congrès sichtbar. Dieses Gebäude bot den vielen, während der Weltausstellung stattfindenden Kongressen die notwendige Infrastruktur. Im Palais des congrès fand überdies eine Ausstellung zur internationalen Sozialpolitik statt, dem großen neuen Thema grenzübergreifender Kooperation im beginnenden zwanzigsten Jahrhundert. Dennoch war die Weltausstellung als glitzernder, globaler Freizeitpark weit davon entfernt, ein Jahrhundert der Konfrontation in einer Phase grenzübergreifender Kooperation aufgehen zu lassen.

Internationale Krisen und die Bedeutung Asiens

Das Gastland Frankreich hatte die innenpolitische Krise der Affäre Dreyfus erst ansatzweise überwunden. In Afrika waren britische und französische Truppen in Faschoda aufeinander gestoßen. Der Rückzug der französischen Truppen bereitete zwar den Weg zur französisch-britischen Verständigung in der Entente cordiale vor, musste allerdings mit Plänen der West-Ost-Durchquerung des afrikanischen Kontinents kompensiert werden. In

Südafrika war der zweite Burenkrieg zum Guerillakrieg zwischen der britischen Armee und den aufständischen Buren geworden. In Asien hatte 1894 der chinesisch-japanische Krieg den internationalen Druck auf China erhöht. Fremde Glücksritter und aufsässige Missionare, die wachsenden Ansprüche der europäischen Großmächte, Überschwemmungen und Hungersnot verschärften die Lage in China. An der Jahrhundertwende fassten europäische Berichterstatter die wachsende Opposition im Land unter dem Begriff der Boxer zusammen – obwohl es sich um eine vielfältige Mischung aus unterschiedlichen Gruppierungen handelte, die Religion und Kampfkunst verbanden und gegen die Fremden im Land auftraten. Als die Situation mit der Ermordung des deutschen Gesandten im Juni 1900 eskalierte, schickten die europäischen Großmächte ein internationales Truppenkontingent nach China. In Europa beschwor derweilen der deutsche Kaiser Wilhelm II. (1859–1941) die Hunnen, um mit der zur Metapher der Fremdenfeindlichkeit verfestigten ‚gelben Gefahr' fertig zu werden. In einer keineswegs kosmopolitischen Welt blieb Asien Ort europäischer Verunsicherung. 1905 endete der russisch-japanische Krieg mit dem Sieg eines asiatischen Staates über eine europäische Großmacht. Die Friedensvermittlung übernahm der amerikanische Präsident Theodore Roosevelt (1858–1919), der dafür mit dem Friedensnobelpreis ausgezeichnet wurde. Die Vereinigten Staaten waren seit der Eroberung der Philippinen 1898 zu einer Großmacht mit europäisch-asiatischer Brückenfunktion geworden.

1902 proklamierte der britische Journalist William Thomas Stead (1849–1912) in einer gleichnamigen Publikation „The Americanisation of the World". Die Illusion einer von Europa dominierten und kontrollierten Welt liess sich demnach nicht mehr aufrecht halten. Die offensichtliche Veränderung der internationalen Lage spiegelte sich auch in der Verlagerung internationaler Netzwerke und der Stärkung nichtstaatlicher Akteure: 1864/65 war ein magisches Jahr für den unumkehrbaren Beginn grenzübergreifender Vernetzung gewesen – 1905 erreichte diese Entwicklung ihren Höhepunkt. Von diesem Moment an gab es mehr internationale Organisationen mit multinationaler Gründungskonvention als Staaten. Zivilgesellschaftliche Netzwerke, die bislang im Windschatten der Staaten standen, holten auf und erreichten zwischen 1905 und 1910 ihren höchsten Vorkriegsstand. Im Zuge dieser Entwicklung verschoben sich die Parameter internationaler Organisation zusehends. Die traditionellen Akteure internationaler Politik blieben zwar nach wie vor einbezogen, aber das Verhältnis zwischen offizieller Diplomatie und zivilgesellschaftlichen Netzwerken verschob sich allmählich von einem Abhängigkeits- zu einem Konkurrenzverhältnis. Zivile internationale Kongresse waren nach wie vor darauf bedacht, dass Einladungen zu ihren Zusammenkünften über diplomatische Kanäle verteilt wurden und damit einen offiziösen Anstrich erhielten – aber gleichzeitig wiesen drei Faktoren in eine neue Richtung:

Erstens beanspruchten zivilgesellschaftliche Netzwerke mit dem Begriff des Internationalismus zusehends ein Deutungsmonopol zur Beschreibung der internationalen Ordnung. Das begrifflich unspezifische Feld grenzübergreifender Vernetzung erhielt damit neben einem politisch pazifistischen auch ein wissenschaftliches Profil. Nach der Jahrhundertwende erschienen die ersten Dissertationen über Internationalismus und internationale Orga-

Randbemerkung: Zäsur 1905: Die Stärkung internationaler Netzwerke

33

nisationen. Im deutschen, französischen und englischen Sprachraum bündelte der Begriff des Internationalismus (s. S. 45) die bislang disparaten Vorstellungen grenzübergreifender Kooperation. Diese Entwicklung war mit einer wachsenden Kritik an der traditionellen Diplomatie, deren Ausbildung und deren sozialer Situierung in einer für ihre Dienste nicht entlohnten (aristokratischen) Elite verbunden. Völkerrechtlern, Pazifisten, an gleichen Normen interessierte Unternehmer und Wissenschaftler forderten eine Beteiligung an den internationalen Beziehungen und imaginierten die Errichtung eines internationalen Parlaments.

Zweitens forderte die Vervielfältigung internationaler Akteure die eurozentrische Machtverteilung heraus. Der amerikanische Präsident Theodore Roosevelt war darauf bedacht, nun auch die großen zivilgesellschaftlichen Organisationen und Kongresse in den Vereinigten Staaten tagen zu lassen. Dabei ist es nicht ausreichend, den Beginn des amerikanischen Jahrhunderts festzustellen. Mit dem Sieg Japans im russisch-japanischen Krieg 1905 hatte eine asiatische Macht unüberhörbar ihre Teilnahme an der Gestaltung der internationalen Ordnung angekündigt. Japanische Präsenz war bereits vor der Jahrhundertwende in internationalen Organisationen festzustellen. Vor 1914 war Japan in den großen Verwaltungsunionen vertreten.

Drittens wurden im letzten Viertel des 19. Jahrhunderts zusehends internationale Organisationen gegründet, die das Ziel hatten, politische Partizipation über den Umweg der transnationalen Vernetzung zu erlangen. Internationale Frauenorganisationen und der grenzübergreifende Zusammenschluss der Parlamentarier signalisierten die Übernahme des Gleichheitspostulats in die internationale Politik und die wachsende Bedeutung einer internationalen Öffentlichkeit.

a) Im Spannungsfeld von alter und neuer Diplomatie: die Weltwirtschaftskonferenz in Mons und die Haager Friedenskonferenzen

Diplomatie und die Erweiterung semioffizieller Netzwerke

Nach der Jahrhundertwende wurde die internationale Ordnung zusehends zum Gegenstand einer Debatte über die Qualifikation ihrer vielfältigen Akteure. Der diplomatische Dienst forderte immer breitere Kenntnisse, um seine hierarchische Position den international tätigen Experten gegenüber halten zu können. So verlangte die amerikanische Ausbildung Fremdsprachenkenntnisse, die nicht auf die klassische Diplomatensprache Französisch beschränkt waren. Künftige Beamte im diplomatischen Dienst mussten auch über die Rohstoffvorkommen und industriellen Ressourcen informiert sein und die Geschichte Europas, Lateinamerikas und Asiens seit 1850 kennen. Das Ringen um Deutungshoheit, Effizienz und Kompetenz im diplomatischen Dienst fand seinen Ausdruck in der Veranstaltung von Konferenzen, die sich mehr und mehr von den klassischen Aufgaben diplomatischer Zusammenkünfte unterschieden. Statt Friedensverträge auszuhandeln oder zumindest Handelsverträge zu schließen, fanden nun diplomatische Großanlässe statt, die internationale Ordnungsvorstellungen thematisierten und zur Konstituierung einer internationalen Öffentlichkeit beitrugen – auch wenn dies keineswegs die Absicht der Diplomaten war. Die wichtigsten Anlässe dieser Art waren die beiden Haager Friedenskonferenzen (1899 und 1907) und der Congrès international d'expansion économique mondiale, der 1905 in Mons zusammentrat.

Der Kongress von Mons gehörte nebst einer Weltausstellung in Lüttich zu jenen Anlässen, mit denen der belgische Staat sein 75-jähriges Bestehen feierte. Der Kongress stand unter dem Patronat des belgischen Königs und thematisierte Maßnahmen zur Stärkung der ‚mission civilisatrice'. Experten und Diplomaten diskutierten Reformen des Bildungswesens und die Verbesserung der außenpolitischen Administration. Zu den in Mons lancierten neuen Ideen gehörte die Forderung nach der Gründung eines globalen Dokumentationszentrums, das Material zu ökonomischen, industriellen, kommerziellen, juristischen und sozialen Fragen sammeln sollte. Im Windschatten der Entwicklung neuer globaler Informationszugänge schlugen belgische Beamte die Gründung zweier neuer Organisationen vor: eines internationalen ethnographischen Amtes und einer internationalen Vereinigung zur Erforschung der Pole. Die Internationalisierung der Ethnografie scheiterte, die belgischen Interessen an der Polarforschung waren erfolgreich. Das Engagement hatte langfristige Folgen, Belgien gehörte zu den Unterzeichnerstaaten des Antarktisvertrages von 1959, der die Internationalisierung dieses rohstoffreichen Gebiets sanktionierte.

Ohne Berücksichtigung der dynamischen Veränderungen der internationalen Ordnung haben die Haager Friedenskonferenzen und der Kongress von Mons keine Gemeinsamkeiten. Vielmehr scheinen sich die beiden Haager Friedenskonferenzen von 1899 und 1907 auf der bereits etablierten Schiene der diplomatischen Sanktionierung völkerrechtlicher Normen zu bewegen. Die Haager Friedenskonferenzen endeten mit der Unterzeichnung verschiedener internationaler Abkommen, die Regeln zur Streitschlichtung, zur Kriegsführung und zur Kodifizierung des Kriegs- und Neutralitätsrechts aufstellten. Zu diesen Konventionen gehören die Haager Landkriegsordnung, die Anerkennung der Genfer Konvention von 1864, das Verbot bestimmter Waffen, die Gründung eines Ständigen Schiedshofes in Den Haag und die Regelung des Seekriegs. Die beiden Haager Friedenskonferenzen werden in der geschichtswissenschaftlichen Literatur als gescheiterte Versuche der völkerrechtlichen Friedenssicherung dargestellt, da ein obligatorisches Schiedsgericht ebenso wenig durchzusetzen war wie die Initiierung von Abrüstungsverhandlungen.

Für die internationale Organisation der Vorkriegszeit waren die Haager Friedenskonferenzen aus zwei Gründen dennoch von großer Bedeutung: *Erstens* bildeten die beiden Diplomatenkonferenzen eine internationale Öffentlichkeit mit zivilgesellschaftlicher Beteiligung. *Zweitens* erreichte das Netzwerk der bislang etablierten internationalen Organisationen diplomatische Anerkennung.

1899 wie 1907 erreichten die Haager Friedenskonferenzen einen Grad von Öffentlichkeit, der die diplomatischen Vertreter der europäischen Großmächte nervös machte. Die bislang weitgehend stimmlosen außereuropäischen Staaten nutzten dagegen diese neuen Möglichkeiten, um öffentlich in Erscheinung zu treten. Zum sprichwörtlichen Testfall dieser internationalen Öffentlichkeit wurden die Vertreter aus Korea. Sie waren 1907 nach Den Haag gereist, um gegen die japanische Annexion Koreas zu protestieren. Sie wurden allerdings nicht offiziell empfangen und konnten ihr

Bedeutung der Haager Konferenzen: Plattformen internationaler Öffentlichkeit, Anerkennung internationaler Organisationen

35

Ansinnen der Diplomatenkonferenz nicht vorlegen. Dafür interessierten sich die vielen in Den Haag versammelten Journalisten umso mehr für den Fall. Diplomatische Vertreter aus bislang kaum berücksichtigten Staaten fanden in Den Haag ein interessiertes Publikum, ebenso die vielen Experten, die nicht dem diplomatischen Regime unterstanden. Auf beiden Konferenzen transformierte sich die Zivilgesellschaft zusehends von einem konsumierenden zu einem partizipierenden Publikum. Pazifisten und Pazifistinnen sowie weitere Anhänger des Internationalismus diskutierten in parallelen Sitzungen die Tagesordnung der Diplomatenkonferenz und legten eigene Vorschläge vor. Sie ließen nichts unversucht, um an Informationen aus den nicht öffentlichen Kommissionssitzungen zu kommen und führten ein Gesellschaftsleben, das den Hof und die akkreditierten Diplomaten kopierte.

Die Konsequenzen dieses zivilgesellschaftlichen Einflusses dürfen gewiss nicht überschätzt werden. Korea wurde 1910 trotz öffentlicher Beachtung annektiert. Zivilgesellschaftliche Organisationen sorgten aber immerhin für eine permanente Weiterführung des in Den Haag angestoßenen Unternehmens. Die Einladung zur zweiten Haager Friedenskonferenz ging auf die Initiative des amerikanischen Präsidenten zurück, der einem dringlichen Wunsch der Interparlamentarischen Union (IPU) folgte. Die IPU ist eine 1889 während der Pariser Weltausstellung gegründete Organisation, die 1906 bereits einen japanischen Vizepräsidenten aufwies und bis heute besteht. Nach dem Ende der zweiten Haager Friedenskonferenz garantierten zivile Geldgeber für die Fortsetzung und institutionelle Verfestigung des in Den Haag angestoßenen Prozesses. Die Carnegie Stiftung finanzierte den Bau des Friedenspalastes, dem Sitz des Ständigen Schiedshofes.

E **Internationale Gerichte mit Sitz in Den Haag:**
Permanent Court of Arbitration/Ständiger Schiedshof: gegründet 1899
International Court of Justice: Organ der UN, gegründet 1945
International Criminal Court: gegründet 1998

Erstellen eines Inventars int. Organisationen Die zweite Haager Friedenskonferenz beschloss die Durchführung einer dritten Konferenz, die nie stattfand. Dennoch prägte zwischen 1907 und 1914 die Vorbereitung dieser dritten Haager Friedenskonferenz die Debatte um eine Neuorientierung der internationalen Ordnung nachhaltig. Der amerikanische Pazifist Denys P. Myers (1884–1972) prophezeite 1914 im renommierten American Journal of International Law eine substanzielle Erweiterung der internationalen Akteure um abhängige Gebiete und Kolonien. Internationale Organisationen sprengten in der Tat das traditionelle System souveräner Staaten in doppelter Hinsicht. Sie boten *erstens* nichtsouveränen Kolonien eine Möglichkeit, sich an der internationale Entscheidungsfindung zu beteiligen. Sie stellten *zweitens* eine strukturelle Entwicklung und nicht mehr als eine im Bedarfsfall einzurichtende technische Sonderlösung dar. Für diese Form der Legitimierung hatten die beiden Haager Friedenskonferenzen gesorgt. Internationalisten zitierten die Befürworter der obligatorischen Schiedsgerichtsbarkeit. Diese hatten nämlich bereits 1899 vorgeschlagen, Schiedsverfahren vorerst nicht auf Konflikte zwischen Staaten anzuwenden, sondern auf „treaties of a world-wide character which have formed a system of international relationships". Die Haager Friedenskonferenzen endeten sowohl 1899 wie 1907 mit der allgemein gehaltenen Erklärung, dass eine schiedsgerichtliche Regelung bei der Interpretation und Anwendung internationaler Konventionen zu empfehlen sei. Das scheinbare Nullresultat wurde allerdings über die Erstellung eines Inventars jener internationalen Organisationen erreicht, bei denen Staaten ein Schiedsverfahren für unbedenklich hielten. Die Delegierten strichen dabei all jene Organisationen von der Liste, die in ihren Augen einen Kriegsgrund darstellen konnten. 1899 wurden internationale Verwaltungen von Wasserwegen (Donaukommission, Kongo, Suezkanal) und Währungskonventionen (Lateinische Münzunion) ebenso ausgeschlossen wie Handelsverträge, Konsularkonventionen und Institutionen, die einen Staatsbankrott regelten. Auch die Genfer Konvention wurde von dieser Liste gestrichen, da sie einen Kriegszustand voraussetzte. 1907 musste die Liste bereits von 12 auf 22 Positionen erweitert werden – diesmal wurden allerdings internationale Migrationsbestimmungen und die Internationalisierung des Patentrechts ausgeschlossen. Auch die Erdvermessung erschien den vertretenen Staaten einen potentiellen Kriegsgrund darzustellen.

Die indirekte Anerkennung internationaler Organisationen durch eine allerdings nie formal verabschiedete Liste ist ein typisches Merkmal der Vorkriegszeit. Es wäre nicht richtig, die fehlende Formalisierung zu ignorieren, aber es wäre genauso falsch, den offensichtlichen Gesprächsbedarf zu missachten, den internationale Organisationen auslösten.

b) Neue Themen, neue Staaten: internationale Organisation am Vorabend des Ersten Weltkriegs

Eine historische Darstellung der unmittelbaren Vorkriegszeit kommt nicht aus ohne Berücksichtigung des Ersten Weltkriegs, der „Urkatastrophe des 20. Jahrhunderts". Wie also sind die Ausprägungen des Internationalismus angesichts des Kriegsausbruches zu werten? Noch vor wenigen Jahren erklärten Historiker und Historikerinnen den Ausbruch des Kriegs mit den wachsenden politischen Spannungen, die sich zusehends Europa näherten und schließlich über das Pulverfass im Balkan die Welt in Brand setzten. Neuere Publikationen sind vorsichtiger und verweisen darauf, dass die Logik der Krisen hinterfragt werden muss. Die Bedeutung der internationalen Organisationen ging jedenfalls in der unmittelbaren Vorkriegszeit nicht zurück. Die Entwicklung der Kommunikationstechnologie verlangte neue internationale Absprachen. Besonders wichtig war die Entwicklung der Radiotelegraphie, einer Kommunikationstechnologie, bei der sich die territoriale Haftung aufzulösen begann und Funksignale Grenzen überwanden. Radiotelegrafie und Flugzeugbau veranlassten das Institut de droit international 1906 zur Verabschiedung einer Resolution, die den bemerkenswerten Satz enthielt: „The air is free".

Neben der internationalen Regelung neuer Kommunikationstechnologien sind es vor allem drei Bereiche, welche in der unmittelbaren Vorkriegszeit neue Akzente internationaler Ordnung setzten: die internationale Sozialpolitik (internationale Regelung von Arbeitsbedingungen), der Agrarinternationalismus (Konventionen, welche sich im weitesten Sinn mit Landwirtschaft, Naturschutz und Rohstoffen auseinandersetzten) und die Zentralisie-

Zunahme internationaler Organisationen in der Vorkriegszeit

rung von Informationen über internationale Organisationen. Die Vergabe des Sitzes dieser Organisationen signalisierte eine geografische Erweiterung des Vorkriegsinternationalismus: Internationale Sozialpolitik stellte eine europäische Bewegung mit internationaler Ausstrahlung und semioffiziellem Amt in der Schweiz dar. Der Agrarinternationalismus wurde von zwei im Prozess der Internationalisierung eher marginalen Staaten geprägt, von Italien und den Vereinigten Staaten. Die Dokumentation internationaler Netzwerke übernahm eine belgische Organisation, die 1907 gegründete Union des Associations Internationales (UAI). Diese Organisation dokumentiert bis zum heutigen Tag den Internationalisierungsprozess und ist vergleichsweise gut aufgearbeitet. Ihre Gründer Paul Otlet und Henri La Fontaine waren eng mit dem semioffiziellen Internationalismus des belgischen Staates und den internationalen Institutionen des Pazifismus verknüpft. Sie trugen mit der Gründung der UAI wesentlich dazu bei, dass die internationale Organisation dokumentiert wurde und damit Visibilität erreichte.

Internationale Sozialpolitik   Die Anfänge internationaler Sozialpolitik fielen mit einem politischen Eklat zusammen: Der junge deutsche Kaiser Wilhelm II. profilierte sich mit der Veranstaltung eines internationalen Arbeiterschutzkongresses in Berlin just in dem Moment, als der deutsche Reichskanzler und Schöpfer des deutschen Sozialversicherungssystems zurücktrat. Der Einladung nach Berlin ging das zu diesem Zeitpunkt bereits übliche Wettrennen zwischen den Außenministerien um die Schaffung und den Sitz einer neuen Organisation voraus. Der schweizerische Vorschlag zur Schaffung eines internationalen Arbeitsamtes hatte schließlich Erfolg – allerdings mit der wichtigen Einschränkung, dass es sich um keine offizielle Verwaltungsunion handelte, sondern um eine private Internationale Vereinigung für gesetzlichen Arbeiterschutz (IVGA). Die IVGA wurde 1900 in Paris während der Weltausstellung gegründet. Sie bestand aus nationalen Sektionen und eröffnete 1901 in Basel ein internationales Arbeitsamt, das trotz seines privaten Status mit den Regierungen eng zusammenarbeitete und von diesen auch finanziell unterstützt wurde. Die Bedeutung dieser frühen Form internationaler Sozialpolitik ist nicht einfach zu bewerten. Es handelte sich zum einen um eine wissenschaftliche „Neutralisierung" gewerkschaftlicher Forderungen. Das Amt tat, was alle internationalen Zentralstellen taten, es sammelte Informationen, publizierte Statistiken und Recherchen in einem mehrsprachigen Bulletin. In der IVGA waren Unternehmer, Handelskammern, katholische Sozialreformer, Kathedersozialisten und Gewerkschafter vertreten. Das Konzept bestand darin, die Regierungen zu internationalen sozialpolitischen Abkommen zu veranlassen. 1906 wurden zwei derartige Konventionen geschlossen, ein Nachtarbeitsverbot für die in der Industrie beschäftigten Frauen und ein Verbot der Verwendung des giftigen, weißen (gelben) Phosphors in der Zündholzindustrie. Der internationale Arbeiterschutz war in erster Linie auf die Verbesserung der Arbeitsbedingungen, auf Schutzmaßnahmen gegen schädliche Stoffe und Industriegifte beschränkt. Damit unterschied sich die IVGA deutlich von den Forderungen der sozialdemokratischen Parteien nach Minimallöhnen und Achtstundentag. Die IVGA schlug Arbeitszeitbegrenzungen für Frauen und Jugendliche vor, aber nicht für erwachsene Arbeiter. Maßnahmen gegen Arbeitslosigkeit und die internationale Standardisierung von Sozialversicherungen waren Gegenstand anderer, 1910 gegründeter Organisationen, mit denen die IVGA eine lose Zusammenarbeit pflegte. Das Konzept der IVGA ging von der Bedeutung multilateraler Konventionen und der Initiierung von Diplomatenkonferenzen aus, die 1906 und 1913 in Bern stattfanden. Nationale Sektionen wurden ausschließlich in europäischen Ländern gegründet – dennoch hatte der sozialpolitische Internationalisierungsprozess globale Auswirkungen. Zum einen zeigte die sozialpolitische Informationssammlung zögerlichen Zentren eine fortschrittliche Peripherie: Neuseeland wurde zum sozialpolitischen Vorzeigeland. Zum anderen legte das Konzept der Schutzbedürftigkeit eine Verbindung zum zeitgenössischen Kolonialdiskurs nahe. So finden sich bereits 1890 Auswirkungen der europäischen Debatten in Indien. London veranlasste als Folge der Berliner Arbeiterschutzkonferenz Untersuchungen über die Arbeitsbedingungen in den indischen Minen. Schließlich hatte die Konzentration auf die vermeintlich politisch harmlose Frage der Frauenarbeit die nicht intendierte Folge, dass zusehends Frauen am internationalen Diskurs partizipierten und in den beteiligten Ländern zur Kontrolle der verabschiedeten Verordnungen Fabrikinspektorinnen eingestellt wurden.

Die Internationalisierung der Sozialpolitik stärkte mit der Gründung des Basler Amts nochmals die schweizerische Position. Nach der Jahrhundertwende interessierten sich neue Staaten für den Sitz internationaler Organisationen. 1905 wurde in Rom das Internationale Landwirtschaftsinstitut gegründet. Die Idee stammte aus den Vereinigten Staaten, die sich nun zusehends als internationalistische Macht profilierte. Statt Partizipation in einzelnen Organisationen begann unter der Präsidentschaft von Theodore Roosevelt (1851–1919) eine breite, von Parlament und Administration getragene Politik der Internationalisierung. Die offizielle Einladung des Jahreskongresses der Interparlamentarischen Union 1904 und die parlamentarische Bewilligung der Kostenübernahme setzte eine innenpolitische und höchst legalistische Debatte in Gange, ob der Präsident Kongressbeschickungen selbst entscheiden, oder aber diese dem Parlament vorzulegen hatte – die Diskussion endete mit der Pflicht zur Vorlage. Kurz vor Ausbruch des Ersten Weltkriegs wurden die großen internationalen Organisationen eingeladen, ihre Kongresse in den Vereinigten Staaten abzuhalten. Allmählich zeichnete sich eine Verschiebung des Kongresstourismus von Europa nach Amerika ab:

Agrarinternationalismus und die Stärkung des amerikanischen Internationalismus

1912 tagten der Kongress für Hygiene und Demographie in Washington, ebenso der internationale Kongress für angewandte Chemie. Die Zusammenkunft des bedeutsamen internationalen Verbandes für Materialprüfung der Technik, der sich unter anderem mit Brückenkonstruktionen befasste, unterstrich die Interessen der amerikanischen Industrie. Wie in Europa bereits üblich, nutzte auch die amerikanische Regierung zivile Zusammenkünfte zu politischen Zwecken. Am Rande des Chemiekongresses verhandelten Minenspezialisten über die mögliche Gründung eines internationalen Instituts, das sich vor allem mit den weltweiten Ölvorkommen auseinander setzen sollte – ähnliche Projekte legten die deutsche und die rumänische Regierung vor. Damit war allerdings das offizielle Interesse der amerikanischen Regierung an einer aktiven Rolle im Internationalisierungsprozess bei Weitem nicht erschöpft.

Rohstoffe und
Naturschutz

Die amerikanische Regierung bemühte sich 1913 um die – in der Vorkriegszeit nicht durchgesetzte – Gründung eines internationalen Erziehungsamtes, eine Idee, der sowohl die schweizerische wie die belgische Regierung konkurrierende Pläne entgegenstellten. Spezifisch amerikanische Interessen waren zusehends in multilateralen Konventionen zu erkennen. Die Opiumkonventionen von 1912, 1913 und 1914 verstärkten einerseits die Kontrolle auf China, betrafen aber auch die Heilmittelproduktion in westlichen Ländern. Die Doppelbödigkeit solcher Maßnahmen zeigte sich nicht minder im amerikanischen Interesse an den Abkommen gegen den Frauenhandel. Auf den ersten Blick ist das 1904 geschlossene und auch hundert Jahre später immer noch gültige Abkommen zur Unterdrückung des Mädchenhandels und der Prostitution eine frühe Form der Kodifizierung von Menschenrechten – auf den zweiten Blick allerdings ging es um die Sanktion einer restriktiven Migrationspolitik, um die staatliche Beaufsichtigung von Stellenvermittlungsbüros, die Abschiebung mittelloser Frauen, und die Regelung von internationaler Rechtshilfe. Der bedeutendste amerikanische Beitrag zur internationalen Organisation war weit weniger öffentlichkeitswirksam als der Kampf gegen die Prostitution und die rege Beteiligung amerikanischer Vereine an der versuchten internationalen Durchsetzung der Prohibition.

Vernetzung
von Ressourcen

Das amerikanische Conservation Movement verlangte 1909 die Erstellung eines internationalen Rohstoffinventars, das Ölvorkommen so gut wie Waldflächen erfassen sollte. Der Vorschlag sorgte für Aufregung. In den europäischen Kabinetten rechneten Experten ihren Regierungen gnadenlos vor, dass es bislang keine Produktionsstatistiken gab, die Land- und Forstwirtschaft, Jagd und Fischerei, Bergbau und Wasserkräfte erfassten. Der schweizerische Gegenvorschlag beschränkte sich darauf, eine Weltnaturschutzkommission zu gründen und folgte damit einer bereits wohl etablierten Praxis: Multilaterale Konventionen schützten bereits Vögel, sorgten für die Kontrolle von Pflanzenkrankheiten und Tierseuchen. Kurz vor Kriegsausbruch hatte überdies eine ganze Reihe von Staaten begonnen, Nationalparks zu errichten, eine Internationalisierung war daher in das etablierte Konzept des nationalen Vergleichs schon eingebunden. Die Weltnaturschutzkommission wurde am Vorabend des Ersten Weltkriegs zwar beschlossen, der Kriegsausbruch verhinderte allerdings eine Weiterentwicklung dieser Idee. Das amerikanische Conservation Movement eröffnete dagegen noch vor 1914 eine neue Epoche internationaler Statistik. Als Ergänzung zu einem umfassenden Rohstoffinventar schlug der amerikanische Ökonom Irving Fisher (1867–1947) die Gründung einer internationalen Lebenskostenkommission vor. Diese Kommission sollte die Kaufkraft der Währung, Geldzirkulation, Finanztransfer und Golddeckung mit Produktionsbedingungen und Handelsströmen zusammenbringen und dabei die globale Verteilung von Nahrungsmitteln berücksichtigen. Die Idee stieß in den Kreisen der Experten auf Begeisterung. Damit standen sich zwei Modelle des Internationalismus gegenüber: eine amerikanische Politik der Vernetzung von Ressourcen und ein bereits seit der Jahrhundertwende etabliertes europäisch geprägtes Konzept der Zentralisierung von Information.

Die Deutungshoheit über die Darstellung internationaler Netzwerke befand sich in den Händen belgischer Internationalisten. 1905 gelang Paul Otlet und Henri la Fontaine die Gründung der Union of International Associations (UAI). Diese Organisation sammelte fortan alle verfügbaren Informationen über internationale Kongresse und Organisationen und erreichte, dass diese sichtbar gemacht und zitierbar wurden. Die belgische Aktion hatte in erster Linie eine methodische und erst in zweiter Linie eine inhaltliche Absicht. Paul Otlet und Henri La Fontaine waren auf der Suche nach globalen Ordnungskriterien zur Bündelung von Informationen und hatten zu diesem Zweck bereits 1895 ein Office international de bibliographie gegründet. Diese bibliographische Zentralstelle arbeitete nach den Vorgaben der Universellen Dezimalklassifikation, einem auf die europäischen Verhältnisse angepassten amerikanischen Katalogisierungssystem für Bibliotheken. Mit diesem System ließ sich das Wissen sowohl nach Themenbereich als auch nach nationaler Herkunft in einer Zahlenfolge ausdrücken. Das Informationssystem bediente also alle Sprachen in gleicher Weise und eignete sich zur Visualisierung internationaler Vernetzung. Paul Otlet wurde in den letzten Jahren wiederentdeckt und von der postmodernen Informationsgesellschaft begeistert als Vater des Hypertexts gefeiert. Allerdings fand dieses Vorgehen der Organisation von Information bereits in der Vorkriegszeit aus zwei Gründen große Beachtung: *Erstens* bediente die UAI mit der Sammlung von internationalen Verträgen, Kongressresolutionen und Statuten internationaler Organisationen eine empfindliche Lücke. Internationale Verträge waren nur unvollständig und über ein höchst komplexes, seit 1761 publiziertes Werk zugänglich, Georg Friedrich von Martens Recueil des principaux traités. *Zweitens* hatte der bibliographische Informationsaustausch seinerseits an politischer Bedeutung zugenommen, seitdem 1886 zwei internationale Konventionen geschlossen worden waren, die den Tausch der Amtsdruckschriften und wissenschaftlicher Publikationen sowie der Parlamentsprotokolle zwischen den Vertragsstaaten regelten. Die beiden Konventionen machten die Informationssammlungen der internationalen Zivilgesellschaft beileibe nicht hinfällig, ganz im Gegenteil: Auf den Tausch wissenschaftlicher Werke und der Amtsdruckschriften wollten sich nur wenige Staaten einlassen. In der offensichtlichen Lücke zwischen der Regulierung des Informationsbedarfs und staatlicher Zurückhaltung entwickelte die UAI ihre politische Bedeutung.

Die vielseitigen, zuweilen hektischen europäischen Internationalisierungsbestrebungen sind einem innereuropäischen Wettlauf um neue Positionen in dem sich verändernden Feld internationaler Organisation geschuldet. Die deutliche Zunahme außereuropäischer Internationalismen traf im Westen keineswegs immer auf große Begeisterung. Ein für sich sprechendes Beispiel bietet die Internationalisierung des Sports. 1894 hatte Baron Pierre de Coubertin (1863–1937) das Internationale Olympische Komitee (IOC) gegründet und damit die olympischen Spiele der Neuzeit initiiert. Am IOC richteten sich eine Reihe von weiteren Sportorganisationen aus, die, wie die 1904 gegründete FIFA (Fédération Internationale de Football Association) die Standardisierung von Spielregeln und die Kontrolle über die Veranstaltung internationaler Wettkämpfe beanspruchten. Die olympische Bewegung betonte wie kaum eine andere die Universalität ihrer Organisation. Sie entwickelte zu den vordergründig höchst nationalistischen und kompetitiven Veranstaltungen ein Deutungsangebot, das in den kämpferischen Spie-

(Marginalien:)

Zentralisierung von Information in Brüssel

Die Internationalisierung des Sports

len die Sicherung des Weltfriedens verortete. Über die dritten olympischen Spiele, die 1904 während der Weltausstellung von St. Louis stattfanden, war allerdings das europäisch zusammengesetzte olympische Komitee nicht beglückt. Die Veranstalter hatten an den so genannten Anthropology Days die indigene Bevölkerung zu Sportveranstaltungen antreten lassen und de Coubertin zeigte sich öffentlich indigniert über die drohende sportliche Herausforderung der weißen Rasse. Wenig später hatte die von der YMCA (Christlicher Verein junger Männer) in China verfolgte Verbindung von Mission und Sport Folgen von internationaler Tragweite. 1910 wurde in Nanjing eine Industrieausstellung eröffnet. Das Programm sah Sportveranstaltungen vor, die von der YMCA organisiert wurden. Als 1913 in Manila – wiederum auf Initiative der YMCA – die ersten asiatischen olympischen Spiele stattfinden sollten, zwang das IOC die Veranstalter, die Bezeichnung olympisch fallen zu lassen.

5. Themen und Personen – das Jahrhundert des Internationalismus

Alfred H. Fried veröffentlichte 1908 ein schmales Bändchen unter dem Titel „Das internationale Leben der Gegenwart". In einer populärwissenschaftlichen Serie herausgegeben, verstand sich das Bändchen als Reiseführer, als „Bädeker für das internationale Land". Der bekannte Pazifist legte Wert auf die Feststellung, eine Beschreibung und keine utopischen Entwürfe vorzustellen. Publikationen dieser Art sind im 19. Jahrhundert weit verbreitet. Obwohl ideologisch unterschiedlich beeinflusst und an verschiedene Adressaten gerichtet, waren solche Publikationen allesamt von der Suche nach einer Begrifflichkeit geprägt, welche diese thematisch höchst unterschiedlichen Bestrebungen grenzübergreifender Vernetzung bündeln und als alternatives Programm internationaler Organisation fassen sollte. Der dazu im letzten Drittel des 19. Jahrhunderts entwickelte Begriff heißt Internationalismus. Es ist allerdings wesentlich einfacher, den Internationalismus als Zugeständnis des politischen Potenzials grenzübergreifender Netzwerke in einem nationalen Umfeld zu definieren, als festzuhalten, was unter einem Internationalisten zu verstehen ist.

Zeitgenössische Vorstellungen von Netzwerken
(Alfred H. Fried: Das Internationale Leben der Gegenwart. Leipzig 1908, S. III)

Ich würde diesem Büchlein am liebsten den Titel geben: ‚Bädeker für das internationale Land', um so am kürzesten zum Ausdruck zu bringen, dass es ein Führer sein soll für unsre Zeitgenossen in das neu entdeckte Reich des Internationalismus (…). Das, was hier gezeigt wird, sind keine Hoffnungen oder Träume, sondern Tatsachen. Das Netz der internationalen Organisationen, das sich über die Kulturwelt breitet, soll nicht erst geschaffen werden; es besteht. Die ungeheure Ausdehnung dieses Netzes und die stete Verengung seiner Maschen beweisen eine lebendige Entwickelung der internationalen Organisationen. Man muss sich nur die Mühe nehmen, diese Tatsachen zu erkennen.

a) Die „Flutwelle des Internationalismus"

Definitionen des Internationalismus sind im ausgehenden 19. Jahrhundert zahlreich und dessen Auftreten mit der Vorstellung einer Naturgewalt verknüpft. Die „Flutwelle des Internationalismus", die „tide of internationalism", gehört zu den vielzitierten Vorstellungen. Als politisches Konzept ist der Internationalismus eine frühe Form des Dritten Weges, ein Begriff der Zwischenräume und des In-between mit einer starken Ausrichtung auf die Vermittlung von staatlichen und zivilgesellschaftlichen Aufgaben. Auf Internationalismus verwiesen Liberale, die eine Kooperation mit Sozialisten nicht ausschließen mochten, ebenso Kathedersozialisten, die das Privateigentum nicht antasten, aber Arbeit regulieren wollten, und dies möglichst international. Katholische Sozialreformer sahen im Internationalismus eine Umsetzung der 1891 veröffentlichten Enzyklika Rerum Novarum, in der Papst Leo XIII. (1810–1903) Eigentumsrecht mit sozialpolitischer Intervention verband. Alfred H. Fried verstand die von ihm vertretene Spielart des Pazifismus als Internationalismus und betonte dessen Vereinbarkeit mit Nationalstolz und Patriotismus. In Frankreich stammten Anhänger des Internationalismus vornehmlich aus dem Milieu der ‚radicaux', die das Konzept des Solidarisme von Léon Bourgeois (1851–1925) unterstützten und sozialpolitische Reformen durch deren grenzübergreifende Gültigkeit akzeptabel machen wollten. In den Vereinigten Staaten sammelten sich Internationalisten im Progressive Movement, um dem Ideal liberaler Nonintervention das Modell eines effizienzsteigernden Staatsinterventionismus entgegenzustellen. Die versuchte Neutralisierung sozialistischer internationaler Vorstellungen durch das bürgerliche Gegenkonzept des internationalen Vereins war gewiss ein zentrales Anliegen. Aus dieser Sicht ist die betonte Nähe des bürgerlichen Internationalismus zu Nationalismus und Imperialismus nahe liegend: Die Grenzüberschreitung sollte von einer revolutionären Logik weit entfernt sein und die Ausbildung von Netzwerken aus einem evolutionären Forschritts- und Modernisierungsmodell heraus erklären. Frieds Vorwort endet denn auch zeitgemäß mit der Aufforderung, das neue Land des Internationalismus schleunigst geistig zu kolonisieren – und zwar als deutsche Kolonie. Allerdings sollte sich am Beispiel Asiens zeigen, dass die Vorstellung der Vernetzung die Aufteilung der Welt in wenige Zentren und eine unspezifisch sie umgebende Peripherie zu widerlegen begann.

> Internationalismus: die Transnationalisierung des bürgerlichen Vereins

Das Modell des bürgerlichen Vereins eignete sich nicht minder zur Stärkung grenzübergreifender, religiöser Netzwerke. In der Literatur wird häufig die katholische Kirche als ältestes Beispiel eines transnationalen Vereins zitiert. Charakteristisches Merkmal grenzübergreifender, religiöser Vernetzung im 19. Jahrhundert ist allerdings Religion im Kleid des bürgerlichen Vereins. Von der bereits 1855 gegründeten World's Alliance of Young Men's Christian Associations bis zu der 1883 in London gegründeten International Christian Police Association entwickelten sich Vereinigungen unterschiedlicher religiöser Prägung. In Asien bildete sich gegen die kulturelle und religiöse westliche Vereinnahme eine Reihe von nicht minder globalen und nicht minder politisch bedeutsamen Netzwerken. Dabei erwies sich vor allem der Buddhismus als globaler Träger internationaler Organisation. Die Gründung zahlreicher buddhistischer Organisationen mit häufig gezielt

> Religion im Kleid des bürgerlichen Vereins:
> Das Weltparlament der Religionen

43

gleichem Titel wie ihre westliche Variante forderte den universalistischen Anspruch der christlichen Mission heraus. Der 1701 gegründeten Society for the Propagation of the Gospel stand seit 1862 die Society for the Propagation of Buddhism entgegen. Die Theosophical Society (1875) fand einen Gegenpart in der Buddhist Theosophical Society (1880), die Young Men's Christian Association sah sich einer 1906 gegründeten Young Men's Buddhist Association gegenüber. Die breite Aufstellung politisierter religiöser Gemeinschaften in Asien zeigte sich 1893, als im Rahmen der Weltausstellung in Chicago auf offizielle Einladung der amerikanischen Regierung ein Weltparlament der Religionen zusammentrat. Es ist zwar müßig, sich über die konkreten Konsequenzen einer derartigen Veranstaltung zu unterhalten – für das Konzept der internationalen Organisation war allerdings die Veranstaltung nicht folgenlos. Zum einen ist es bemerkenswert, dass die Internationalisierung von Religion in der Form der Forderung nach einem Weltparlament erschien. Zum anderen signalisierte die Veranstaltung ein steigendes Bedürfnis, von einer organisatorischen zu einer inhaltlich definierten Globalität zu gelangen. Die neue Form des Universalismus sollte – zumindest vordergründig – nicht mehr eurozentrisch und vom Westen bestimmt sein und sogar die nationalen Entitäten überschreiten.

First Universal Races Congress

In der konkreten Umsetzung des 19. Jahrhunderts bedeutete dies allerdings eine Suche nach neuen, politisch tragfähigen Ordnungsvorstellungen, die zusehends auf die Rasse als Orientierung verfiel. 1911 fand in London der First Universal Races Congress statt, nachdem das Foreign Office über die diplomatischen Kanäle zur offiziellen Beschickung des Kongresses eingeladen hatte. Da sich das britische Empire selbst mit einer Offizialisierung seiner Beteiligung zurückhielt, waren die europäischen Staaten auch insgesamt eher schwach vertreten. Lateinamerikanische und asiatische Staaten legten hingegen Wert auf die offizielle Beschickung des Kongresses. Daneben prägten Ethnologen und Anthropologen, Völkerrechtler, Zoologen und Soziologen, aber auch Vertreter aller möglichen Kunstsprachen das Bild. Das Ziel des Kongresses – *the better understanding of East and West* – führte zur Präsentation höchst unterschiedlicher Vorstellungen von Internationalisierungsstrategien, die sich zwei Gruppen zuweisen lassen: Die eine Gruppe – sie wird im zeitgenössischen Diskurs der Ethik zugewiesen – wollte eine neue Form eines humanitären Universalismus entwickeln und setzte sich die Gleichberechtigung der verschiedenen Rassen zum Ziel. In der Tat erlauben solche Forderungen, den Kongress als notwendigen Vorläufer der Erklärung der Menschenrechte der Vereinten Nationen (1948) zu interpretieren. Eine zweite Gruppe betonte hin wiederum aus einem biologistischen Weltverständnis die Unterschiede der Rassen. Aus dieser Perspektive waren Kampf und Wettbewerb Motoren des Fortschrittes. Die politischen Konsequenzen des Kongresses bestanden immerhin darin, dass die Erziehungsministerien in einem formellen Schreiben gebeten wurden, an den Schulen die Idee der Völkerverständigung zu fördern.

Internationalismus als wissenschaftliche Disziplin

Nach der Jahrhundertwende erhielt der Begriff des Internationalismus ein politisches und zugleich ein wissenschaftliches Profil. Die universitäre Sicherung des Deutungsmonopols war mit der Politik des Internationalismus eng verbunden. Allerdings verschob die wissenschaftliche Profilbildung die Interpretation des Internationalismus deutlich in den Westen. Amerikanische und europäische Wissenschaftler besetzten und bestimmten den Internationalismus als wissenschaftliches Thema, das einerseits der jungen Disziplin der Politikwissenschaft zugeordnet war und andererseits als Teilbereich des internationalen Verwaltungsrechts ein Alleinstellungsmerkmal beanspruchte. 1910 erschien die erste deutschsprachige Dissertation über internationale Verwaltungsvereine, 1915 folgte die erste amerikanische Dissertation. Aus einer wissenschaftspolitischen Sicht grenzte sich der wissenschaftliche Internationalismus in erster Linie gegen eine Monopolisierung internationaler Netzwerke durch das ältere, auf der alleinigen Bedeutung des souveränen Staates fokussierende Völkerrecht ab. Der wissenschaftliche Internationalismus etablierte sich mit der Erweiterung des Völkerrechts zu einer Soziologie des Völkerrechts, mit dem Ausbau des internationalen Privatrechts und des Rechtsvergleichs und mit der Entwicklung einer amerikanischen Schule eines internationalen Verwaltungsrechts. Max Huber (1874–1960) prägte in seiner Soziologie des Völkerrechts die wissenschaftliche Definition des **Internationalismus.**

> **Definition des Internationalismus**
> (Max Huber: Die soziologischen Grundlagen des Völkerrechts, Berlin 1928, S. 93)
>
> Im Gegensatz zum Kosmopolitismus und Imperialismus (…) basiert sich der Internationalismus auf einer Vielheit von Staaten. Auf der einen Seite wird die Differenzierung der Menschheit in verschiedene Nationen (…) anerkannt, ihr aber als ergänzendes Prinzip die Integration der Interessen gegenübergestellt.

Friedrich Meili (1848–1914) gehörte zu den Experten, die regelmäßig während der internationalen Privatrechtskonferenzen den Kreis der Diplomaten erweiterte. An seinem Beispiel lässt sich die dynamische Entwicklung dieses Feldes der Rechtswissenschaft zeigen. Meili publizierte über Telefon- und Telegrafenrecht, über den Auto-, Schiffs- und Flugverkehr, die Grundsätze des internationalen Privatrechts und den internationalen Eisenbahnverkehr. Die amerikanische Schule des Internationalismus sammelte sich um das 1906 gegründete American Journal of International Law. Bereits im ersten Jahrgang dieser Zeitschrift hatten internationale Organisationen zur Profilierung des neuen Wissenschaftsbereiches eine zentrale Bedeutung: Paul S. Reinsch (1869–1923) stellte die Verwaltungsunionen dar und bereitete seine große, 1911 erschienene Monographie über die Public International Unions vor. Simeon E. Baldwin wies die Existenz internationaler Netzwerke anhand einer exzessiven Liste von internationalen Kongressen nach. Diese Form der Quantifizierung begleitete den neuen Wissenschaftsbereich. Der wissenschaftlichte Internationalismus zählte und manipulierte über das Setting des Zahlenmaterials. Wer das Deutsche Reich als Zentrum des Internationalismus erscheinen lassen wollte, zählte die multilateralen Konventionen mit deutscher Beteiligung – denn nur wenige internationale Organisationen hatten vor 1914 ihren Sitz in Deutschland. Schweizerische und belgische Darstellungen verwiesen dagegen auf die in diesen Staaten besonders zahlreichen internationalen Zentralstellen, französische Autoren unterstrichen die Bedeutung internationaler Kongresse während der Welt-

Vertreter des wissenschaftlichen Internationalismus

ausstellungen und amerikanische Darstellungen hoben die wissenschaftliche Etablierung des internationalen Verwaltungsrechts hervor. Allen Strategien gemeinsam war die Bedeutung des internationalen Vergleichs – der wiederum erlaubte, die Erweiterung grenzübergreifender Netzwerke an die Meistererzählung des 19. Jahrhunderts anzuschließen: an Wettbewerb, Effizienz und die durch die Akkumulierung von Internationalismen angeblich nachgewiesene Moderne.

b) Internationalisten: Luftmenschen und internationale Beamte

Aussteiger und Erfinder internationaler Normen

Internationalismus lässt sich als wissenschaftliches und politisches Konzept des ausgehenden 19. und beginnenden 20. Jahrhunderts darstellen. Die Frage, wer in dieser Zeit als Internationalist und als Internationalistin zu gelten hat, ist weit schwieriger zu beantworten. Menschen entdeckten sich im ausgehenden 19. Jahrhundert aus unterschiedlichen Motiven als Weltbürger, Kosmopoliten, Universalisten und Pazifisten. Sie glaubten an die globale Gültigkeit liberaler Ordnungsvorstellungen, an die Universalität ihrer jeweiligen Religion, an die Allgemeingültigkeit der Wissenschaft. Der Begriff des Internationalisten schwankte demnach im zeitgenössischen Verständnis zwischen einem, der als ‚vaterlandsloser Geselle' die Nation im Ideal der sozialistischen Gesellschaft aufheben wollte und einem, der in einer teils ironischen Selbstbeschreibung und teils bereits mit antisemitischer Geringschätzung als jüdischer „Luftmensch" beschrieben wurde. Es gab Internationalisten, die Mitgliedschaften in internationalen Vereinen mit der Akribie eines Briefmarkensammlers dokumentierten und andere, die sich im Süden der Schweiz auf den Monte Verità zurückgezogen hatten, um in einer seltsamen Mischung von Theosophie, früher Esoterik, Bohème, Freikörperkultur, Ausdruckstanz und freier Liebe nicht nur die nationalen Grenzen zu überwinden.

Internationale Eliten und Mäzene

Internationalismus war beides: ein Thema für Aussteiger, aber auch eine Möglichkeit, sich als Erfinder internationaler Normen und internationalen Beamten zu positionieren. In jenen Kreisen, die den Nationalismus mit der Schaffung einer internationalen Sprache zu überwinden suchten, findet sich häufiger jener Typus, der internationalistische Konzepte als Ausbruch aus vorgeprägten Karrieremustern verstand. Der polnische Augenarzt Ludwik Lejzer Zamenhof (1859–1917) erfand die Kunstsprache Esperanto und überwand damit die Vielsprachigkeit in einem neuen Konzept des kosmopolitischen Humanismus. Eine neue, allen zugängliche Sprache und das Konzept einer ‚neutralen' Religion schienen Zamenhof eine Alternative zum zionistischen jüdischen Nationalismus. Statt begrenzt in Palästina sollte eine grenzübergreifende internationalistische Heimat zugänglich werden.

Ein anderes Beispiel präsentiert der angesehene deutsche Chemiker Wilhelm Ostwald (1853–1932). Er erhielt 1909 den Nobelpreis für Chemie, bewegte sich aber mit seinen Behauptungen zur Bedeutung der Energie an der Jahrhundertwende aus dem wissenschaftlichen Diskurs heraus und lebte fortan von allerlei Projekten und der Gründung internationaler Organisationen. 1910 gründete er ein Weltsprache-Amt, das die Kunstsprachenbewegung bündeln und dem von ihm bevorzugten Ido zum Durchbruch verhelfen sollte. Ostwald setzte überdies die Vereinheitlichung der Papierformate durch und entwickelte das Weltformat, das fortan als standardisiertes Werbeplakat Verwendung fand. Schließlich sollte „Die Brücke", ein Institut zur Organisierung der geistigen Arbeit, globale Standardisierungsprozesse durchsetzen. Eine Weltenzyklopädie, eine Weltregistratur und die Informationsbündelung in einem Weltgehirn waren Pläne, die allerdings noch vor dem Ersten Weltkrieg scheiterten.

Internationalisten des ausgehenden 19. Jahrhunderts lassen sich demnach weder eindeutig als (bürgerliche) Elite beschreiben noch einzelnen Berufsgattungen zuweisen. Dennoch ist es zweifellos richtig, unter den Internationalisten der Vorkriegszeit einen bedeutenden Anteil von Völkerrechtlern und wohlhabenden Pazifisten zu vermuten. Die bürgerliche Elite unter den Internationalisten war vor allem um ihre eigene internationale Visibilität besorgt. Die Stiftung des schwedischen Industriellen Alfred Nobel (1833–1896) gab einer internationalen Zivilgesellschaft die nötigen Mittel, um mit hoch dotierten Auszeichnungen in Erscheinung zu treten. Seit 1901 sind unter den Trägern und Trägerinnen des Friedensnobelpreises die Gründer internationaler Organisationen sowie die Organisationen selbst gut vertreten: Henri Dunant wurde 1901 für die Gründung des IKRK geehrt, 1904 erhielt das Institut de droit international und 1910 das Ständige Internationale Friedensbüro den Preis. Mitglieder des Internationalen Schiedshofes in Den Haag wurden ausgezeichnet, aber auch Organisatoren großer internationaler Kongresse wie Tobias Asser (1838–1913), der 1911 den Friedensnobelpreis zusammen mit Alfred H. Fried erhielt.

Nobelpreis und die Schaffung internationaler Sichtbarkeit

Internationale Visibilität erreichten Internationalisten aber auch über die zahlreichen, vor 1914 gegründeten Stiftungen des amerikanischen Industriellen Andrew Carnegie (1835–1919). Carnegie Endowment for International Peace unterstützte die vergleichende sozialwissenschaftliche Forschung. Ohne das beträchtliche Vermögen, das Paul Otlet (1868–1944) von seinem Vater geerbt hatte, wäre die Gründung des Institut International de Bibliographie (1895), der Union des Associations Internationales und des Mundaneums schwer vorstellbar.

Für die Vorkriegszeit gilt es generell festzuhalten, dass Internationalisten ihre grenzübergreifenden Interessen in erster Linie politisch und ideologisch begründeten. Noch bestimmten Politiker und nicht Experten die Zielsetzungen des Internationalismus. Die in der Schweiz ansässigen internationalen Ämter wurden von verdienten Politikern geleitet – nicht von Spezialisten für das Postwesen oder die Telegrafie.

Gibt es im Vorkriegsinternationalismus auch Platz für Frauen, und zwar jenseits frauenspezifischer Organisationsgründungen? In der internationalen Zivilgesellschaft und deren Organisationen traten in der Tat eine Reihe charismatischer Frauen auf. Die 1905 mit dem Friedensnobelpreis geehrte Bertha von Suttner (1843–1914) prägte mit dem international verbreiteten Bestseller „Die Waffen nieder!" die pazifistischen Netzwerke. Die amerikanische Soziologin Jane Addams (1860–1935) präsidierte 1915 den ersten Kongress der Women's International League for Peace and Freedom. Die ungarische Feministin Rosika Schwimmer (1877–1948) befand sich während des Ersten Weltkriegs auf dem von Ford gecharterten Friedensschiff. Unter den Internationalistinnen befanden sich Aristokratinnen wie die Schottin Ishbel Lady Aberdeen (1857–1939). Die ersten Akademikerinnen

Frauen und Internationalismus

47

nutzten die universitären, aber auch die feministischen Netzwerke, wie das Beispiel der Schweizer Chemikerin und Feministin Gertrud Woker (1878–1968) zeigt. Die großen Hüte der Damen gaben den Fotografien internationaler Kongresse vor 1914 ein charakteristisches Gepräge. Folgenreiche Internationalisierungsschübe kamen in diesem Fall durchaus nicht ausschließlich aus den Zentren westlicher Modernisierung. Vielmehr sorgten die zahlreichen jungen, im Ausland studierenden Russinnen dafür, dass sich die europäischen Universitäten allmählich auch den eigenen Bürgerinnen gegenüber öffneten. Dennoch bleibt festzuhalten, dass Frauen als *offizielle* Delegierte oder als Mitglieder des sich formierenden internationalen Beamtentums kaum zu finden sind. Die sozialpolitische Debatte, die auf eine internationale Regelung der Frauenarbeit ausgerichtet war, öffnete zumindest einen Türspalt für offizielle weibliche Delegierte, da Sozialgesetzgebungen die Einstellung von Fabrikinspektorinnen vorsah. Den offiziellen Status der Frauen in der internationalen Politik lässt sich am besten dadurch deutlich machen, dass es zwar viele in eigenen Netzwerken tätige Diplomatengattinnen gab, aber keine einzige Diplomatin.

Außereuropäische Internationalisten und Netzwerke

Vergleichbare Tendenzen eines vor 1914 noch nicht abgeschlossenen, dynamischen Prozesses der internationalen Wahrnehmung grenzübergreifender Netzwerke lassen sich auch in der wachsenden Bedeutung außereuropäischer Internationalisten feststellen. Auch hier hatte der Nobelpreis eine wegweisende Funktion. 1913 verlieh das Nobel-Komitee den Literaturpreis an den bengalischen Dichter Rabindranath Tagore (1861–1941) für seine Gedichte, deren englische Übersetzung ein westliches Publikum begeisterte und dessen Bedürfnis nach indischer Mystik spiegelte. Tagore wurde 1915 geadelt, ging aber nach dem Ersten Weltkrieg auf Distanz zur britischen Regierung und unterstützte Gandhi. In China orchestrierte die Qing Dynastie die allmähliche Öffnung gegenüber dem Westen keineswegs nur mit der Kopie westlicher Institutionen, sondern bettete den in Entstehung begriffenen Nationalismus in eine konfuzianische Renaissance ein. Wie Prasenjit Duara hervorhebt, wurde an der Jahrhundertwende ein chinesischer Transnationalismus sichtbar, der sich einerseits auf eine expandierende Händlerelite stützte, andererseits auf eine gut organisierte und global aktive Opposition, wie die Baohuanghui (Gesellschaft zum Schutz des Kaisers). Sun Yat-sen (1866–1925), erster Präsident des republikanischen China, verbrachte lange Jahre im Exil, unterstützt von Geheimgesellschaften und Netzwerken, die sich ihrerseits als internationale Organisationen verstanden. Solche Formen internationaler Partizipation müssen vorsichtig interpretiert werden. Sie sind zum einen aus dem Kontext der zunehmenden Migration entstanden und zum anderen Resultat einer imperialistischen Einbindung nicht westlicher Intellektueller in ein westliches, akademisches Netzwerk. Dennoch wäre es falsch, die kontinuierliche Erweiterung persönlicher Netzwerke ausschließlich als Folgeerscheinung des europäischen Imperialismus zu betrachten. Die Weltausstellungen des 19. Jahrhunderts geben die Ambivalenz dieser zuweilen schwer zu entwirrenden Austauschprozesse wieder: Die Ausstellung von „Eingeborenen" präsentierte imperialistische Herrschaft in aller Eindeutigkeit. Aber es gibt auch Situationen, die zur Genüge auf wechselseitige, wenn auch asymmetrische Abhängigkeiten verweisen. Der Musiker Claude Debussy (1862–1918) traf an der Weltausstellung von 1889 auf ein javanisches Gamelan Ensemble, das seine Vorstellungen über moderne Musik nachhaltig prägen sollte. Die Kawakami, eine japanische Theatergruppe, die 1899 durch die USA und Europa reiste, begeisterte den jungen Picasso. Selbst konventionelle künstlerische Darstellungen der Weltausstellungen imaginierten eine Visualität des Globalen, die nicht auf imperialistische Vorurteile reduziert werden kann. Der Maler Louis Béroud (1852–1930) stellte die zentrale Eingangshalle der Pariser Weltausstellung 1889 als prachtvolle Kulisse für ein sichtlich internationales und durchaus nicht auf den Westen begrenztes, flanierendes Publikum dar.

III. Streitbare Verwandtschaft: Der Völkerbund

1919/20	Völkerbund, Int. Arbeitsorganisation (ILO)
1919	International Air Traffic Association (IATA)
1919	Pan-African Congress
1919	International Academic Union, Int. Research Council
1920	Internationale Handelskammer
1920	International Institute of Refrigeration
1922	Washingtoner Abkommen
1923	Interpol
1924	International Telephone Advisory Committee
1924	International Office of Epizootics
1925	Weltausstellung in Paris
1925	International Bureau of Education
1926	International Institute for Private Law
1927	Weltwirtschaftskonferenz in Genf
1927	Internationales Lehrfilminstitut
1927	Institut Universitaire des Hautes Etudes Internationales
1927	Internationaler Verband für Materialprüfung
1928	Bureau international des expositions
1929	Weltausstellung in Barcelona
1930	Bank für Internationalen Zahlungsausgleich
1931	Westminster Statut
1933	Weltausstellung in Chicago
1934	Weltausstellung in Brüssel
1936	Olympische Spiele in Berlin
1937	Weltausstellung in Paris
1939/40	Weltausstellung in New York
1943	United Nations Relief and Rehabilitation Administration (UNRRA)
1944	International Civil Aviation Organization (ICAO)

1. Vom Ersten Weltkrieg zur Gründung des Völkerbunds

Globalgeschichte des Ersten Weltkriegs

Für den britischen Außenminister Sir Edward Grey (1862–1933) gingen im August 1914 in Europa die Lichter aus. Zweifellos hatte der Krieg in seiner Totalität eine neue Dimension gewonnen. Sicher haben nicht nur der Krieg, sondern auch die Pariser Friedensverträge eine politische Langzeitwirkung entwickelt, die Ersten und Zweiten Weltkrieg als Dreißigjährigen Krieg erscheinen lassen. Die Interpretation des Ersten Weltkriegs hat für die Geschichtswissenschaft eine paradigmatische Bedeutung. Die Frage, ob die deutschen Kriegsziele die Basis für den nationalsozialistischen Eroberungskrieg gelegt hatten, begleitete nach dem Zweiten Weltkrieg eine kritische, der Vergangenheitsbewältigung verpflichtete Historiographie. Die Entwicklung einer Globalgeschichte wird von dieser historiographischen Vergangenheit geprägt. Das Erkenntnispotential grenzübergreifender Prozesse

muss auch an den zentralen Themen der historischen Vergangenheitsbewältigung sichtbar sein. Allerdings gilt auch der umgekehrte Schluss: Die Interpretation der großen Themen verändert sich mit dem Einbezug des globalen
Blickes. Die Geschichte des Ersten Weltkriegs ist breiter geworden und ana-
lysiert die Schrecken des Krieges längst nicht mehr nur in der Aufarbeitung
der Waffenarsenale und der Strategien der Generalstäbe. Die Globalität des
Kriegs hat an Bedeutung gewonnen. Neben den nationalen, europäischen
Erinnerungskulturen erscheinen die bis dahin vergessenen Gräber der chi-
nesischen Kulis im französischen Dorf Noyelles-sur-mer. Aus einer globalen
Perspektive wird deutlich, dass die ersten und wohl auch die letzten
Schüsse des Weltkriegs in Afrika fielen.

Moderne Forschungen zum Ersten Weltkrieg betonen zusehends, dass der
Erste Weltkrieg weniger als Zäsur, denn als Katalysator verstanden werden
sollte, der bereits in der Vorkriegszeit festzustellende Prozesse des Wandels
zur strukturellen Unumkehrbarkeit verstärkte. In der Tat lassen sich solche
Entwicklungen in großer Zahl feststellen: Demokratisierung und Parlamen-
tarisierung bescherten selbst den Frauen nach dem Ende des Krieges in den
meisten Staaten Stimm- und Wahlrecht. Die Vorstellung liberaler Nonintervention wurde unter Einbezug der Organisationen der Arbeiterschaft von
einer Epoche staatsinterventionistischer Maßnahmen abgelöst. Auf der
Bühne der internationalen Politik waren die Veränderungen offensichtlich:
Der Kriegseintritt der Vereinigten Staaten setzte neue Voraussetzungen. Der
amerikanische Präsident Woodrow Wilson (1856–1924) erklärte in seiner
Inaugurationsrede 1917 die kriegsbereiten Amerikaner zu „citizens of the
world" und entwickelte in seinen Vierzehn Punkten ein Kriegszielpro-
gramm, das auch gleich die traditionsreichen Instrumente der europäischen
Geheimdiplomatie aushebelte und das Ende des ‚Wiener Systems' verkün-
dete.

Was aber war angesichts des Kriegs und der damit einhergehenden politischen und regionalen Kräfteverschiebungen von jenem Netzwerk an
grenzübergreifenden Beziehungen zu erwarten, das sich vor 1914 zum
Phänomen des Internationalismus verdichtet hatte? Die erste, nahe lie-
gende Antwort wäre wohl, von dessen Zusammenbruch auszugehen. Eine
kontinuierliche Fortsetzung internationaler Kongresse war unter Kriegsbe-
dingungen nicht zu erwarten, ebenso wenig eine weitere Informationsvermittlung über die internationalen Ämter. Diese Annahme ist allerdings nur
teilweise richtig. In der Tat ging die Anzahl internationaler Kongressveran-
staltungen zurück und viele Kongresse, die für September 1914 angekündigt
worden waren, fanden nicht statt. Neben einigen zivilgesellschaftlichen
Kongressen konnte auch die dritte Haager Friedenskonferenz nicht durchge-
führt werden. Aber es gab während des Kriegs auch Hinweise darauf, dass
die Epoche des Internationalismus nicht zu Ende war. 1915 wurde die Weltausstellung in San Francisco mit großem Pomp eröffnet. Die New York Times wusste zu berichten, dass die französische Regierung von ihrem Exil in
Bordeaux aus im November 1914 ihre Teilnahme zugesichert hatte. Die
Ausstellungsveranstalter erhofften sich gar besonders hohe Besucherzahlen,
da das amerikanische Publikum wohl auf Europareisen verzichten werde.
Als die im Kontext der Ausstellung geplante Eröffnung des Panama-Kanals
durch die Marine nicht abgehalten werden konnte und der Präsident be-

Internationalismus
im Ersten Weltkrieg

schloss, Washington nicht zu verlassen, erstrahlte der Tower of Jewels trotzdem im Lichterglanz – der amerikanische Präsident hatte das Wahrzeichen der Ausstellung mit einem telegrafisch übermittelten Signal erleuchtet. Selbst bei den in Europa lokalisierten internationalen Ämtern gab es keine Anzeichen, dass deren Aufgaben nicht mehr erfüllt werden könnten. In den Jahresberichten der großen gouvernementalen Organisationen wurde eher betont, dass der Krieg zu Mehrarbeit geführt hatte: Das Büro des Weltpostvereins musste nach verschollenen Paketen suchen, die Telegraphenunion nach verlorenen Meldungen. Auf der gouvernementalen Ebene sollte sich zeigen, dass die Totalisierung des Kriegs letztendlich auch von der Funktion grenzübergreifender Infrastrukturen abhängig war. Flugzeuge, die neue Wunderwaffe des Ersten Weltkriegs, brauchten verlässliche Wetterdaten – diesseits wie jenseits der Grenze. Die 1874 gegründete Internationale Meteorologische Organisation konnte sich über fehlende Arbeit nicht beklagen, weder im Ersten noch im Zweiten Weltkrieg. Selbst die fragilen Netzwerke der Zivilgesellschaft waren nicht ganz verschwunden. Einige Unentwegte hofften sogar, den Krieg mit einem erfolgreichen internationalen Kongress beenden zu können: Im Dezember 1915 charterte der Automobilhersteller Henry Ford (1863–1947) das Schiff Oscar II. Das Schiff brachte 150 Pazifisten und Pazifistinnen von den Vereinigten Staaten nach Europa. Ford glaubte, dass eine internationale Zusammenkunft die kriegführenden Mächte von einer Beendigung des Konfliktes überzeugen werde. Trotz des offensichtlichen Scheiterns dieser Mission fanden während des Kriegs weitere internationale Kongresse statt, die einen mit dem erklärten Ziel, den Krieg zu beenden, die anderen deshalb international, weil eine nationale Zusammenkunft aus politischen Gründen nicht in Frage gekommen wäre, die dritten mit dem Ziel, die Reihe der regulären Vorkriegskongresse nicht abbrechen zu lassen. 1915 wurde zum Jahr internationaler Kongresse: Einige dieser Zusammenkünfte fanden während der Weltausstellung in San Franscisco statt und unterstrichen Kontinuität, wie beispielsweise der Kongress der International Dental Federation. Andere Organisationen trafen sich weiterhin in Europa. Im März 1915 fand eine internationale sozialistische Frauenkonferenz in Bern statt, im April des gleichen Jahres trafen sich die bürgerlichen Pazifistinnen in Den Haag. Im September diskutierte in einem kleinen Dorf in der Nähe von Bern die Elite der sozialistischen Kriegsopposition. In Zimmerwald wurde die Resolution „An die Proletarier Europas" verabschiedet, eine Forderung nach Friedensschluss ohne Annexionen auf der Basis des Selbstbestimmungsrechts der Völker, die unter anderen die Unterschrift von Vladimir I. Ulianov Lenin (1870–1924) trug. Im gleichen Jahr tagte die internationale Radiumkommission in Dänemark.

Selbst Organisationsgründungen sind während des Kriegs nachzuweisen. Im Dezember 1914 wurde die englische Sektion des Internationalen Versöhnungsbundes gegründet. 1915 fasste diese christlich motivierte Bewegung Fuß in den Vereinigten Staaten, gefolgt von weiteren christlichen pazifistischen Organisationen wie der International Christian Peace Fellowship mit Sitz in London (1916) und der Katholischen Union für Internationale Fragen (Fribourg, 1917). Quäker organisierten während des Krieges ein Netzwerk von „Friend's Houses" zur Unterstützung von Kriegsopfern und entwickelten damit eine Organisationsform, die sich in den Nahen Osten, nach Syrien und Beirut, aber auch nach Asien ausdehnte. Im gleichen Jahr begann der Frauenweltbund zur Förderung der internationalen Eintracht mit Sitz in Genf seine Aktivitäten und lancierte während des Kriegs Kinderschutzprogramme. Die Haager Frauenkonferenz endete mit der Gründung der Women's International League for Peace and Freedom. Pädagogen eröffneten 1915 in London die New Education Fellowship International. Die Gründung des Press Congress of the World mit Sitz an der School of Journalism der University of Missouri fand im Rahmen der Weltausstellung statt. Unentwegte Internationalisten gründeten 1916 Kosmoglott, eine International Language Society. Selbst im chaotischen Jahr 1918 wurden zwischen Revolutionen und Kapitulationen Netzwerke geknüpft und institutionalisiert. Die International Federation of Arts, Letters and Sciences (Paris) wurde in diesem Jahr ebenso gegründet wie die World Association for Adult Education mit Sitz in London. Einige, wie der Internationale Tabakarbeiterverband (Kopenhagen) gingen bereits im letzten Kriegsjahr daran, ihre Organisation zu reorganisieren.

Aus dem Nachweis von Gründungsdaten internationaler Organisationen zwischen 1914 und 1918 darf nicht allzu schnell auf eine tatsächlich aktive internationale Zivilgesellschaft während des Krieges geschlossen werden. Auch die internationalen Kongresse sind jeweils im Einzelfall kritisch zu analysieren. Die internationale Frauenbewegung repräsentierte eine Minderheit, die Mehrheit der Frauenorganisationen war patriotisch und nicht internationalistisch gesinnt und unterstützte die Soldaten im Feld. Selbst für die Linke führte der Krieg nicht zu einer Stärkung der Internationale, sondern zur Spaltung. Die 1889 gegründete Zweite Internationale erhielt mit der 1919 gegründeten Kommunistischen Internationale (Komintern) einen Konkurrenten. Ebenso bleibt festzuhalten, dass die gewerkschaftliche Macht national definiert blieb, trotz der Versuche, die in der Vorkriegszeit gegründete globale Gewerkschaft, die Industrial Workers of the World, zu stärken.

> Folgen internationaler Organisationsgründungen für die Nachkriegszeit

Dennoch hatte die kontinuierliche Weiterentwicklung des Internationalismus während des Kriegs für den Friedensschluss tiefgreifende Konsequenzen: Die vielen Organisationen mit grenzübergreifendem Konzept und mehr oder minder deutlichem, durch die langen Kriegsjahre gestärkten pazifistischem Hintergrund stellten eine internationale Öffentlichkeit dar, die sich an den Debatten über die Nachkriegsordnung in einer aus der Sicht der klassischen Diplomatie ungewöhnlichen Weise beteiligte. Die Bedeutung dieser Öffentlichkeit wurde durch zwei Faktoren nachhaltig gestärkt, durch die russische Revolution auf der einen und den Ausbau nicht-schriftlicher Kommunikationsmittel auf der anderen Seite: Die Nachricht über den Sturz der Regierung Kerenskij und die Machtübernahme der Bolschewiki in St. Petersburg vermittelten die neuen Machthaber über das Radio, das sich nach dem Ersten Weltkrieg zu einem der bedeutendsten grenzüberschreitenden Medien und Träger politischer Propaganda entwickeln sollte – auch und gerade für Länder mit schlechten Straßen und hoher Analphabetenrate. Die neuen russischen Machthaber unterstrichen die Bedeutung dieser grenzübergreifenden Öffentlichkeit mit einer Kampfansage an die Formen konventioneller Diplomatie. Außenminister Leo Trockij (1879–1940) ließ die zaristischen Archive öffnen und publizierte die bislang geheimen Staatsverträge, um anschließend zu verkünden, dass er noch einige revolutionäre Proklamationen an die Völker erlassen und dann „die Bude schließen" werde.

Vor diesem Hintergrund einer neuen, die Diplomatie einbeziehenden Öffentlichkeit überzog 1918/1919 eine Flut von Publikationen über die Nachkriegsordnung die Welt. Sie begleitete die Aushandlung der Friedensbedingungen in Paris und legitimierte jene Gesellschaft von Internationalisten und Internationalistinnen, die als Privatpersonen nach Paris reisten, um direkten Einfluss auf die Verhandlungen zu nehmen. Unter ihnen befand sich der vietnamesische Revolutionär Ho Chi Minh (1890–1969), der vergeblich versuchte, beim amerikanischen Präsidenten Gehör zu finden. Nun wissen wir seit dem Wiener Kongress von 1814/15, dass diplomatische Großereignisse nicht erst im 20. Jahrhundert die Aufmerksamkeit der Öffentlichkeit auf sich zog. Allerdings hatten sich die Rahmenbedingungen gründlich verändert. Aus einem beobachtenden Publikum von Bittstellern war eine internationale Öffentlichkeit geworden. Man würde die internationalen Organisationen überbewerten, wollte man diese Entwicklung allein ihnen zuschreiben. Die Gleichzeitigkeit von revolutionärer Informationspolitik, der Erweiterung von Kommunikationstechnologien und den Aktivitäten bereits bestehender grenzübergreifender Netzwerke schufen allerdings eine neue, die internationale Ordnung fortan prägende Ausgangslage. Mehr noch als an einzelnen Internationalisten oder Organisationen wird dieser revolutionäre Wandel an den veränderten Informationsflüssen sichtbar. Von einer gouvernementalen Kontrolle konnte nicht mehr die Rede sein. Wer nicht auf die offizielle Publikation der Pariser Verhandlungen warten mochte, bediente sich bei David Hunter Miller (1875–1961). Der Jurist, der als Experte der amerikanischen Delegation an den Pariser Friedensverhandlungen teilnahm und den Entwurf der Völkerbundsatzung erarbeitete, versorgte die Öffentlichkeit unermüdlich mit Informationen. Gleiches taten die Mitglieder der unzähligen nationalen Delegationen, die Bücher wie „What really happened at Paris" (1921) publizierten. Der überzeugendste Nachweis für das politische Potential der internationalen Öffentlichkeit findet sich in China, dessen Delegierte wahre Berge von Telegrammen von einem höchst aufmerksamen und kritischen chinesischen Publikum erhielt. Der Verlust des staatlichen Deutungsmonopols öffnete eine neue, eine faszinierende Welt der Internationalität. Internationale Organisationen blühten – Institutionen staatlicher Propaganda allerdings nicht weniger.

2. Die neuen Strukturen internationaler Ordnung

Mit der Gründung des Völkerbunds begann ein neues Kapitel in der Geschichte der internationalen Ordnung. Erstmals bestand eine Institution, die grundsätzlich (fast) allen souveränen Staaten zugänglich war und sich aber gleichzeitig auch als Gravitationsfeld für zivilgesellschaftliche Organisationen herausstellen sollte. Erstmals hatte das bereits erprobte Konzept der internationalen Organisation auch völkerrechtlich einen eigenständigen Status. Das in Genf eröffnete Völkerbundssekretariat war nicht der Oberaufsicht der schweizerischen Regierung unterstellt, sondern hatte einen exterritorialen Status, war also formal einer Botschaft gleichgestellt. Damit gewannen internationale Organisationen an Legitimität und formeller Bedeutung – damit erhöhten sich aber auch die strukturellen Inkompatibilitäten des internationalen Systems. Diese kündigten sich letztendlich bereits während des Krieges an, als in London und Paris die Vorbereitung der Friedenskonferenz mit der Suche nach historischen Vorbildern einsetzte. Die europäischen Kabinette griffen nicht zu jenem Material, das zur Veranstaltung einer dritten Haager Friedenskonferenz hätte dienen sollen. Sie beauftragten Studien zur Organisation des Wiener Kongresses, griffen auf das Völkerrecht des 16. und 17. Jahrhunderts zurück und waren sich letztendlich nicht einig darüber, ob die neue Organisation primär demokratisch oder primär universell konzipiert werden sollte. Auch wenn der Völkerbund in der Forschungsliteratur meistens als kurze Episode misslungener globaler Friedenssicherung interpretiert wird, gehört die Völkerbundsatzung zu den interessantesten Dokumenten internationaler Ordnung im 20. Jahrhundert. Die Satzung und deren Realisierung weisen ein Hauptproblem internationaler Ordnung auf: souveräne Staaten sollten einerseits als alleinige legitime Akteure internationaler Politik auftreten. Andererseits bestanden bereits internationale Organisationen, deren Einfluss auf die internationale Politik seit der Jahrhundertwende offensichtlich war. Der Völkerbund spiegelte die verworrene politische Lage der Zwischenkriegszeit und war beides: eine moderne und zukunftsweisende Form vielschichtiger globaler Vernetzung, die über Europa hinausreichte, aber auch ein letzter, durch das Fernbleiben der Vereinigten Staaten sogar unfreiwilliger Versuch, die europäische Großmachtpolitik des 19. Jahrhunderts weiterzuführen.

Welches sind nun die *neuen* Strukturelemente internationaler Organisation nach dem Ersten Weltkrieg? Sie lassen sich *erstens* beschreiben als Erweiterung des Systems internationaler Politik und als beginnende Einbindung formal (noch) nicht souveräner Staaten. *Zweitens* verschob sich die Funktion der Diplomatie grundlegend: aus dem Instrument der Verhandlung wurde ein Mittel der Überzeugung und der multimedial aufbereiteten Propaganda.

Die offensichtlichste Relativierung des Souveränitätsprinzips bestand in der Zulassung Indiens und der britischen Dominions zur Unterzeichnung der Friedensverträge. Australien, Neuseeland, Kanada, Südafrika und Indien gehören somit zu den Gründungsmitgliedern des Völkerbunds und konnten den Vertrag als Teile des British Empire selbständig unterzeichnen. Diese Unterschrift wird bis zum heutigen Tag von der australischen Politik als wichtigen Schritt in die Unabhängigkeit hervorgehoben. Nun war der Beizug der Dominions, also der selbstregierten, vorerst noch hauptsächlich weißen Siedlungskolonien des britischen Empire, letztlich eine Maßnahme zur Stärkung der britischen Position. Sie war aber gleichzeitig ein weiterer, bereits nach der Jahrhundertwende diskutierter Schritt, die Kolonien als Akteure einzubinden. Diese Entwicklung führte zur internationalen Neuorganisation des British Empire im British Commonwealth of Nations, niedergelegt im Westminster Statut von 1931. Für die internationale Politik der Nachkriegszeit hatten die nun auch außenpolitisch handlungsfähigen Do-

Erweiterung des Systems internationaler Politik

55

minions und Indien einen wesentlichen Einfluss auf die Auseinandersetzung um die politische Positionierung Asiens. Japan war als Siegermacht aus dem Ersten Weltkrieg hervor gegangen und beanspruchte die regionale Führungsrolle. Dem setzten die britische und die amerikanische Regierung 1922 das Washingtoner Abkommen entgegen, ein multilaterales Vertragswerk, an dem wiederum die Dominions sowie europäische Mächte mit Interessen im Pazifik beteiligt waren. Das Washingtoner Abkommen bestand aus vier Verträgen. Unter ihnen ein Flottenabkommen mit relationaler Festschreibung der Stärke der jeweiligen Flotten. In Washington wurde überdies ein Viermächteabkommen unterzeichnet, das Konsultationen im Krisenfall zwischen Japan, Frankreich, Großbritannien und den Vereinigten Staaten vorsah. Zum asiatischen Netzwerk gehörte ein Neunmächteabkommen, das zwar die Souveränität Chinas sicherstellte, aber auch die japanische Hoheit über die Mandschurei festschrieb und den Zugang der europäischen Mächte und der Vereinigten Staaten zum ostasiatischen Markt sicherte. Diese Verträge waren nicht Teil der Völkerbundspolitik, sie zeigen aber einerseits eine Verlagerung des Fokus internationaler Politik nach Asien und erklären andererseits das politische Fundament, auf dem die nun von asiatischen Staaten genutzte Einflussnahme auf die globalen Netzwerke des Völkerbunds beruhte.

Die nach dem Ersten Weltkrieg geschaffene internationale Ordnung enthielt zwei höchst unterschiedliche Angebote, wie grenzübergreifende Netzwerke zu nutzen seien. Die Zunahme internationaler Organisationen konnten Anzeichen einer nicht mehr zurückzuhaltenden Emanzipation der bislang von den internationalen Beziehungen ausgeschlossenen Staaten und Gesellschaften sein. Die Präsenz der einstigen Peripherie in Genf konnte aber auch etwas ganz anderes bedeuten: Eine Herrschaftsstrategie der Großmächte, welche den Paradigmenwechsel mit der Gewährung kleiner und letztlich unbedeutender Zugeständnisse zu verhindern suchte. In Indien wurde dieses Dilemma Teil der politischen Debatte. Die Nationalisten des Indian National Congress warnten vor einer derartigen Pazifizierungsstrategie. Der liberale Flügel wies dagegen darauf hin, dass der internationale Handlungsspielraum durch die Genfer Organisationen bedeutend zugenommen hatte. Mit der Vervielfältigung der Akteure sind die Veränderungen der internationalen Ordnung allerdings nicht hinlänglich beschrieben – Wandel ist auch innerhalb etablierter Institutionen und insbesondere innerhalb der Diplomatie festzustellen.

Multimediale Überzeugungsstrategien   Die Diplomatie war noch bis zum Ersten Weltkrieg ein Instrument vormoderner Eliten. Zwar zusehends um Experten ausgeweitet und von einer internationalen Zivilgesellschaft beobachtet, monopolisierten die Söhne alter Familien die Diplomatie als Arkanbereich eines überwiegend monarchisch gedachten Staates. Nach dem Ersten Weltkrieg wurde nun aus der Kunst des Verhandelns zusehends eine Kunst des Überzeugens – damit begann eine höchst komplexe und politisch spannungsreiche Überlagerung von Diplomatie und Propaganda. Die Außenministerien erweiterten ihre Vertretungen zusehends mit Propagandaabteilungen, die mehr oder minder verdeckt Emigranten und Internationalisten unterstützten. So errichtete Kiyoshi Karl Kawakami (1873–1949) mit Unterstützung der japanischen Diplomatie während des Ersten Weltkriegs in den USA das Pacific Press Bureau, das fortan mit unzähligen Publikationen die japanische Politik propagandistisch aufbereitete. In den USA gründete der Präsident 1917 ein „Committee on Public Information" (COPI). Das Komitee legitimierte dem eigenen Land gegenüber die Kriegsbeteiligung der USA, eröffnete aber auch Außenstellen, die ihrerseits die amerikanischen Leistungen hervorheben sollten. Das State Department war zwar keineswegs begeistert vom Leiter des COPI, dem Journalisten George Creel (1876–1953). Seine Erfolge waren allerdings beachtlich: Die Reden des amerikanischen Präsidenten Wilson zirkulierten weltweit, auch in chinesischer Übersetzung. Dass amerikanische Filme, Güter und Ideen in China Einzug hielten, war zu einem nicht geringen Maß den Mitarbeitern des COPI zuzuschreiben. Sie klebten in chinesischen Städten die Wände mit amerikanischem Propagandamaterial zu und nutzten zur Informationsverbreitung die neuesten Medien – vornehmlich Filme. Die Inlandaktivitäten des COPI wurden 1918 und die Propaganda im Ausland 1919 eingestellt. Nach dem Ersten Weltkrieg setzte allerdings eine Gründungswelle von Presse- und Informationsabteilungen ein, teils innerhalb der Außenministerien, teils in anderen Verwaltungseinheiten mit eher gespannten Beziehungen zu den Außenministerien und Diplomaten. Die grenzübergreifende Verbreitung von Informationen hatte sich mit der ‚drahtlosen' Telegrafie, dem Ausbau von Radiostationen und der Durchsetzung der Telefonie dramatisch verändert. Die nationale Kontrolle über Kabel, Drähte, Masten verlor angesichts von immer besseren Sendemöglichkeiten an Bedeutung. Die neue, weniger materialintensive Technologie verbilligte die transatlantische Nachrichtenübermittlung und relativierte das bisherige, auf den verlegten Kabeln beruhende Informationsmonopol des britischen Weltreichs. Die neue Technologie war für neue Formen staatlicher Kontrolle besorgt, die von der Monopolisierung der Radiostationen bis zu neuen Möglichkeiten weltweiter Propaganda reichten.

Kommunikationstechnologien

Globale Informationsvermittlung
(Howard S. LeRoy: Treaty Regulation of International Radio and Short Wave Broadcasting. In: The American Journal of International Law 32,4 (1938), S. 731)

The intimate international relationships created by short wave radio broadcasting have created powerful propaganda forces linking Pan America with the authoritarian European states. The most powerful international short wave broadcasting station is located at Zeesen, twenty miles south of Berlin. Broadcasts from this station, with its eight powerful transmitters, cover the world.

In einer dunklen Ecke – den ‚black chambers' der internationalen Beziehungen – dechiffrierten derweilen geniale Techniker gegnerische Codes und sannen über sichere Verschlüsselungen für die geheime Nachrichtenübermittlung nach. Nachrichtenagenturen und Sendebetreiber bewegten sich im Spannungsfeld von nationalem Interesse und Wahrung des Postgeheimnisses. Die Radioempfänger und -sender wurden immer kleiner und handlicher, die staatliche Kontrolle des Netzwerks der Signale immer schwieriger, auch wenn die Staaten begannen, die Verteilung der Sendefrequenzen international zu regeln. Wie sehr sich die Informationsmöglichkeiten seit dem 19. Jahrhundert auch für die Öffentlichkeit verändert hatten, sollte ein spektakulärer Unglücksfall deutlich machen. 1928 stürzte ein italienisches Luftschiff in der Arktis ab. Das Funksignal der Verschollenen empfing ein sowjetischer Amateurfunker. Aufgrund dieser Meldung begann ein beispielloses Wettrennen um die Rettung der italienischen Crew. Die Berichterstattung über das Unglück zeigte, dass die internationale Öffentlichkeit globale Dimensionen angenommen hatte. Das faschistische Propagandaunternehmen endete schließlich in einer Befreiungsaktion eines sowjetischen Eisbrechers, der die italienische Crew von ihrer Eisscholle holte.

Multimediale Überzeugungsstrategien prägten die internationale Ordnung und unterstrichen die Bedeutung einer internationalen Öffentlichkeit. Nationale Akteure folgten diesem Konzept ebenso wie die internationalen Organisationen. Die Informationssektion des Völkerbunds versuchte mit den Propagandaabteilungen der Außenministerien gleichzuziehen und pflegte den Kontakt zu den verschiedenen nationalen Völkerbundsorganisationen in den beteiligten Ländern. Das Völkerbundssekretariat folgte dem in der Nachkriegszeit einsetzenden Gebrauch von Radiostationen und dem Einsatz von Filmmaterial. Mit „Radio Nation" hatte der Völkerbund sogar seine eigene, auf schweizerischem Boden errichtete Sendestation. Allerdings hatte das finanziell eher schwach ausgestattete Völkerbundssekretariat weit weniger Mittel zur Verfügung als die aus dem Budget der Außenministerien finanzierten nationalen Propagandaabteilungen. Der Vergleich zwischen traditionellen und neuen internationalen Akteuren fiel demnach keineswegs immer zu Gunsten der modernen Bereiche der neuen Ordnung aus.

Die Gleichzeitigkeit alter und neuer Strukturen

Die Gleichzeitigkeit von alter Diplomatie und neuen politischen Strukturen sorgte für eine ganze Reihe von Problemen, die das Spannungsverhältnis zwischen neuen, demokratisch und global verstandenen Ordnungsvorstellungen und traditionellen Ansprüchen an Machtsicherung und territorialer Kompensation nach dem Vorbild des alten europäischen Konzerts der Vorkriegszeit spiegeln: Souveränen Staaten sollte der Völkerbund prinzipiell offen stehen, allerdings vorerst unter Ausschluss der Verlierermächte des Ersten Weltkriegs. Das Selbstbestimmungsrecht der Völker wurde zwar versprochen, aber selten realisiert. Nach dem Ende des Weltkriegs zeichneten sich ein Rückgang der Monarchien, die Durchsetzung liberaler Demokratien und die Zunahme souveräner Staaten durch die Auflösung der Vielvölkerstaaten ab. Von wenigen Ausnahmen abgesehen, fanden zwischen den Weltkriegen in fast allen Staaten der Welt Wahlen statt, meistens nun sogar unter Einbezug der Frauen. Allerdings blieben nur wenige Staaten der parlamentarischen Demokratie und der Vorstellung globaler Kooperation verpflichtet. Der Völkerbund pflegte die friedensfördernde Vorstellung gleichgestellter Staaten, schrieb allerdings die Geschichte des Kolonialismus fort und folgte bei der Übernahme der ehemaligen Kolonien der Verliererstaaten in ein System von Mandaten dem zivilisatorischen Modell des 19. Jahrhunderts. Demnach gab es nach Artikel 22 der Völkerbundsatzung Gesellschaften „not yet able to stand by themselves under the strenous conditions of the modern world". Für diese sollte ein „sacred trust of civilisation" eingerichtet werden. Die neue internationale Ordnung hielt mit der Festlegung eines Zivilisationsgefälles eine ambivalente Botschaft bereit, zumal 1919 der japanische Vorschlag, die Gleichstellung der Rassen in die Völkerbundssatzung aufzunehmen, gescheitert war.

Solche Hinweise auf künftige Konflikte sind vor dem Hintergrund einer Welt zu lesen, die zunehmend vernetzt war und zwar in einer Weise, die in den banalen Alltag reichte. Die internationale Standardisierung von Kurvenradien, Verkehrszeichen und Straßenbreiten unterstützten den grenzüberschreitenden Siegeszug des Automobils. Die Reichweite der Radiosendungen erhöhte sich, und auch verderbliche Waren konnten nun auf lange Reisen gehen, da das 1920 gegründete International Institute of Refrigeration die Kühlkette grenzübergreifend sicherstellte. Die Zentren dieser Welt waren zusehends nicht mehr identisch mit europäischen oder amerikanischen Großstädten. Die Weltausstellungen wiesen darauf hin, dass die urbanen Zentren des 19. Jahrhunderts allmählich in den Hintergrund traten. 1929 fand erstmals eine Weltausstellung in Barcelona statt und feierte im überladenen Kolonialstil die Diktatur Primo de Riveras. Die Weltausstellung 1937 in Paris versuchte die Olympischen Spiele in Berlin 1936 zu übertrumpfen. Doch wesentlich wichtiger als die internationalen Kongresse, die in Paris 1937 ein „Olympia des Geistes" vorstellen sollten, waren die martialisch hochgerüsteten Pavillons der Sowjetunion, Deutschlands und Italiens. 1940 verhinderte der Zweite Weltkrieg eine Weltausstellung mit Olympischen Spielen in Tokio – die Jahre zuvor einsetzenden Vorbereitungen präsentierten allerdings bereits eine selbstbewusste asiatische Großmacht, die daran ging, grenzüberschreitende Netzwerke in einer künftigen großostasiatischen Wohlstandssphäre zu knüpfen. Zusehends konkurrierten die Städte Asiens mit London, New York und Paris. Shanghai und die mandschurische Stadt Harbin entwickelten sich nach dem Ersten Weltkrieg zu Zentren eines globalen Lebensgefühls. | Weltausstellungen

In Harbin und Shanghai war in den Zwanziger Jahren viel los. Dennoch gibt es keinen Grund, das damalige Leben der Grenzgänger zu überschätzen. Nach dem Ersten Weltkrieg brach vielmehr eine Epoche der Aberkennung von Staatsbürgerschaften aus. Angehörige von Minoritäten in neu geschaffenen Staaten waren ebenso gefährdet wie religiöse Minderheiten oder Angehörige abgesetzter Eliten. Neben den weltgewandten Kosmopoliten gab es jene Menschen, die als einziges Papier einen so genannten **Nansen-Pass** besaßen. Das nach dem Polarforscher und Friedensnobelpreisträger Fridtjof Nansen (1861–1928) benannte Papier diente der Repatriierung von Kriegsgefangenen und sorgte dafür, dass Menschen ohne Staatsbürgerschaft zumindest ihre Staatenlosigkeit anerkennen lassen konnten. Der Maler Marc Chagall (1887–1985), der Komponist Igor Strawinsky (1882–1971) und die Tänzerin Anna Pawlowa (1881–1931) mussten ihre Identität mit Nansenpässen belegen. Der Völkerbund hatte der zunehmenden Praxis der Aberkennung von Staatsbürgerschaft wenig mehr als die Gründung internationaler Kommissionen entgegenzusetzen. 1933 sollte ein Office of High Commissioner for Refugees (Jewish and other) Coming from Germany Abhilfe schaffen – zu einer offiziellen Verurteilung der Judenverfolgung konnte sich allerdings weder der Völkerbund als Staatengemeinschaft noch seine Organe durchringen. Vielmehr entstanden mit zunehmender Dringlichkeit neue Organisationen. Die Flüchtlingskonferenz von Evian gründete 1938 das Intergovernmental Committee on Political Refugees (IGC) mit Sitz in London. Doch das Hauptproblem, dass keines der Länder Flüchtlinge aufnehmen und für deren Kosten aufkommen wollte, wurde nicht einmal in | Migration und Flüchtlingspolitik der Völkerbundsverwaltung selbst gelöst. 1938 wurden die österreichischen Mitarbeiter und Mitarbeiterinnen entweder zu Deutschen oder aber staatenlos. Die Völkerbundsverwaltung verteilte zwar Abgangsentschädigungen, verzichtete aber auf Proteste. Angestellte internationaler Organisationen lebten gefährlich. Sie waren von sozialer und rechtlicher Sicherheit ausgeschlossen, denn trotz aller Zunahme internationaler Kooperationen zwischen den Staaten sollte eines nicht gelingen: eine verbindliche Sicherung der Menschenrechte.

E

Nansen-Pass
Nach dem Ersten Weltkrieg hatten zahlreiche Menschen aus unterschiedlichen Gründen keine Staatsbürgerschaft. Der Völkerbund setzte 1922 in einer internationalen Konferenz unter der Leitung des Polarforschers Fridtjof Nansen (1861–1930) die Ausstellung eines international anerkannten Reisedokuments durch. Der Ausweis fand zu diesem Zeitpunkt vor allem für russische Flüchtlinge Verwendung, kam aber später als so genannter Nansen-Pass auch anderen Staatenlosen zugute. Das internationale Reisedokument war kein vollwertiger Pass, stand aber am Beginn einer von der UNO weitergeführten Tradition, dass internationale Organisationen Papiere für Staatenlose ausstellen können.

a) Der Völkerbund:
staatliche Organisation politischer und sozialer Friedenssicherung

E

Der Völkerbund:
Die Satzung des Völkerbunds war Teil der Pariser Friedensverträge. Die Präambel beschrieb als Zweck dieser ersten, global konzipierten Organisation von Staaten „to promote international co-operation and to achieve international peace and security". Die in der Präambel genannten Mittel bestanden in einem Verzicht auf Konfliktlösung durch Krieg, in einem Verzicht auf Geheimdiplomatie, in der Anerkennung des Völkerrechts als Basis der Beziehungen zwischen den Nationen, und in der Innehaltung internationaler Verträge.

Die Globalität des Völkerbunds war nicht auf die Teilnehmerstaaten begrenzt. Bereits bestehende internationale Organisationen wurden in Artikel 24 der Völkerbundssatzung explizit eingeladen, sich unter die Führung des Völkerbunds zu stellen. Allerdings wurde diese Einladung an die Verwaltungsunionen mit dem Zusatz versehen, dass dazu die Vertragsstaaten ihr Einverständnis geben sollten. Die 1919 vom Völkerbund noch ausgeschlossenen Vertragsstaaten, wie Deutschland, waren nicht bereit, diesem Vorschlag zuzustimmen. Staaten mit Oberaufsichtsrecht über internationale Ämter stimmten ebenso wenig zu. Artikel 24 erfasste daher bis zum Jahr 1939 nur gerade sechs Organisationen: das Central International Office for the Control of the Liquor Traffic in Africa mit Sitz in Brüssel, das International Hydrographic Bureau in Monaco, das zur Organisation der Weltausstellungen 1928 in Paris eröffnete International Exhibition Burean in Paris, die International Commission for Air Navigation in Paris, das Nansen International Office for Refugees mit Sitz in Genf und das International Office for Information and Research Concerning Assistance to Foreigners in Paris. Nur die zur Unterstützung von Fremden 1907 gegründete Organisation bestand bereits in der Vorkriegszeit. Die mächtigen Verwaltungsunionen wie der Weltpostverein blieben dagegen außerhalb des Völkerbunds. Die Anerkennung internationaler Organisationen auf der einen Seite und deren Distanz zum Völkerbund auf der anderen Seite schuf internationale Parallelwelten, die von unterschiedlichen Generationen internationaler Organisationen bevölkert waren.

Wichtigster Vertreter der neuen Generation internationaler Organisationen war die der Völkerbundsfamilie zugehörige Internationale Arbeitsorganisation (ILO) mit Sitz in Genf. Die Satzung der 1919 gegründeten ILO war in Teil XIII des Versailler Vertrags niedergelegt. Die neue Organisation sollte die politische Friedenssicherung durch die internationale Etablierung des sozialen Friedens ergänzen und als ‚cordon sanitaire' die Arbeiterschaft davon abhalten, dem russischen Beispiel zu folgen. Das tripartistische Vertretungsmodell der ILO hatte aber eine über diese enge Zielsetzung weit hinaus reichende Wirkung. Bis zum heutigen Tag sind die nationalen Vertretungen bei der ILO nach dem Prinzip 2:1:1 gegliedert, zwei Staatsvertreter, ein Arbeitnehmer- und ein Arbeitgebervertreter verschränken zivilgesellschaftliche, staatliche und unternehmerische Initiativen zu einem neuen Modell internationaler Organisation. Die Unterzeichnerstaaten erkannten in Artikel 427 der ILO-Satzung, dass „the well-being, physical, moral and intellectual, of industrial wage-earners is of supreme international importance". Damit waren Lohnempfänger gleichsam zum Subjekt als auch zum Adressaten internationaler Organisation geworden. Durch diesen globalen Fokus ergab sich die Möglichkeit, dass auch Staaten in die ILO eintreten konnten, die nicht Mitglied des Völkerbunds waren. In der Völkerbundsatzung wurde diese Verpflichtung zur Berücksichtigung von friedenssichernden Maßnahmen außerhalb der klassischen Bereiche der Diplomatie in Artikel 23 bestätigt: Die Völkerbundsmitglieder sollten humane Arbeitsbedingungen unter Einschluss der Unterstützung bestehender wie künftiger internationaler Organisationen anstreben, Bereiche des Vorkriegsinternationalismus wie Opiumhandel und Frauenhandel einer politischen Entscheidung zuführen, „freedom of communications and transit" sicherstellen und für den Schutz vor Krankheiten und deren Ausbreitung besorgt sein.

Bereits in den Zwanziger Jahren präsentierte sich die internationale Ordnung in einer verwirrenden Vielschichtigkeit: Der Völkerbund war eingebettet in eine dynamische Zunahme internationaler Organisationen, zu deren Integration er ohne Durchsetzungsmöglichkeiten eigentlich verpflichtet war. Gleichzeitig gründete er selbst eine große Menge von Kommissionen und Komitees, die, zur Freude jedes Historikers und jeder Historikerin unglaubliche Mengen von hochkarätigen Studien produzierten. Allerdings hatten diese Kommissionen kein institutionelles Eigenleben, sie waren keine Organisationen und nur zur Erfüllung zeitlich begrenzter Aufgaben einberufen worden. Die Asymmetrie zwischen völkerbundseigenen und fremden internationalen Organisationen wurde nicht ausgeglichen, sondern schlimmstenfalls verschärft. Der Völkerbund blieb im Zentrum einer Vielzahl von internationalen Organisationen, die er allerdings weder steuern noch schützen konnte.

Internationale Arbeitsorganisation

Die Kommissionen des Völkerbunds:
Economic Committee
Financial Committee
Health Committee

E

> Committee on Intellectual Cooperation
> Communications and Transit Committee
> Mandates Commission
> Permanent Armaments Commission and Disarmament Committees
> Committee for the Protection and Welfare of Children and Young People
> Opium Committee

Erreichte der Völkerbund wenigstens die angestrebte Deutungsmacht und das Informationsmonopol über internationale Netzwerke? Internationale Verträge, welche Mitgliedsländer abschlossen, mussten fortan beim Völkerbundssekretariat registriert werden und bildeten die Basis der heutigen United Nations Treaty Collection. Auch im politisch zentralen Bereich der Dokumentation setzte der Völkerbund neue Standards und veröffentlichte bis 1939 ein jeweils aufdatiertes „Handbook of International Organisations". Diese Serie erfasste alle internationalen Organisationen, die im weitesten Sinn dem Völkerbundsgedanke verbunden waren. Das Handbook hatte neben seiner praktischen eine durchaus politische Bedeutung und erhöhte die Visibilität der vielschichtigen Netzwerke in der Zwischenkriegszeit. Diese Datensammlung zeigt denn auch, dass Genf zu einem Gravitationszentrum des Internationalismus wurde und Organisationen unterschiedlichen Offizialitätsgrades gezielt die Nähe des Völkerbunds suchten.

Kosten des globalen Informationstransfers

Dennoch muss zur Völkerbundszeit ein eher kritisches Fazit gezogen werden: Die formale Integration der Verwaltungsunionen war misslungen, die Idee der Sanktion durch Isolation blieb damit Stückwerk. Zwischen 1919 und 1945 gab es genügend internationale Plattformen, die politisch profilierungsbedürftigen Staaten auch nach einem möglichen Ausschluss oder Austritt aus dem Völkerbund Gehör verschafften. Vor allem aber blieb ein zentrales Problem ungelöst: Die Errichtung von Deutungsmonopolen und die Kontrolle des globalen Informationstransfers verursachten beträchtliche Kosten. Das Sekretariat hatte zwar eine eigene Informationsabteilung, die sich um den Kontakt zu den zahlreichen nationalen Völkerbundsorganisationen bemühte. Aber weder diese Sektion noch die Abteilung für internationale Organisationen hatten die Mittel, der zusehends professionalisierten und aggressiven nationalen Propaganda ein internationales Konzept entgegenzuhalten. Das dafür bereit gestellte Budget blieb gering, die Informationspolitik des Völkerbunds war auf Fremdfinanzierung angewiesen. In Genf sorgten die Stiftungen von Rockefeller und Carnegie dafür, dass der Völkerbund ein Archiv aufbauen und eine Bibliothek führen konnte. Ein Teil der internationalen Agenda des Völkerbunds musste samt den dazugehörigen Organisationen national finanziert werden. Der französische Staat übernahm einzelne Bereiche der Bildungs- und Kulturpolitik des Völkerbunds und finanzierte das 1926 gegründete Institut International de Coopération Intellectuelle mit Sitz in Paris. Das faschistische Italien prägte den Agrarinternationalismus und nutzte dazu das bereits 1905 gegründete Internationale Landwirtschaftsinstitut in Rom und das 1928 geschaffene, dem Völkerbund zugehörige internationale Lehrfilminstitut. Mit zunehmenden politischen Spannungen erhöhten sich die Schwierigkeiten, die fremdfinanzierten Netzwerke des Völkerbunds zu koordinieren und zu kontrollieren. Damit ist die Frage noch nicht beantwortet, wie die Vielfalt der um den Völkerbund entstandenen internationalen

Organisationen auf den Siegeszug totalitärer Staaten reagierte. Waren internationale Organisationen, welche die Nähe des Völkerbunds suchten, Ausdruck der angestrebten Demokratisierung der internationalen Politik – oder ganz im Gegenteil Einfallstor für die Unterwanderung eines Systems, das bei der Sicherung des Weltfriedens offensichtlich scheiterte?

b) Internationale Zivilgesellschaft und korporatistische Interessenvertretung

Korporatistische Organisationsformen veränderten die Netzwerke der Internationalisten und Internationalistinnen und ihre unterschiedlichen internationalen Zusammenschlüssen zwischen 1919 und 1939 grundlegend. Der Internationalismus des 19. Jahrhunderts bezog seine Vorstellungen internationaler Organisation aus Parlamentarismus und Völkerrecht und argumentierte aus der liberalen Sicht des verbesserten Zugangs zur Weltwirtschaft sowie aus der Vorstellung einer eurozentrischen Universalisierung der Bildung. Im beginnenden 20. Jahrhundert nahmen der staatliche Steuerungsbedarf und die internationale Institutionalisierung von Interessenvertretungen zu. Das bedeutet nicht, dass die Organisationen des 19. Jahrhunderts wie die Interparlamentarische Union verschwunden wären, aber die Vorstellung des Globalen als ‚Weltparlament‘ verblasste und an die Stelle der vornehmlich politisch motivierten Internationalisierung der Vereinsbildung trat eine Verbandspolitik, die in dieser Epoche ein gefährliches Janusgesicht hatte: Auf der einen Seite sicherte der (pluralistische) **Korporatismus** durch die politische Einbindung von Arbeitgeber- und Arbeitnehmerorganisationen den sozialen Frieden. Auf der anderen Seite zerstörten totalitäre Modelle von Berufs- und Ständevertretungen demokratische Grundwerte.

Internationalisierung von Interessenvertretungen

> **Begriffsfeld Korporatismus:**
> Korporatismus: Einbezug von Arbeitgeber- und Arbeitnehmerorganisationen in die politische Willensbildung (Modell ILO).
> Korporativismus: Faschistische Variante des Korporatismus, Organisation von Arbeitsbeziehungen in staatlichen Zwangsorganisationen.
> Kooperativismus (kyodoshugi): Japanisches Ordnungsmodell der Showa-Zeit und totalitären Vorstellungen zuzuordnen.

Internationale Organisationen, die bereits in der Vorkriegszeit erfolgreich als Hintertüren zur Macht genutzt worden waren, gewannen zwischen 1919 und 1945 nun eine höchst ambivalente und zuweilen bedrohliche Bedeutung. In einer Zeit politischer, gesellschaftlicher und ökonomischer Krisen boten sich internationale Organisationen geradezu an, um als Trojanische Pferde benutzt zu werden: Sie stellten weitgehend ungesicherte Einfallstore totalitärer Unterwanderung dar, deren Semioffizialität sich totalitäre Systeme gerne und erfolgreich bediente. Nach wie vor galt nämlich, dass die Anzahl internationaler Organisationen weiter zunahm und die Neugründungen die zentralen Anliegen der Epoche aufgriffen: die Organisation der Arbeit und die durch ökonomische Strukturkrisen unabdingbar gewordene Steuerung der Wirtschaft. Zu den bereits in der Vorkriegszeit gegründeten internationalen Gewerkschaften und deren Einbindung in die tripartistische Struktur der Internationalen Arbeitsorganisation kam die korporative Institutionalisierung der Angestellten. 1920 wurde der Internationale Bund der Privatangestellten mit Sitz in Wien gegründet, 1921 der Internationale Bund christlicher Angestelltenverbände mit Sitz in Paris. Selbst die bislang disziplinär und nicht korporativ organisierten Intellektuellen hatten nach dem Ersten Weltkrieg ihre eigene Organisation, die 1923 in Paris gegründete International Confederation of Intellectual Workers (ICW).

Abgrenzung zwischen Internationalismus und globalem Korporatismus

Dieser Schub an korporatistischen Neugründungen veränderte die Struktur und Bedeutung internationaler Netzwerke. Aus der „Flutwelle des Internationalismus" war ein dichtes Rhizom geworden. Die alten, privat finanzierten und höchstens semioffiziellen Organisationen verloren zusehends an Bedeutung. Die Internationale Vereinigung für gesetzlichen Arbeiterschutz verblasste neben der ILO zum sozialpolitischen Debattierklub. Die Union des Associations Internationales wurde vom Ausbau der vielen internationalen Kommissionen und Organe des Völkerbunds überholt. Die UAI selbst war nicht Artikel 24 der Völkerbundsatzung zugewiesen worden, gehörte also nicht zu den dem Völkerbund unterstellten Organisationen. Paul Otlet (vgl. S. 40 f.) versuchte sein Netzwerk an internationalen Organisationen zu erweitern und gründete 1920 eine internationale Universität. Allerdings litten diese Unternehmungen zusehends an Finanzierungsproblemen, zumal es Otlet nicht gelang, seine zahlreichen Aktionen offiziell zu legitimieren. Als Paul Otlet 1928 vorschlug, aus Genf eine exterritoriale, internationale Stadt zu machen und dazu Pläne des Architekten Le Corbusier (1887–1965) vorlegte, setzte die schweizerische Regierung diesem Ansinnen ein Ende. Die Welt der Jahre 1933 bis 1945 begann sich vom Vorkriegsinternationalismus zu verabschieden, ohne sich von ihm trennen zu können. Die Bedeutung internationaler Organisationen benötigte wissenschaftliche Legitimation, und die neu geschaffene Wissenschaft der internationalen Beziehungen ihre ins 19. Jahrhundert reichenden Traditionen.

Neuorientierung wissenschaftlicher Netzwerke

In der Nachkriegszeit richteten immer mehr Universitäten Professuren für Internationale Beziehungen ein. Die erste derartige Stelle bot die University of Wales bereits 1919 an. 1927 eröffnete die London School of Economics ein Department of International Relations, im gleichen Jahr bündelte das Institut Universitaire des Hautes Etudes Internationales in Genf akademische Netzwerkkompetenzen. Damit waren die Voraussetzungen für die Auseinandersetzung zwischen den an Wilsons Konzept orientierten Idealisten und den vom machtpolitischen Pragmatismus geprägten Realisten geschaffen. Während – vor allem in den angelsächsischen Ländern – eine politikwissenschaftliche Schule ein politisch brisantes Deutungsmonopol zu internationalen Beziehungen errichtete, politisierten sich auch die traditionellen akademischen Netzwerke:

Im Oktober 1918 trafen sich Vertreter der nationalen Akademien Englands, Frankreichs, Italiens, Belgiens und der USA in London, um die wissenschaftliche Kooperation der Nachkriegszeit zu konzipieren. Dieses Gremium wurde um neu geschaffene Staaten und Neutrale erweitert, und im Juli 1919 in Brüssel der International Research Council gegründet. Obwohl es sich dabei um einen nongouvernementalen Zusammenschluss der Akademien handelte, blieb die nationale Ausrichtung ebenso deutlich wie deren politische Zielsetzung. Die ehemaligen Mittelmächte blieben nämlich ausgeschlossen, bis 1926 auf einem Geologenkongress in Madrid nun auch wieder deutsche Naturwissenschaftler teilnehmen konnten und ein Kongressteilnehmer berichtete, man habe ein „petit Locarno" gefeiert. 1931 änderte sich diese Situation, aus dem International Research Council wurde der International Council of Scientific Unions. Dieser ICSU hatte in seinen Statuten das Ziel festgeschrieben, durch die nationalen Mitglieder den Kontakt zu den Regierungen zu suchen, um die wissenschaftliche Forschung in diesen Ländern vorwärts zu treiben. Die Politik des ICSU fokussierte fortan mehr auf die Mitgliedsgesellschaften, die von unterschiedlicher Größe und Bedeutung waren.

Die Naturwissenschaften waren nach dem Ersten Weltkrieg in ein Goldenes Zeitalter eingetreten. Die chemische Forschung veränderte die Welt mit der Entwicklung von Kunststoffen wie Bakelit und Nylon. Physiker präsentierten in einem atemberaubenden Tempo neue Geräte wie den Massenspektrographen, entdeckten den Planeten Pluto, begründeten Wellenmechanik und bestimmten die Lichtgeschwindigkeit. 1938 konnte Otto Hahn (1879–1968), nach Vorarbeiten von Lise Meitner (1878–1968), die erste Kernspaltung nachweisen. Damit wurde ein neues Kapitel in der Geschichte der Energiegewinnung, aber auch der Waffenproduktion eröffnet. Die Physiker gehörten gleichzeitig zu den politisch profilierten Vertretern der Wissenschaft: Albert Einstein (1879–1955) engagierte sich in der Commission de coopération intellectuelle, Irène Joliot-Curie (1897–1956) erhielt 1935 den Nobelpreis für die Entdeckung der künstlichen Radioaktivität und trat 1936 als Unterstaatssekretärin für Wissenschaft in die Volksfrontregierung von Léon Blum (1872–1950) ein. Man kann nicht genug betonen, dass naturwissenschaftliche Organisationen und ihre Vertreter neben ihrer wissenschaftlichen Bedeutung auch internationale Ordnungsvorstellungen prägten. Dies gilt besonders für die International Union of Applied Chemistry (IUPAC). Sie debattierte in den Dreißiger Jahren über die Bedeutung der Chemie für die Gesellschaft, leitete Standardisierungs- und Normierungsprozesse und war 1934 bedeutend genug, um vom Präsidenten der spanischen Republik begrüßt zu werden.

Naturwissenschaften

3. Internationale Ordnung und politische Fragmentierung (1919–1939)

Die Pariser Friedensverträge hatten 1919 die Prämissen einer neuen Weltordnung gelegt. Die folgenden Jahre sollten zeigen, dass der Revisionismus – politische Vorstöße, welche das Versailler System abschaffen oder zumindest modifizieren wollten – den zeitgenössischen Diskurs bestimmte. Der Internationalismus der Vorkriegszeit war vom Prinzip der Demokratisierung und Erweiterung des europäischen Konzerts ausgegangen. Internationale Politik sollte sowohl mehr Staaten einschließen als auch eine internationale Zivilgesellschaft am Entscheidungsfindungsprozess teilnehmen lassen. In der Nachkriegszeit hatte sich die Anzahl der Akteure vervielfältigt – die Menge parallel existierender Strukturen allerdings auch. Ein revisionistisches Programm war einfacher zu formulieren, als die vielen farbigen, im weitesten Sinne internationalistischen Fäden zur kohärenten Textur einer internationalen Ordnung zusammenzubinden. Das vom Völkerbund geprägte System setzte neue und ungewohnte Anforderungen und bedurfte ständiger Nachbesserung. Eine seiner Stärken bestand darin, versteckte Partizipationen zu ermöglichen: Die Vereinigten Staaten traten zwar nicht in den Völkerbund ein, waren aber sehr wohl erst Beobachter und 1934 Vollmitglied der Internationalen Arbeitsorganisation. Amerikanische Delegierte arbeiteten in den dem Völkerbund unterstellten Gesundheitsorganisationen und in den unter Artikel 24 erwähnten Institutionen. Sie beteiligten sich an den vielschichtigen Netzwerken der so genannten „geistigen Zusammenarbeit". Nimmt man hinzu, dass die Vereinigten Staaten zur größten Finanz- und Gläubigernation mit den bedeutendsten Goldreserven aufgestiegen waren und den größten Produzenten von Industriegütern und Nahrungsmitteln mit deutlichem Exportüberschuss darstellten, so wird klar, dass die Einschätzung der Vereinigten Staaten als isolationistische Macht der Korrektur bedarf. Gleiches gilt auch für die Sowjetunion. So sehr deren Isolation Teil der politischen Rhetorik darstellte, die sich ihrerseits in der sowjetischen Kritik am Völkerbund bestätigt fand, so wenig kann von einer strikten Nichtpartizipation die Rede sein. Die Sowjetunion ratifizierte den Weltpostvertrag von 1925, beteiligte sich an den Gesundheitsorganisationen, war Mitglied der internationalen Fernmeldeunion und trat 1934 schließlich sowohl in den Völkerbund als auch in die Internationale Arbeitsorganisation ein. Die UdSSR war also für kurze Zeit sogar Teil jenes Systems, das zur Abwehr der Ausbreitung des Kommunismus errichtet worden war. Noch wesentlich vielfältiger wird auch hier das Bild, wenn die Organisationen der zivilgesellschaftlichen Netzwerke berücksichtigt werden: 1938 befand sich der Sitz der internationalen Geologenkongresse in Moskau. Unter den internationalen Kongressen, die in der Sowjetunion stattfanden, waren Zusammenkünfte der Eiszeitforscher (1931), der Theaterangestellten (1934), der internationalen Rheumaliga (1934) und der Bodenkunde (1930). Solche Zugänge zu internationalen Plattformen standen zumindest zeitweise allen Staaten offen – sogar den Verlierern des Ersten Weltkriegs: Deutschland konnte bereits 1920 in die ILO eintreten, sechs Jahre vor der Aufnahme in den Völkerbund. Gab es Versuche, aus dem unkontrollierbaren Gewirr von Hintertüren eine internationale politische Strategie zu formen?

USA und Sowjetunion

1939 legte der australische Delegierte Stanley Bruce (1883–1967) einen Bericht vor, der die Struktur des Völkerbunds durch die bessere Einbindung der vielen nicht politischen Organisationen, Kommissionen und Komitees reorganisieren wollte. Der ‚Bruce Report' verlangte eine Zusammenfassung und Stärkung der so genannten technischen Seite internationaler Kooperation und forderte die Gründung eines ‚Central Committee for Economic and Social Questions', eine mit dem heutigen Wirtschafts- und Sozialrat der Vereinten Nationen vergleichbare Institution. Doch 1939 war kein glücklicher Zeitpunkt zur Stärkung internationaler Kooperation, dieses Engagement kam viel zu spät und konnte den konventionellen Ausbau traditioneller Bündnissysteme nicht mehr ausgleichen.

Bruce Report: Bessere Einbindung internationaler Organisationen in den Völkerbund

Am Vorabend des Zweiten Weltkriegs hatte die internationale Ordnung wieder in ein System konventioneller Verträge zurückgefunden, die entweder gar nicht oder nur am Rande auf das durch den Völkerbund repräsen-

Elemente der internationalen Ordnung: Staatsverträge

tierte multilaterale System bezogen waren. Dieser Prozess der vertraglichen Blockbildung hatte bereits nach dem Ersten Weltkrieg eingesetzt: Die ‚Kleine Entente' schloss die neu geschaffenen Staaten in Ostmitteleuropa mit französischer Beteiligung zusammen und sollte Deutschland und die Sowjetunion isolieren. Der Vertrag von Rapallo, 1922 zwischen der Sowjetunion und Deutschland vereinbart, war als bilaterale Gegenreaktion konzipiert. Der Vertrag von Locarno 1925 markierte den Höhepunkt in der Glanzzeit des Völkerbunds. In diesem Moment schien sich die Welt doch noch nach den Vorstellungen des amerikanischen Präsidenten Wilson in eine gerechte internationale Ordnung überführen zu lassen. Die Voraussetzungen waren gut. Nach den katastrophalen Nachkriegsjahren, nach der Ruhrbesetzung und der Phase der Hyperinflation hatte der Dawes-Plan die Lage stabilisiert und damit die Chancen für eine französisch-deutsche Annäherung verbessert. Dennoch sind auch hier Zweifel angebracht: Das Vertragswerk von Locarno stabilisierte die deutsche Westgrenze, aber nicht die Ostgrenze, und es handelte sich um regionale Beschlüsse, nicht um ein Konzept mit globaler Reichweite. Aus einer anderen als der europäischen Perspektive sah die Situation schlechter aus.

In Asien gab es kein Locarno, dafür eine äußerst komplexe Überlagerung von chinesischen und japanischen Interessen, bei der die Vorstellungen internationaler Ordnung eine zentrale Rolle spielten. Der Bezug zur neuen internationalen Ordnung war in China ambivalent. Die chinesische Delegation fand an den Pariser Friedensverhandlungen kein Gehör, der japanische Griff nach den ehemaligen deutschen Kolonien konnte nicht abgewehrt werden. Die missliche internationale Lage Chinas führte 1919 im Land selbst zu vehementen Protesten, die nach dem Datum ihres Beginns benannte Bewegung des 4. Mai. Diese Bewegung weitete sich aus und nutzte westliche Werte, Vorstellungen und Ideen zu antijapanischen und antigouvernementalen Aktionen. China erlebte eine explosionsartige Zunahme an zivilgesellschaftlichen Organisationen, unter den Neugründungen befand sich die an Bedeutung rasch zunehmende kommunistische Partei. Im politischen Kontext war China eine marginalisierte Macht – nicht aber im internationalen Netzwerk des Völkerbunds. Chinesische Organisationen waren in einer Weise präsent, wie dies für die internationalistische Phase des ausgehenden 19. Jahrhunderts nicht nachgewiesen werden kann. Der Bezug zur neuen, durch den Völkerbund geprägten internationalen Ordnung blieb allerdings ambivalent. China trat erst 1920 in den Völkerbund ein. Die Konfrontation zwischen dem Völkerbund als Instrument konventioneller Großmachtpolitik und den als Hintertüren zum Westen begrüßten und genutzten internationalen Organisationen stellt ein doppeltes Dilemma dar: Zum einen entlarvte die chinesische Protestbewegung die neue internationale Ordnung als maskierten Imperialismus. Zum anderen aber traten in Genf zusehends Internationalisten und Diplomaten aus Asien auf, die ihrerseits das westliche System der internationalen Repräsentation herausforderten.

Asien und der Völkerbund

a) Die internationale Organisation der Wirtschaft

Die wirtschaftliche Entwicklung scheint auf den ersten Blick ein Hauptargument gegen die Vorstellung einer von dichten Netzwerken geprägten Zeit zu sein. Doch wie Clive Archer festhält, bestätigen nicht zuletzt die horriblen Auswirkungen der Weltwirtschaftskrise, dass internationale Netzwerke in der Tat ein Strukturmerkmal der internationalen Ordnung darstellten – in seinen guten wie auch in seinen schlechten Auswirkungen. Die Schlüsselbegriffe internationaler Organisation hießen in der Nachkriegszeit Standardisierung, Effizienz und Planung. Diese beeinflussten die zeitgenössischen Vorstellungen über die Funktion der Weltwirtschaft nachhaltig. Wirtschaftshistoriker sind seit langem davon beeindruckt, wie präsent den Zeitgenossen die komplexen globalen Interdependenzen von Ökonomie, Politik, Währungsstabilisierung, Reparationen und interalliierten Schulden waren und welche Rolle dabei die Expertenkommissionen des Völkerbunds spielten.

Eine breite, in den Zwanziger Jahren erscheinende Literatur setzte sich mit der Verbindung von Ökonomie und Politik auseinander und griff dabei jene Vorstellungen auf, die während des Ersten Weltkriegs die staatliche Regulierung der Wirtschaft thematisiert hatten. Lenin hatte zu diesem Thema die These vom staatsmonopolistischen Kapitalismus entwickelt, und der deutsche Sozialdemokrat Rudolf Hilferding (1877–1941) den Begriff des organisierten Kapitalismus geprägt. In der Nachkriegszeit sorgten Reparationen und die neue Aufteilung von Wirtschaftsräumen für internationalen Regelungsbedarf und führten zu einem neuen Typus einer internationalen Wirtschaftsorganisation: 1930 wurde die Bank für Internationalen Zahlungsausgleich (BIZ) gegründet. Das heute mit IMF-Krediten befasste internationale Bankinstitut setzte als Reparationenbank den Young-Plan um. Die Schaffung einer internationalen Bank sollte zu einer Entpolitisierung der Reparationenfrage führen und eine engere Zusammenarbeit zwischen den Zentralbanken ermöglichen. Obwohl die Vereinigten Staaten nicht offiziell teilnahmen, war die US-Notenbank indirekt beteiligt, da die Dollar-Guthaben über britische Konten abgewickelt wurden. Die BIZ hat ihren Sitz in Basel. Die erneute Zunahme internationaler Organisationen in der Schweiz war das Resultat eines hart ausgehandelten Kompromisses: Französische und britische Delegierte blockierten die Berücksichtigung eines Standorts, welcher der einen oder anderen Macht zugeordnet werden konnte. Genf kam wegen seiner Nähe zum Völkerbund nicht in Frage, Zürich war zu deutsch, Bern als Hauptstadt zu politisch. Basel hatte letztlich den Vorteil, am Eisenbahnkreuz London–Rom, Paris–Wien, Berlin–Madrid zu liegen.

Weltwirtschaftskonferenzen
Die Kabinette Marx III/IV, Dok. Nr. 244 vom 2. Juni 1927, Ministerbesprechung, Bericht der Deutschen Abordnung für die Weltwirtschaftskonferenz (‚Akten der Reichskanzlei. Weimarer Republik' online; URL: http://www.bundesarchiv.de/ak tenreichskanzlei1919-1933).

Der Erfolg der Weltwirtschaftskonferenz liegt nach v. Siemens weniger in positiven Ergebnissen als in der Bildung einer öffentlichen Weltmeinung über die wirtschaftlichen Zusammenhänge und die zweckmäßige Art der Wirtschaftsförderung sowie in der persönlichen Fühlungnahme der leitenden Wirtschaftsführer in reger Zusammenarbeit.

1925 verabschiedete die Völkerbundsversammlung die Resolution, wirtschaftliche Schwierigkeiten müssten im Zusammenhang von Prosperität und Weltfrieden untersucht werden. Damit geriet die Weltwirtschaft auf die Agenda der internationalen Politik und wurde zum Gegenstand der „öffentlichen Weltmeinung". Das Thema forderte die besten Spezialisten der ökonomischen Zunft heraus, die internationale Positionierung gab diesen nun auch eine Form öffentlicher Anerkennung, die den engen Kreis der Experten sprengte. John Maynard Keynes (1883–1946), Erfinder des ‚deficit spendings' und prominenter Kritiker des Versailler Systems, besetzte das Bild des für das Wohl der Welt zuständigen Ökonomen.

1927 und 1933 fanden zwei viel beachtete Weltwirtschaftskonferenzen statt. Dabei handelte es sich um Großereignisse, deren Bedeutung weniger in konkreten Ergebnissen denn in der Durchsetzung der Erkenntnis bestand, dass die Weltwirtschaft internationaler Regelung bedurfte. Die erste dieser Konferenzen fand auf Einladung des Völkerbunds 1927 in Genf statt und war sorgsam in andere, für die ökonomische Entwicklung bedeutsame Konferenzen eingebettet. Im gleichen Jahr trafen sich Experten und Diplomaten zu einer Konferenz über Kommunikation und Transit und auf einer internationalen Konferenz über Import- und Exporthindernisse. An der Weltwirtschaftskonferenz nahmen die Vertreter von 50 Staaten teil. Einige Konferenzteilnehmer gehörten entweder gar nicht zum Völkerbund – wie die USA – oder nutzten die Weltwirtschaftskonferenz als Annäherung an den Völkerbund, noch bevor ein formales Beitrittsgesuch vorlag, wie die Sowjetunion. Die Konferenz debattierte über die Stockung des internationalen Handels, über die Lage der wichtigsten Industriezweige und über die sich verschlechternde Situation in der Landwirtschaft. Resolutionen wurden verabschiedet, sogar einstimmig, teils mit der Stimme der sowjetischen Delegation, teils mit deren Enthaltung. Doch diese Resolutionen spiegelten die von der ökonomischen Entwicklung bereits überholte Vorstellung des Freihandels. Sie forderten Meistbegünstigungsklauseln in den Handelsverträgen und die Senkung von Zollsätzen. Als direkte Folge der Konferenz wurde das administrative Instrumentarium des Völkerbunds ausgebaut. Das Economic Committee schloss nun ein amerikanisches Mitglied ein, dazu wurde eigens ein neues Organ gegründet. Das Economic Consultative Committee erweiterte den bisherigen exklusiven Kreis der Regierungsdelegierten um Gewerkschaften, Unternehmensverbände und Experten. Die Idee, die Weltwirtschaft mit Hilfe multilateraler Konferenzen zu retten, fand nach 1927/ 28 eine viel versprechende Fortsetzung auf unterschiedlichen Ebenen: Auf der Vollversammlung des Völkerbunds im Jahr 1929 schlug die britische Delegation ein Tarifmoratorium für zwei Jahre vor. Der französische Außenminister Aristide Briand (1862–1932) plante eine europäische Union, die den europäischen Wirtschaftsraum erfassten sollte. Für den ökonomischen Teil von Briands Idee interessierte sich Gustav Stresemann (1878–1929), der von einer europäischen Zollunion mit gemeinsamem Geld, sogar europäischen Briefmarken ausging. Doch unterdessen nahten die Jahre 1930/31, die Folgen des amerikanischen Börsencrashs weiteten sich zur globalen ökonomischen Krise aus. Die einzelnen Länder kehrten zu protektionistischen Maßnahmen zurück. Die bislang durch den Völkerbund geschaffenen Plattformen zur Stabilisierung der Weltwirtschaft zerbrachen. Die 1928 un-

Weltwirtschafts-
konferenzen

Organisation des
europäischen
Wirtschaftsraums

terzeichnete Konvention zum Abbau von Handelsrestriktionen bei Import und Export erreichte die zu ihrer Inkraftsetzung notwendigen Ratifikationen nicht. Rettungsversuche mit erneuten Abkommen über Zolltarifsenkungen fanden nun ohne Partizipation der USA und unter dem Druck amerikanischer Zolltariferhöhungen statt. Die Krise in der Landwirtschaft reduzierte den ökonomischen Handlungsspielraum insbesondere der osteuropäischen Staaten und die zentrale Idee der Völkerbundsexperten, die Weltwirtschaft brauche Freihandel mit niedrigen, normierten Zolltarifen griff offensichtlich nicht mehr.

In diesem ganzen Desaster fand 1933 eine weitere Weltwirtschaftskonferenz statt. Die Anregung, eine solche Konferenz durchzuführen, kam diesmal von Seiten der ILO. Die Vollversammlung der Internationalen Arbeitsorganisation hatte im April 1932 eine Resolution mit vier Forderungen verabschiedet. Erstens sollten internationale Arbeitslosenunterstützungsprogramme geschaffen werden. Zweitens sollte der Völkerbund die Frage der Kriegsschulden und der Reparationen übernehmen, eine globale Konferenz sollte drittens das Währungssystem stabilisieren und viertens sei eine globale Handelskonferenz zu veranstalten. Im Juni 1933 trafen sich die Delegationen von 64 Staaten in London zur World Monetary and Economic Conference. Das Ziel der europäischen Staaten bestand darin, eine Währungsstabilisierung auf Goldbasis zu erreichen. Doch der amerikanische Präsident Franklin D. Roosevelt, der in der Vorbereitung der Konferenz durchaus Interesse gezeigt hatte, schwenkte auf die Unterstützung des New Deal um und erklärte sich außerstande, die Vereinigten Staaten an einer Währungsstabilisierung zu beteiligen. Damit war das zentrale Anliegen diese Konferenz gescheitert, auch wenn ein Weizenabkommen zwischen Produktions- und Konsumländern sowie die Vorbereitung weiterer Agrarabkommen einen schwachen Silberstreifen am Horizont darstellten.

Planwirtschaft als internationales Modell

In den Dreißiger Jahren konzentrierte sich die Leistung des Völkerbunds auf Expertenarbeit und ökonomische Analysen. Das Material wurde von nationalen Volkswirtschaften verwendet, die nun zusehends über alle ideologischen und politischen Grenzen hinaus einem planwirtschaftlichen Modell folgten. In der Sowjetunion hatte Stalin 1927 den ersten Fünfjahresplan mit einem riesigen Kraftwerk und dem dazu gehörigen Staudamm am Dnjepr eröffnet. Während die kapitalistische Welt der Weltwirtschaftskrise erlag, verdreifachte sich die sowjetische Industrieproduktion zwischen 1929 und 1940, ohne die Arbeitslosigkeit aufzuweisen, welche kapitalistische Systeme dieser Zeit prägten. Je schlechter es der kapitalistischen Wirtschaft ging, desto bedeutender wurden Planungsmodelle. Das nationalsozialistische Regime kündigte 1936 einen Vierjahresplan an, Japan einen Fünfjahresplan für seinen Marionettenstaat Manchukuo. In Italien hatte der Duce das propagandistische Potential der Planwirtschaft bereits in den Zwanziger Jahren genutzt und ein Großprojekt lanciert, bei dem die Natur in der Besiedelung und Melioration der Pontinischen Sümpfe bezwungen werden sollte. Dieses Unterfangen hielt ein reichhaltiges Identifikationsangebot bereit: In der Antike waren die in der Nähe Roms gelegenen Sümpfe eine fruchtbare Landschaft gewesen. Allerdings war es weder den Päpsten noch den weltlichen Herrschern jemals wieder gelungen, das Gebiet nutzbar zu machen. Zwischen 1926 und 1930 fanden die propagandistisch kommunizierten Sanie-

Italien

rungsarbeiten des faschistischen Staates statt, die mit einem umfassenden Siedlungsprogramm gekoppelt waren. Die Besiedelung war auf eine korporativistisch-paramilitärische Organisation ausgerichtet und hatte das römische Militärlager zum Vorbild. Trägerorganisation war die Opera nazionale dei combattanti, die Organisation der Veteranen. Diese institutionelle Verknüpfung leistete dabei beides, die Einlösung eines politischen Versprechens an die Weltkriegsveteranen und eine zukünftige Militarisierung der Gesellschaft. Die Landwirtschaft wurde mit Metaphern des Kampfes und des Krieges belegt, die Ernte beispielsweise als Ernteschlacht, als *battaglia del grano*, bezeichnet. Was aber hat die offensichtlich nationale Ausrichtung der Planwirtschaft mit internationaler Organisation zu tun? Zum einen fand deren ideologieüberschreitende Ausdehnung im Zeitalter des Informationstransfers ein begeistertes internationales Publikum. Das faschistische Meliorationsprojekt wurde als multimediales Propagandaunternehmen inszeniert – eine nachhaltige internationale Verbreitung dieser Bilder geschah keineswegs nur durch Presse, Radio und Film, sondern auch durch jene zahlreichen grenzüberschreitenden Netzwerke, welche diese Epoche der internationalen Organisation prägten. Teilnehmer an internationalen Kongressen besichtigten in ihren Freizeitprogrammen die trockengelegten italienischen Sümpfe, andere bewunderten die deutschen Autobahnen. Von Eric Hobsbawm so bezeichnete „Polittouristen" besuchten zwischen 1930 und 1935 die Sowjetunion und sahen großzügig über die Brutalität des Systems hinweg. Als die amerikanische Regierung im März 1933 das Tennessee Valley zur Entwicklungsregion neuen Typs erklärte und der New Deal einsetzte, handelte es sich um eines von zahlreichen Projekten, mit denen sich die internationale Öffentlichkeit beschäftigte.

b) Manchukuo: staatliche Anerkennung durch die Hintertüre

Selbst unter den Bedingungen der Weltwirtschaftskrise blieb die Welt vielseitig vernetzt und der Gebrauch von internationalen Netzwerken eine Form der politischen Strategie. Das Paradox der Gleichzeitigkeit von Nationalismus und Transnationalismus, von internationaler Zivilgesellschaft und totalitärem Nationalismus lässt sich am Beispiel von Manchukuo zeigen. 1932 erklärte Manchukuo seine Unabhängigkeit. Damit war aus den japanischen Eroberungen im chinesischen Territorium der Mandschurei ein von Japan kontrollierter Marionettenstaat entstanden. Der Staat, international in der englischen Schreibweise Manchukuo genannt, war erst eine Republik, dann ein Kaisertum, auf dessen Thron der letzte Kaiser von China Platz genommen hatte. Manchukuo war von seiner Konstituierung bis zur Auflösung am Ende des Zweiten Weltkriegs in mehrerer Hinsicht ein internationales Thema: Die Staatsgründung rief eine internationale Untersuchungskommission des Völkerbunds auf den Plan. China hatte deren Einberufung gefordert, nachdem 1931 ein Sprengstoffanschlag auf die Südmandschurische Eisenbahn den Vorwand zum Einmarsch japanischer Truppen in die Mandschurei geliefert und zur Gründung des von Japan abhängigen Staates Manchukuo geführt hatte. Aus der Sicht der japanischen Regierung handelte es sich dabei nicht um einen Eroberungskrieg, sondern um eine Unabhängigkeitsbewegung der dortigen Bevölkerung. Die Empfehlung der mit dieser

Frage befassten Lytton Commission führte dazu, dass die japanische Delegation in einem dramatischen Auftritt im Februar 1933 die Völkerbundsversammlung verließ und die Angriffe auf das chinesische Territorium intensiviert wurden. 1937 griffen japanische Truppen das chinesische Kernland an, und 1941 mündete der Krieg in Asien in den Zweiten Weltkrieg. Der extreme japanische Nationalismus der 1930er Jahre wies faschistische Züge auf und beinhaltete eine aggressive Expansionspolitik, die während des Krieges zur Gewinnung von Alliierten mit dem Versprechen der Schaffung einer großostasiatischen Wohlstandssphäre verbunden war.

Anerkennung durch
die Hintertüre
internationaler
Plattformen
Manchukuo wurde durch den Völkerbund nicht anerkannt und nutzte – in dieser Hinsicht dem Kongo Freistaat nicht unähnlich – jegliche anderen sich bietenden Möglichkeiten für internationale Auftritte. In der Tat interessierten sich vielfältige transnationale Netzwerke für Manchukuo. Die zeitgenössische westliche Publizistik wies darauf hin, dass der japanische Verzicht auf exterritoriale Vorrechte mit einem atemberaubenden Reformschub verbunden war. Der Marionettenstaat verfügte über die neuesten Patentrechte, die modernsten Agrar-, Steuer- und Kreditgesetze. Westliche Nichtanerkennung bedeutete nicht, dass in Manchukuo die Delegierten verschiedener Handelsorganisationen zu Besuch kamen, die British Industrial Mission ebenso wie die belgische Schwesterorganisation. Der Verkauf der chinesischen nordmandschurischen Eisenbahn führte zur indirekten Anerkennung des Staates durch die Sowjetunion, das gleiche Resultat hatten die bilateralen Handelsverträge, die zwischen Japan und Manchukuo, schließlich auch zwischen Deutschland und Manchukuo 1936 geschlossen wurden. Unter den Voraussetzungen globaler Vernetzung beschränkte sich der Konflikt um Manchukuo bei Weitem nicht auf ein aus westlicher Sicht weit entferntes Gebiet.

Ein Zentrum der asiatischen Auseinandersetzung befand sich auch in – Chicago. Auf der Weltausstellung von Chicago, die 1933 und 1934 „a century of progress" feierte, waren asiatische Länder gut vertreten. Eine japanische Intervention sorgte dafür, dass Manchukuo 1933 neben China einen eigenen Pavillon an der Weltausstellung in Chicago erhielt. Die internationalen Netzwerke der sowohl in Bejing als auch in Tokio aktiven Rotary Clubs wirkten soweit beruhigend auf die Kontrahenten ein, dass für die Weltausstellung ein asiatisches Viertel gebaut werden konnten. Besucher vergnügten sich in den nachgebauten „Streets of Shanghai". Die Replik des Tempels von Jehol entwickelte sich sogar zum unzählige Male reproduzierten Wahrzeichen dieser amerikanischen Weltausstellung.

Der Tempel von
Jehol in Chicago
Die Nachbildung des buddhistischen Tempels von Jehol hatte der schwedische Abenteurer Sven Hedin (1865–1952) angeregt. Für die Finanzierung stand schwedisch-amerikanisches Kapital zur Verfügung. Der Tempel galt als Kulturgut ersten Ranges und war als nationales Wahrzeichen auf chinesischen Geldscheinen abgebildet, bevor das Gebiet 1933 von japanischen Truppen erobert wurde und der Tempel sich in einer Manchukuo angegliederten Provinz befand. Damit war ein Gebäude von weit reichender symbolischer Bedeutung unter die Flagge des Marionettenstaates geraten. Die neue Regierung widmete dem Tempel von Jehol hastig publizierte Bildbände. Mit der kontroversen Beanspruchung von chinesischem Kulturgut auf amerikanischem Boden vor der kosmopolitischen Gesellschaft der Welt-

ausstellungsbesucher ist allerdings die Bedeutung des Tempels bei Weitem nicht ausgeschöpft. Das Beispiel ist vielmehr geeignet, internationale Ordungsvorstellungen in der Vielschichtigkeit kultureller Vernetzung darzustellen. Das Gebäude bestach durch seine zeitlose Schönheit und die kostbaren Goldapplikationen, es ließ sich gleichzeitig als Zeuge einer politisch überwundenen Welt lesen. Jehol war die Sommerresidenz jener Herrscherdynastie, die das republikanische China hinter sich gelassen hatte, gleichzeitig aber Manifestation buddhistischer Religiosität. Die Replika stellte die Kunstfertigkeit des chinesischen Handwerks unter Beweis, der Transport der 20.000 Einzelteile wiederum die Kapazität eines modernen Staates, und wer glaubte, dass mit der Feststellung eines Modernisierungsgefälles eine Trennung zwischen asiatischer Vergangenheit und amerikanischer Moderne gelungen sei, sah sich nochmals getäuscht: Das mehrstöckige Tempelgebäude galt der modernen amerikanischen Architektur als Vorbild, das in die eleganten Stahlkonstruktionen des neuen Wohnens übersetzt wurde. Bevor die Replika des Tempels nach Chicago zog, hatte der österreichische Architekt Richard J. Neutra (1892–1970) mit dem 1929 gebauten Lovell House bei Los Angeles den Tempel bereits nach Amerika geholt.

Der Eindruck von der Entwicklung eines globalen Stils steht in einem überdenkenswerten Kontrast zu einer ganz und gar nicht von kosmopolitischer Offenheit geprägten Zeit. Wenn die internationale Ordnung von einer Entwicklung zu dichten, transkulturellen Netzwerken geprägt war, die kulturelle Differenzen ebenso verwischten wie politische und ideologische Differenzen, wie mussten sich dann die wachsende Bedeutung totalitärer Staaten auswirken, die weit über die Bedeutung des Marionettenstaates Manchukuo hinausgingen?

4. The Dark Side: totalitäre Organisation und Zweiter Weltkrieg

1934 lud die faschistische Organisation Comitato d'Azione per l'Universalità di Roma (CAUR) zu einem internationalen Treffen im schweizerischen Montreux ein, um eine faschistische Internationale nach kommunistischem Vorbild zu gründen. Die CAUR war aus einer Veteranenorganisation hervorgegangen, der Initiator des Projekts, Eugenio Coselschi (1889–?), war im weit verzweigen Netzwerk der Dante-Gesellschaften tätig. Die Situation schien günstig. Faschistische Parteien, Kulturorganisationen und Bewegungen unterschiedlicher nationaler Prägung schossen nicht nur in Europa wie Pilze aus dem Boden. In Japan arbeitete die Showa Research Association an der intellektuellen Begründung einer Großostasiatischen Wohlstandssphäre, der beschönigenden Bezeichnung japanischer Vorherrschaft in Asien. Doch die NSDAP war nicht interessiert: die in Montreux proklamierte permanente Kommission für universellen Faschismus blieb bedeutungslos. Diese Episode scheint zu bestätigen, dass faschistische Bewegungen zwar Auslandsorganisationen gründeten, aber letztendlich mit ihrer ultranationalistischen und rassistischen Ausrichtung der pluralistischen Spielart internationaler Organisation nichts abgewinnen konnten. Zumindest für den nationalsozialis-

Die Internationalisierung des Faschismus

Rückkehr zu
bilateralen
Verträgen

tischen Staat schien eine solche Einschätzung naheliegend: ‚International'
war in der Sprache des NS-Staates mit kommunistisch, sozialistisch und jü-
disch assoziiert. Die deutsche Außenpolitik wandte sich wieder dem konventionellen Muster der bilateralen Verträge zu, die nachgerade internationalistische Konzepte ausschlossen: 1936 wurde zwischen Deutschland und
Japan der Antikominternpakt geschlossen und die Achse Berlin–Rom etabliert. Die bilateralen Verträge waren in ein Bündnissystem eingebunden,
das – oftmals mit doppeltem Boden und geheimem Zusatzvertrag im Hintergrund – der konventionellen Machtsicherung diente. Es wäre allerdings
falsch, aus dem Aufstieg totalitärer Staaten in den Dreißiger Jahren zu
schließen, dass nun die Vorstellung internationaler Organisation mit dem
von dieser Seite attackierten Völkerbund zu verschwinden begann. Die
Rhetorik blieb anti-internationalistisch, die faschistischen Netzwerke hingegen wurden zusehends Teil einer neuen, grenzübergreifenden Ordnung, die
an die Stelle der national begrenzten Parteien trat. Es gibt, mit anderen Wor-
ten, für die Zeit zwischen 1930 und dem Ende des Zweiten Weltkriegs nicht
weniger, sondern mehr und komplexere Formen internationaler Organisation zu analysieren.

Die analytischen Schwierigkeiten bestehen darin, dass beinahe jede
Form von Internationalität in dieser Zeit nachzuweisen ist: von der Kopie
und internationalen Verbreitung nationaler Vorbilder über die Welt, die
sich mit Schwarz-, Braun- und Blauhemden bevölkerte, zu jenen Organisationen, die nichts weiter waren als die institutionelle Heimat einer „fünften
Kolonne" bis zu jenen Netzwerken, die nach wie vor der Vorstellung grenzübergreifender Kooperation folgten. Bemerkenswert sind dabei zwei Fest-
stellungen: Internationale Arenen hatten nun einen stärker regionalen Bezug und faschistische Entwürfe internationaler Organisationen bestätigten –
ex negativo – die strukturelle Bedeutung des Völkerbunds.

In den Dreißiger Jahren kursierten zusehends totalitäre Modelle des Völkerbunds. Auf den internationalen Konferenzen des Institute of Pacific Relations versuchten japanische Liberale nach dem Mandschurischen Zwi-
schenfall 1931 die Idee eines regionalen, asiatischen Völkerbunds unter japanischer Führung zu konstruieren. Während des Zweiten Weltkriegs ist ein
ähnliches Phänomen in Europa zu beobachten, das sich in der Gründung
von explizit europäisch ausgerichteten internationalen Organisationen aus-
drückte (s. S. 69). Obwohl solche Vorstellungen mit der ursprünglichen Sicherung der Welt durch eine demokratisch begründete, universelle Idee
nichts mehr zu tun hatten, so sind aus solchen ‚Kopien' und Translationen
letztendlich die tiefgreifenden Einflüsse der Konstruktion des Völkerbunds
und die Unersetzlichkeit einer globalen Ordnung ersichtlich.

a) Die Deutsche Kongress-Zentrale:
die Organisation nationalsozialistischer Netzwerke

Im nationalsozialistischen Staat verlor das Außenministerium mit den immer
noch prägenden aristokratischen Eliten zusehends seine Position als alleinige
Vertretung des Staates gegen außen. Die NSDAP hatte ein eigenes außenpolitisches Amt, das unter der Leitung des nationalsozialistischen Chefideolo-
gen Alfred Rosenberg (1893–1946) stand. 1933 wurde ein Reichsministe-

rium für Volksaufklärung und Propaganda gegründet. Diesem Ministerium waren fortan die im Ausland tätigen Presseattachés unterstellt, die bislang zum Auswärtigen Amt gehört hatten. Neben einer ganzen Reihe von verdeckten Organisationen gehörte eine 1934 gegründete Deutsche Kongress-Zentrale (DKZ) in den Entscheidungsbereich des Propagandaministeriums. Die DKZ sammelte Informationen über jegliche Arten internationaler Organisationen. Sie kontrollierte und beeinflusste die Abhaltung internationaler Konferenzen und Kongresse in Deutschland, registrierte und steuerte die deutsche Beteiligung an internationalen Kongressen und Konferenzen im Ausland. Die DKZ war trotz reichhaltiger Quellen bislang bestenfalls Gegenstand einer Fußnote. Die Organisation ist überdies schwierig einzuordnen, denn als eine vom Propagandaministerium finanzierte Außenstelle in der Rechtsform eines Vereins schien sie nicht, was sie war. Die DKZ führte eine Abteilung Inland, eine Abteilung Ausland, eine Devisenabteilung sowie ein Archiv und eine Bibliothek. Die Abteilung Inland bewilligte die Veranstaltung von Tagungen und Kongressen in Deutschland, unterstützte deren Organisation und versorgte Kongressveranstalter mit allerlei Material, das von der Formulierung des Dankestelegramms an den Führer bis zur Gestaltung der Tischkarten reichte. Dennoch ging bereits die Abteilung Inland weit über das Dienstleistungsangebot einer Fremdenverkehrszentrale hinaus, denn die DKZ sammelte und benutzte auch Informationen über Fremdsprachenkenntnisse, sie erfasste und verwertete Informationen über individuelle Kontakte ins Ausland. So entschied die DKZ, wer einen Dolmetscherausweis besitzen durfte und legte dazu Personaldossiers an. Die Kontrolle individueller Kontakte ins Ausland erreichte die DKZ über ihr Vorschlagsrecht für die Bewilligung der für Kongressreisen ins Ausland notwendigen Devisen. Auf diesem Weg erfasste die DKZ alle Personen, welche zu internationalen Kongressen reisten, wo, mit wem und worüber auch immer diese Kongresse stattfanden. Zur Erfassung dieser Informationen führte die Abteilung eine so genannte Devisenkartei, die 1943 auf über 50.000 Karten angewachsen war. Rückschlüsse auf den Einsatz dieser Karten geben bereits gelegentlich eingesetzte rote «Halt»-Stempel, die im Durchstreichverfahren die Markierung von «Verstorben, Anschrift erloschen, Versager, Jude» vorsahen. In Archiv und Bibliothek der DKZ ergänzten institutionenorientierte Dossiers die personenzentrierten Karteien. Diese Dossiers erfassten in so genannte Archivmappen internationale und deutsche Verbände, die über einen alphabetischen und über einen Sachkatalog erschlossen waren.

In jedem ihrer Jahresberichte wies die DKZ akribisch nach, wie die Anzahl internationaler Kongresse und Organisationen kontinuierlich zunahm und das Tätigkeitsgebiet der DKZ damit zusehends größer wurde. Dieser quantitative Leistungsnachweis war sogar ohne große Manipulationen zu erbringen. Schließlich ging auch das vom Völkerbund publizierte Handbook of International Organisations davon aus, dass die Anzahl internationaler Organisationen zwischen 1929 und 1938 weltweit auf 646 Organisationen angestiegen war. Die Strategie der DKZ bestand darin, auf den politischen Gehalt der Netzwerke zu verweisen. So setzte die DKZ gegen den dezidierten Widerstand des Auswärtigen Amts 1937 eine eigene Vertretung auf der Weltausstellung in Paris mit dem Argument durch, dass die semioffizielle Pariser Weltausstellungsorganisation internationale Kongresse als

Weltausstellungen

75

,Olympia des Geistes' lanciert habe. Mit dem Vergleich zwischen den Olympischen Spielen in Berlin und dem Wettlauf intellektueller Kapazitäten in Paris beanspruchte die DKZ die Partizipation an außenpolitischen Strategien. Ein ähnliches Vorgehen ist 1938 am Vorabend der Münchner Konferenz festzustellen, als sich die DKZ um die Kooperation zwischen englischen und deutschen Wissenschaftsvereinen bemühte.

Internationale Organisationen in besetzten Gebieten

Eigentlich war zu erwarten, dass mit dem Beginn des Krieges internationale Kongresse unmöglich, internationale Organisationen inaktiv und damit auch die von der DKZ beanspruchte Einflusssphäre weitgehend irrelevant geworden wäre. Doch die DKZ wurde erst nach der Proklamation des Totalen Kriegs politisch inaktiv und sie scheiterte nicht an ihrer Erfolglosigkeit, sondern daran, dass die Organisation zu wichtig wurde. Erfolge stellten sich während des Krieges gleich in zwei Bereichen ein. Da die meisten internationalen Organisationen ihren Sitz in Europa hatten – neben Genf vor allem in Brüssel, Paris und Den Haag – konnte die DKZ durch den Westfeldzug auf netzwerkrelevante Informationen zugreifen. Vertreter der DKZ folgten der deutschen Wehrmacht und überwachten die systematische Plünderung internationaler Organisationen, allerdings ohne dass diese notwendigerweise aufgelöst wurden. Vielmehr legte die DKZ Wert darauf, dass Organisationen mit Ausnahme jüdischer Verbände und Organisationen mit antifaschistischer Zielsetzung erhalten blieben. Diese sollten nach dem erfolgreichen Ende des Kriegs einer vom nationalen Verein zur internationalen Organisation transformierten DKZ unterstellt sein. Die DKZ arbeitete daher an nichts Geringerem als an einer totalitären Variante des Völkerbunds. Zwischen 1940 und 1943 war die DKZ einerseits mit der Aufarbeitung von Beuteakten aus den Archiven internationaler Organisationen und andererseits mit ihrer eigenen Transformation in eine internationale Organisation beschäftigt. Mitten im Krieg fand daher eine auf den ersten Blick absurde, aber aus netzwerkorientierter Sicht konsistente Debatte um die völkerrechtliche Bedeutung internationaler Organisationen statt. Auswärtiges Amt und DKZ bekämpften sich mit Rechtsgutachten und Publikationen, wobei die DKZ trotz Papiermangel und Zensur die Herausgabe einer Zeitschrift mit dem Titel *Archiv für das Recht der Internationalen Organisationen* erreichte. Machtbasis der DKZ blieb allerdings die Plünderung der Archive internationaler Organisationen.

Plünderung der Archive

Plünderungen sind Begleiterscheinungen von Kriegen. Die Beute der DKZ unterschied sich allerdings deutlich von anderen Beutezügen, denn was die DKZ beanspruchte, war weder kostbar noch handelte es sich um Informationen, die bislang geheim gewesen wären. Wertvoll war jedoch die Verfügbarkeit und Breite von Information, die unter Einsatz modernster Informationstechnologien in das bereits bestehende Ablagesystem der DKZ eingearbeitet wurde.

Das nationalsozialistische Regime war bereit, ein beträchtliches Maß an Mitteln zur Erlangung dieser Informationen zu investieren. Was Aktenraub an administrativem Konsens und an Logistik voraussetzt, lässt sich am Beispiel der Union des Associations Internationales zeigen, die unter deutscher Leitung weitergeführt wurde. Die UAI hatte für die DKZ eine zentrale Bedeutung, denn ihr Gründer und Leiter Paul Otlet hatte bereits vor dem Ersten Weltkrieg begonnen, Netzwerke zu dokumentieren und Kongresse zu zählen. Die Leitung der DKZ war ob der Dichte der Unterlagen begeistert und arbeitete zur Überführung der Brüsseler Akten nach Berlin einen Kostenvoranschlag aus. Demnach mussten während vier Monaten 25 Arbeiterinnen zwei Minuten lang jedes der 17 Millionen Dokumente entstauben. 20 Arbeiter und fünf Packer hatten dann – beaufsichtigt von fünf Personen – 60.000 Kisten zu füllen, die per Eisenbahn nach Berlin zu transportieren waren. In Berlin mussten 3.000 qm Bürofläche für die DKZ zugemietet und 100 fremdsprachenkundige Angestellte für ein Jahr mit der Auswertung betraut werden. Unter Einbezug weiterer Folgekosten – unter ihnen eine „permanente Ausstellung über die ganze Menschheitsgeschichte unter deutscher Führung" – veranschlagte die DKZ Kosten von knapp 2,5 Millionen Reichsmark. Zwar wurden bei Weitem nicht alle Wünsche erfüllt, aber die Akten der UAI füllten begleitgeschützte Eisenbahnwagen, die ganz eiligen Beuteakten sogar das Kurierflugzeug zwischen Brüssel und Berlin.

Durch solche Aktionen entstand in Berlin ein Dokumentationszentrum von beeindruckender Größe, das in eine unabhängige internationale Organisation zu transformieren nun auch den bisherigen Koalitionspartnern der DKZ entschieden zu weit ging. Die Neutralisierung der DKZ bedurfte aber eines Befehls von höchster Stelle. Eine Verfügung Hitlers vom 4. November 1942 wies nun die von der DKZ beanspruchten Aktivitäten wieder explizit dem Auswärtigen Amt zu. Die Verfügung kam allerdings nicht darum herum, Außenpolitik entsprechend breit zu definieren. Die Frage ist, ob ein Gebilde wie die Deutsche Kongress-Zentrale über den Einzelfall einer spezifisch polykratischen Herrschaftsstruktur des NS-Regimes hinausgeht, ob vergleichbare Versuche totalitärer Internationalismen nachzuweisen sind.

b) Die totalitäre Internationale

Faschistische Universalismen prägten den italienischen Faschismus unabhängig davon, dass die Gründung einer faschistischen Internationale unter italienischer Führung nicht gelang. Nach den Vorstellungen von Niccolò Pinto sollten Völkerbund und Internationale Arbeitsorganisation in einen internationalen Rat der Korporationen zusammengefasst werden. Andere Pläne knüpften an einem katholischen Universalismus und an der Idee eines grenzübergreifenden Korporativismus an. Außerhalb Italiens verbreitete der Engländer James Strachey Barnes (1890–1955) die Idee eines universalen Faschismus. Die Parallelen zum deutschen Beispiel sind dabei offensichtlich: Es gab zahlreiche faschistische Auslandsorganisationen und italienische Kulturorganisationen, die dem politischen Modell des Faschismus verpflichtet waren. Daneben entstand in verschiedenen Organisationen eine allerdings nicht unbestrittene faschistische Internationale, die auf die Beeinflussung der bestehenden internationalen Organisation ausgerichtet war. Darüber hinaus war der faschistische Staat darauf bedacht, mit internationalen Kongressen und Organisationen Präsenz zu markieren. Ein wesentlicher Unterschied bleibt allerdings anzumerken. Während vergleichbare deutsche Internationalismen eine dezidiert völkerbundsfeindliche Politik aufwiesen, war die italienische Position in dieser Hinsicht weit weniger eindeutig. Bevor Italien 1937 aus dem Völkerbund austrat, entwickelte sich im Rahmen und unter dem Dach des Völkerbunds eine noch wenig untersuchte italienische Unterwanderung von internationalen Organisationen,

internationale Netzwerke des italienischen Faschismus

die entweder direkt dem Völkerbund unterstellt waren oder diesem nahe standen. Der italienische Agrarinternationalismus nutzte das dicht vernetzte Internationale Landwirtschaftsinstitut zu eigenen Zwecken, ebenso war das 1928 gegründete und dem Völkerbund unterstellte Internationale Institut für Lehrfilmwesen mit Sitz in Rom von hochrangigen italienischen Faschisten besetzt. Im Gegensatz zum deutschen Diktator besuchte und begrüßte Benito Mussolini selbst jene internationalen Kongresse, deren Zusammenkünfte in Italien stattfanden. Der Besuch des Meliorationsprojekts der Pontinischen Sümpfe gehörte zum Standardprogramm größerer Kongresse, auch wenn es sich dabei um den Weltkongress für Milchwirtschaft handeln sollte, der 1934 in Rom zusammengetreten war. Den internationalen Esperanto-Kongress, der 1935 stattfand, schickten die italienischen Kongressveranstalter sogar nach Libyen, um den Internationalisten die italienische Kolonialpolitik vor Augen zu führen. In den dreißiger Jahren nahmen die Gründungen internationaler Organisationen mit Sitz in Italien deutlich zu:

E

Internationale Neugründungen mit Sitz in Italien:
International Council for Scientific Agriculture (1925)
International Educational Cinematographic Institute (1928)
International Federation of Technical Agriculturists (1930)
Internationale Agrarkreditkonferenzen (1932)
Vereinigung der Landwirtschaftlichen Presse (1932)
Permanent International Commission of Agricultural Associations (1935)
Internationale Zentralstelle für Bauernfunk (1936)

Findige Historiker und Historikerinnen werden dabei feststellen, dass sich die Organisationen des Agrarinternationalismus entweder in der Villa Umberto I – dem Sitz des Landwirtschaftsinstituts – oder aber an der Via Regina Elena befanden – dem Sitz der Confederazione nazionale fascista dei lavoratori dell'Agricoltura. Mit dem Austritt Italiens aus dem Völkerbund wurden die völkerbundsnahen Organisationen keineswegs aufgelöst. Sie bestanden weiter und nutzten auch weiterhin die gleichen Netzwerke. So institutionell unscharf und diffus der faschistische Internationalismus italienischer Spielart auch war, so offensichtlich und schwer zu bekämpfen war die frühe Unterwanderung der Institutionen des Völkerbunds, die in den Auseinandersetzungen zwischen ILO und Landwirtschaftsinstitut deutlich wurden.

Internationale Organisationen in Japan (1930–1945)

Dass es sich auch dabei nicht um einen italienischen Sonderfall handelt, vermag das Beispiel Japans zu zeigen. Selbst in politisch höchst sensiblen Kommissionen wie der Mandatskommission blieb der japanische Austritt aus dem Völkerbund seltsam folgenlos: Die japanische Regierung verwaltete weiterhin die Mandatsmacht der ihr zugewiesenen ehemaligen Kolonialgebiete in Asien. Der Völkerbund gab sich mit der völkerrechtlichen Erklärung zufrieden, dass die Mandatsverwaltung als Teil der Friedensverträge verstanden werden konnte und in dem Sinne nicht an die Völkerbundsmitgliedschaft gebunden war. Auch nationale Völkerbundsorganisationen blieben – mit neuem Profil versehen – bestehen. Aus der Japanese Association of the League of Nations wurde nun die International Association of Japan. Mitglieder dieser Organisation dachten über die Möglichkeit einer Oriental League, einer totalitären Schwesterorganisation des Völkerbunds nach. Es ist bei Weitem nicht hinreichend, die seltsame Gleichzeitigkeit von politischer Polarisierung und dem Weiterbestehen der Völkerbundsnetzwerke als institutionelle Kontinuität zu monieren. Vielmehr schuf die zunehmende politische Fragmentierung, die Schaffung von Marionettenstaaten, provisorischen Regierungen und schließlich sogar die Zunahme von Exilregierungen zusätzlichen Bedarf nach internationalen Netzwerken. Da Souveränität Anerkennung von außen bedingt, ließen gerade diese Regierungen keine Gelegenheit aus, um internationale Verträge zu schließen und in internationalen Vereinigungen präsent zu sein. Der Marionettenstaat Manchukuo war in diesem Sinne beispielgebend. Obwohl der Völkerbund dessen Nichtanerkennung beschlossen hatte und auch dessen Ausschluss von internationalen Verträgen und Organisationen empfahl, sollte Manchukuo schließlich zu jenen Staaten gehören, die ihrerseits für die Anerkennung von Marionettenstaaten der Achsenmächte besorgt waren. So anerkannte Manchukuo die 1943 von Subhas Chandra Bose (1897–1945) proklamierte kurzlebige Exilregierung Indiens, ein Unternehmen, das einerseits als Ausdruck des indischen Unabhängigkeitskampfes gefeiert wird und andererseits die Koalition mit den Achsenmächten bedingte.

5. Themen und Personen: Der Neue Mensch und die Faszination der Maschine

Nach dem Ersten Weltkrieg beschworen alte und neue Gesellschaften im Westen wie in Asien den „Neuen Menschen". Der Neue Mensch erschien als Adressat in der Großen Sowjetenzyklopädie, trat in Amerika und Asien auf. Er und sie hatte sich aus steifer Hemdbrust und langem Rock befreit, den Zopf abgeschnitten, Kleidungsstücke angezogen, welche die Grenzen der Geschlechter eher verwischten und dafür umso deutlicher die Zugehörigkeit zu Massenparteien signalisierten. In der Vorstellung der Zwanziger und Dreißiger Jahre hatte ein neuer dynamischer Mensch sein Erscheinungsbild, seinen Geschmack und sein Verhalten der Effizienz des Maschinenzeitalters angepasst und war dabei, Funktionalität und Rationalisierung zu einem Lebensprinzip zu erheben. Im Zeitalter des Fließbands wurde die Maschine zur Metapher der internationalen Organisation. „Le problème du Machinisme" stellte das Thema einer zentralen Veranstaltung des Völkerbunds dar, die global und von den Institutionen der Intellektuellen Zusammenarbeit koordiniert, soziologische, ideelle und rassenbezogene Aspekte des Maschinenzeitalters diskutierte.

Diplomatie im Maschinenzeitalter
(C.K. Streit: America turns to short-cut Diplomacy. In: New York Times 21.3.1933)

The telephone, the radio, the airplane, the ocean greyhound, the automobile, the cinema, mass production – the machine and its political product, the League of Nations, are perhaps not revolutionizing every diplomatic service, but they are certainly subjecting them to high-speed evolution.

79

Die Annahme ist nahe liegend, im Neuen Menschen Nachfolger und Nach-
folgerin des westlich geprägten, bürgerlichen Internationalisten zu sehen
und von einem avantgardistischen Ausbruch aus der Tradition der Diplomatie auszugehen. In der Tat war in Genf eine neue Generation von Diplomaten tätig. Als die New York Times 1923 das Sekretariat des Völkerbunds
vorstellte, wurde Generalsekretär Sir Eric Drummond (1876–1951) als lei-
denschaftlicher Autofahrer und Vertreter einer neuen Reisediplomatie
vorgestellt und die Bedeutung der Sektionschefin Dame Rachel Crowdy
(1884–1964) hervorgehoben. Sie repräsentierte die neue, moderne Frau, die
weltgewandt, mehrsprachig und sportlich eine Sektion leitete. Über die
Hintertüre der internationalen Organisation hielten Frauen Einzug in diplomatische Funktionen. Dafür sorgten die Gleichstellungsparagraphen in den
Satzungen von ILO und Völkerbund. Diese Entwicklung unterstützte Frauen
wie die sowjetische Diplomatin Aleksandra Kolontai (1872–1952) und –
weit weniger spektakulär – die Frauen in den diplomatischen Diensten der
neu gegründeten Länder sowie die zahlreichen Fabrikinspektorinnen, welche die Satzung der ILO vorsah.

Neue Menschen versorgten die internationale Politik mit neuen Themen.
Die internationale Agenda wurde durch den Einbezug einer Thematik erweitert, die sich ‚geistige Zusammenarbeit' – ‚coopération intellectuelle'
nannte. Die Commission internationale de coopération intellectuelle (CICI)
des Völkerbunds erhielt 1924 Unterstützung durch ein von der französischen
Regierung finanziertes Institut international de coopération intellectuelle mit
Sitz in Paris. Aus der Sicht einzelner Aktionen betrachtet, ist die Bedeutung
der neuen Institution limitiert. Hinter einer Gruppe von berühmten Intellektuellen, zu denen Albert Einstein und Thomas Mann gehörten, arbeitete eine
Vielzahl von nationalen Organisationen, welche sich mit den kulturpolitischen Völkerbundsprojekten beschäftigte. Zwei dieser Projekte, die Über-
prüfung der Schulbücher auf nationalistische und kriegsfördernde Passagen
sowie die Förderung des Films für pädagogische Zwecke illustrieren das kulturpolitische Potential der intellektuellen Zusammenarbeit. Das Pariser Institut initiierte eine Vielzahl von Publikationen, machte Literatur aus Asien im
Westen durch großangelegte Übersetzungen zugänglich, thematisierte Fragen der Urheberrechte und versuchte Kunstraub zu verhindern.

Wichtiger als diese vielfältigen Aufgaben sind aber letztlich drei neue
und strukturell wegweisende Elemente internationaler Organisation: *Erstens*
hatten kulturelle Anliegen über die Aktivitäten des Völkerbunds auf der
Agenda der internationalen Politik einen festen Platz erhalten. *Zweitens*
führte das CICI zur Etablierung einer multilateralen Kulturpolitik, die rege
genutzte Kontaktzonen öffnete, deren transkulturelles Potential bei Weitem
noch nicht erforscht ist. *Drittens* fiel die politische Aufwertung von Kultur
mit einer Neuorientierung jener schwer greifbaren Gruppe von Personen
zusammen, die, ohne dem diplomatischen Corps anzugehören, als Teil
einer internationalen Zivilgesellschaft die internationale Organisation der
Zwanziger und Dreißiger Jahre prägten. Vor den vornehmlich bürgerlichen,
aus Europa stammenden Internationalisten des 19. Jahrhunderts trat die Fi-
gur des ‚geistigen Arbeiters' und damit eines Intellektuellen, der als Arbeiter
den breit rezipierten korporatistischen Vorstellungen seiner Zeit entsprach.
Der ‚geistige Arbeiter' knüpfte an das Ideal des Neuen Menschen an, war

politisch aktiv, nicht mehr nur und ausschließlich männlich und vor allem nicht mehr nur und ausschließlich europäischer Abstammung.

a) Kulturpolitik und geistige Zusammenarbeit

Die politische Institutionalisierung kultureller Anliegen eignete sich zu Tauschgeschäften, welche die Präsenz der Staaten außerhalb Europas in den Institutionen des Völkerbunds in einem Bereich sicherstellte, der auf den ersten Blick unwichtig war, sich mit der Zunahme gouvernemental gesteuerter Propaganda jedoch als höchst bedeutsam erweisen sollte. Asiatische Länder waren auf dieser Ebene internationaler Kooperation prominent vertreten: Der Japaner Inazo Nitobe (1862–1933) amtierte lange Jahre als Vertreter des Generalsekretärs und prägte die Organisation der Völkerbundskommission für geistige Zusammenarbeit. Nitobe verstand sich als Vermittler zwischen japanischer und westlicher Kultur, war mit einer Amerikanerin verheiratet und auch für die 1926 in Japan gegründete nationale Vereinigung für geistige Zusammenarbeit tätig. Nach dem Austritt Japans aus dem Völkerbund wurde diese Organisation zwar umbenannt in eine Gesellschaft für internationale Kulturbeziehungen – ihr Direktor, der Religionswissenschaftler Masaharu Anesaki (1873–1949) blieb aber weiterhin Mitglied im Internationalen Komitee für geistige Zusammenarbeit. Der chinesische Vertreter in Paris initiierte die Gründung einer Außenstelle der Intellektuellen Zusammenarbeit, die 1933 mit staatlicher Unterstützung in Shanghai eröffnet wurde. Die Außenstelle machte die Anliegen des Völkerbunds publik, veranlasste aber auch Untersuchungen über die Lage der Intellektuellen in China und sorgte mit einem Überblick über die intellektuellen und kulturellen Institutionen in China letztendlich auch dafür, dass einzelne Institutionen als Netzwerke in Erscheinung traten. Wie der Kulturwissenschaftler Xiaoqun Xu feststellt, differenzierte sich gleichzeitig die Begrifflichkeit zur Beschreibung der zugehörigen Berufe. Nach 1929 setzte sich in den Dokumenten der Guomindang zur Beschreibung derartiger Gruppierungen deren Benennung als ‚freie Berufe' durch.

Am Beispiel der Aktivitäten indischer Intellektueller lässt sich das politische Potential kulturpolitischer Anliegen zeigen. Indische Intellektuelle erweiterten die vormals auf britische Bildungsinstitutionen begrenzten Netzwerke substantiell und faszinierten westliche Intellektuelle wie den Schriftsteller Romain Rolland (1866–1944), der neben dem bengalischen Literatur-Nobelpreisträger Rabindranath Tagore in Paris auch den Historiker Kalidas Nag (1892–1966) kennenlernte. Dieser stand seinerseits in regem Kontakt mit Hermann Hesse (1877–1962). Die indischen Intellektuellen legten bei der Gründung neuer kultureller Foren ein atemberaubendes Tempo vor und wählten den Zugang zum Pariser Institut wie auch zu den Genfer Institutionen, um die indische Unabhängigkeitsbewegung vorwärts zu treiben und die Kontrollfunktionen des Government of India regelrecht auszutricksen. Für kulturpolitische Belange war eigentlich vorgesehen, dass die Beziehungen zwischen Paris und Indien vom Educational Commissioner vermittelt und kontrolliert werden sollten. Die Realität sah allerdings anders aus. Der Philosoph Sarvepalli Radhakrishnan (1888–1975), Mitglied des Pariser Instituts und unentwegter Gründer indischer Universitäten und Akade-

Asien in der internationalen Kulturpolitik

Indien: Förderung der Unabhängigkeitsbewegung durch internationale Kooperation

mien, nutzte seine diplomatische Immunität und ging in Paris regelmäßig auf Einkaufstour, um die Bibliotheken seiner indischen Neugründungen mit der in Indien verbotenen sozialistischen Literatur auszustatten. Kalidas Nag gründete die Gesellschaft „India and the World" und nutzte diese um die Erweiterung der Völkerbundsvertretungen in Indien vorzuschlagen: Neben der Vertretung des Völkerbunds in Bombay und dem Bureau der ILO in Delhi sollte an der University of Calcutta eine Zweigstelle der Coopération intellectuelle eröffnet werden. Wie begeistert die Londoner Zentrale über die enge Zusammenarbeit von Nag mit dem französischen Generalkonsul war, lässt sich unschwer nachvollziehen. Für Indien lassen sich ähnliche Aktionen der listigen Nutzung internationaler Organisationen auch in anderen Bereichen nachweisen. Die 1917 gegründete Women's Indian Association war sorgsam auf globale Vernetzung bedacht. Ihre Mitglieder, vornehmlich Frauen der indischen Oberschicht, die Gandhis Befreiungsbewegung unterstützten, traten auf den bedeutenden internationalen Kongressen in Erscheinung. Während die britische Obrigkeit indische Feministinnen wie Kamaladevi Chattopadhyay (1903–1988) ins Gefängnis schickte, sorgten diese mit geschicktem Lobbying für die Institutionalisierung ihrer Anliegen in Genf. Die 1931 gegründete All Asian Women's Conference hatte ihre Delegierte in jener Völkerbundskommission, welche zum Studium der nationalen Zugehörigkeit von Frauen errichtet worden war. Die Präsidentin der All Asian Women's Conference, Shrimati Sarojini Naidu (1879–1949), war in den Dreißiger Jahren bereits eine profilierte Politikerin. Sie gehörte zur politischen Gefolgschaft von Mohandas Karamchand Gandhi (1869–1948) und wurde 1925 zur Präsidentin des Indian National Congress gewählt.

Noch wissen wir zu wenig über Ausmaß und Auswirkungen der transkulturellen Netzwerke. Allerdings bleibt fest zu halten, dass die Netzwerke der Zwanziger und Dreißiger Jahre langfristige Auswirkungen auf die Gründung der kulturpolitischen Organisationen der UNO hatten, und dass die regionalen Ämter internationaler Organisationen nicht zu unterschätzende lokale Auswirkungen zeitigten – in Asien so gut wie in Europa.

b) Der Neue Mensch als politischer Grenzgänger

Neue Medien zur transkulturellen Kommunikation im ‚Jahrhundert des Auges'

Was also haben wir uns unter dem Internationalisten und der Internationalistin der Zwischenkriegszeit vorzustellen? Gewiss waren die Mitglieder und Mitarbeiter dieser höchst unterschiedlichen und vielfältigen internationalen Organisationen Teil einer Gesellschaft, die in ihrem Habitus und ihrer Begeisterung für die Moderne Grenzüberschreitungen zelebrierten. Internationale Netzwerke wurden weit deutlicher als politischen Ausdruck von Globalität verstanden, als dies noch vor dem Ersten Weltkrieg der Fall gewesen war. Selbst die bislang erfolglosen Versuche, international kompatible Formen der Kommunikation zu finden, hatten unter den Voraussetzungen von Modernisierung, Effizienzstreben und transkultureller Verflechtung in den Zwanziger und Dreißiger Jahren Erfolge zu verzeichnen, die die Welt bis in den Alltag des Einzelnen zutiefst prägen sollten. Der Nationalökonom und Wissenschaftstheoretiker Otto Neurath (1882–1945) proklamierte das ‚Jahrhundert des Auges' und entwickelte ein neues Erziehungssystem, das er ISOTYPE (International System of Typographic Picture Education) nannte und den Siegeszug der Piktogramme einleitete. Dieses System ging davon aus, dass Bilder ein zu wenig genutztes Erklärungspotential besitzen. Die Suche nach allgemein verständlichen Bildern führte zu einer Debatte über visuelle Symbole, die als Straßensignale, Wegweiser und Gebrauchsanweisungen den Grenzgängern den Weg zeigten – und zwar ohne auf deren unterschiedliche Sprachkompetenzen Rücksicht nehmen zu müssen. Der Siegeszug der Piktogramme wurde unterstützt und gefördert durch die Visualisierung der politisch zentralen Planungsvorhaben, die Entwicklung vom Handwerk zum Industriedesign, aber auch durch den Siegeszug nicht schriftlicher Medien wie Film, Schallplatten und Comics. Diese Formen der Sichtbarkeit überflogen Sprachgrenzen nicht nur schneller, ihre Verbreitung hielt sich auch nicht an (westliche) Vorstellungen eines von den Zentren zu den Peripherien allmählich fortschreitenden Prozesses – Shanghai stand in dieser Hinsicht nicht hinter Paris, London oder New York zurück.

Die Bedeutung der Visualisierung
(Otto Neurath: Gesammelte bildpädagogische Schriften, Wien 1991, S. 56)

Q

Die moderne Demokratie verlangt, dass breite Massen der Bevölkerung sachlich über Produktion, Auswanderung, Säuglingssterblichkeit, Warenhandel, Arbeitslosigkeit, Bekämpfung der Tuberkulose und des Alkoholismus, Ernährungsweisen, Bedeutung des Sportes, körperliche und seelische Erziehung, Schulformen, Verteilung der Schulen auf die Bewohner, Volkswohnungsbau, Gartenstädte, Kleingarten- und Siedlungsanlagen, Standorte der Industrien unterrichtet werden.

Bei der Vorstellung einer die Sprachgrenzen überwindenden Vielfalt von Bildern und der Imaginierung einer globalen Gesellschaft ist Vorsicht geboten. Zwar lässt sich tatsächlich unter den Völkerbundsangestellten die Zigaretten rauchende Garçonne, die sportliche Tennisspielerin, der am Lenkrad des Kabrios sitzende junge Diplomat und auch der Dandy finden, der lässig in der 1929 erstmals produzierten Liege von Le Corbusier posiert. Es gibt in der Tat die diesem Typus zugeordnete urbane Lebenswelt nicht nur in Genf und in New York, sondern ebenso in den Kinos und Jazzkonzerten von Shanghai und Harbin.

Der Neue Mensch ist allerdings nicht minder eine programmatische Forderung totalitärer Systeme, der faschistischen wie der sowjetischen Bildungs- und Kulturpolitik der Dreißiger Jahre. Diese Neuen Menschen teilten sogar eine ganze Reihe von ästhetischen Vorstellungen, waren ebenso dynamisch und funktional und hatten als beeindruckendes Beispiel der Moderne die Bauten des EUR-Quartiers in Rom und eine Stadt wie Shinkyô in Manchukuo vorzuweisen. Diese unter japanischer Herrschaft neu erbaute Stadt sollte als neue Hauptstadt des japanischen Marionettenstaates Manchukuo die autoritäre Deutungshoheit gegenüber der kosmopolitischen Vielfalt von Dairen und Harbin durchsetzen.

In der analytischen Beschreibung der kulturellen und gesellschaftlichen Ausprägung internationaler Organisation gilt es daher Folgendes festzuhalten: Transkulturelle Austauschprozesse prägten Vorstellung und Umsetzung internationaler Organisation tiefgreifend. Die neue Forschung geht nicht

Transkulturelle Austauschprozesse und internationale Organisation

mehr davon aus, dass es sich dabei um Einflüsse handelt, deren Ausbreitung als kontinuierlicher Prozess in west-östlicher Richtung beschrieben werden kann. Vielmehr bedingt die Aufnahme von buddhistischen Elementen in den Dadaismus oder die japanische Variante des Futurismus komplexe transkulturelle Translationen, die jeweils ähnliche Muster, aber eben auch grundsätzlich unterschiedliche politische Kontexte aufweisen. Daher ist es unabdingbar, neben weiter bestehenden Institutionen und gleich lautenden Vorstellungen die politischen Unterschiede in der von ähnlichen Vorstellungen ausgehenden globalen Textur herauszuarbeiten und deren rassistische und nationalistische Transformationen in den Dreißiger Jahren zu berücksichtigen. Faschistische Vorstellungen von transnationaler Vernetzung mögen gleich lauten, aber sie hatten nie das Ziel, demokratisch fundierte Formen von internationaler Kooperation zu fördern, sondern diese zur Verbreitung von rassistischen und ideologischen Determinanten zu verwenden. Erst unter der Voraussetzung der analytischen Trennung dieser beiden Ebenen lässt sich als Strukturproblem internationaler Organisation deren problematische Offenheit gegenüber jenen Tendenzen erkennen, die statt Kooperation Expansion und statt Information politische Propaganda beabsichtigten und sich dabei ähnlich lautender Vorstellungen bedienten.

IV. Internationale Organisation im Kontext der Vereinten Nationen

1941 Atlantik-Charta
1943 United Nations Relief and Rehabilitation Administration (UNRRA)
1945 Konferenz von San Francisco, Gründung der Vereinten Nationen (UNO)
1945 Food and Agriculture Organization (FAO, Rom)
1945 United Nations Educational, Scientific and Cultural Organization (UNESCO)
1945 World Bank
1945 International Monetary Fund
1947 Weltausstellung in Paris
1948 World Health Organization (WHO)
1948 Universal Declaration of Human Rights
1949 L'Exposition Internationale de Port au Prince
1950 Weltorganisation für Meteorologie
1953 Weltausstellung in Jerusalem
1955 Konferenz von Bandung
1957 International Atomic Energy Agency IAEA (Wien)
1957 International Civil Aviation Organization ICAO
1958 International Maritime Organization IMO
1958 Committee on Space Research (COSPAR)
1961 Amnesty International
1961 World Wildlife Fund heute: World Wide Fund for Nature (WWF)
1964 United Nations Conference on Trade and Development UNCTAD
1964 Intelsat, 1971 Intersputnik
1964 G77
1970 Weltausstellung in Osaka
1971 Greenpeace
1974 Neue Weltwirtschaftsordnung
1975 G6, seit 1998 G8
1992 Konferenz für Umwelt und Entwicklung in Rio
1993 Transparency International
1994 Welthandelsorganisation (WTO)
1997 Ottawa-Konvention gegen Landminen
1998 Internet Corporation for Assigned Names and Numbers (ICANN)
1998 International Criminal Court, Internationaler Strafgerichtshof
1999 African Union
1999 G20
2000 International Charter, Space and Major Disasters
2001 Weltsozialforum
2004 Antarctis Treaty Secretariat

1. Vom Zweiten Weltkrieg zur Gründung der Vereinten Nationen

Internationale
Organisationen im
Zweiten Weltkrieg:
Emigration in
die USA

1933 zog das Völkerbundssekretariat in Genf in das neu gebaute Palais des Nations – doch kurze Zeit später war der Völkerbundspalast verwaist. Das Generalsekretariat blieb während des Zweiten Weltkriegs mit einem Minimum an Personal besetzt. Völkerbundsbeamte, Kommissionen und Komitees verließen bei Kriegsbeginn mit anderen internationalen Organisationen Genf in Erwartung einer baldigen Eroberung durch die deutschen Truppen. Organisationen wie die ILO eröffneten jenseits des Atlantiks funktionsfähige Sekretariate und sorgten langfristig dafür, dass Europa seine Bedeutung als beherrschendes Zentrum des Internationalismus einbüßte. Die Arbeit ging allerdings weiter – Völkerbundskommissionen publizierten während des Kriegs opulente Studien. Die Flucht über den Atlantik hatte jedoch für die weitere Entwicklung der internationalen Organisation tief greifende Konsequenzen, denn internationale Netzwerke spielten während des Zweiten Weltkriegs eine weit wichtigere Rolle als während des Ersten Weltkriegs. Im Zweiten Weltkrieg ging es weniger um die Nutzung einzelner Organisationen, sondern um die von beiden Kriegsparteien festgestellte strukturelle Bedeutung internationaler Netzwerke. Neben dem Kampf um Territorien fand im Zweiten Weltkrieg auch eine Auseinandersetzung um die Beanspruchung internationaler Organisationen als Strukturelement internationaler Ordnung statt – letztlich hatte also der Völkerbund sehr wohl zu kommunizieren vermocht, dass künftige Weltordnungen auf ein Netzwerk internationaler Organisationen nicht mehr verzichten konnten. Auf der Seite der Achsenmächte wurden neben der systematischen Katalogisierung bestehender Organisationen und der Ausarbeitung faschistischer Völkerbundsmodelle während des Kriegs neue Organisationen gegründet, unter ihnen ein europäischer Postverein und eine europäische Kammer für Autorenrechte. Die Alliierten gingen ihrerseits neue Wege und nutzten eine eigens dafür geschaffene internationale Organisation zur Befreiung der besetzten Gebiete.

UNRRA:
Die Organisation
alliierter Netzwerke

Die im November 1943 gegründete United Nations Relief and Rehabilitation Administration (UNRRA) hatte das Ziel, die Opfer des Kriegs in den von den alliierten Truppen kontrollierten Gebieten mit „food, fuel, clothing shelter, and other basic necessities, medical and other essential services" (Agreement, Article I,2) zu versorgen und damit das eroberte Hinterland zu sichern. UNRRA hatte die in dieser Zeit übliche Struktur einer internationalen Organisation. Die Gründung erfolgte über ein Abkommen, die Unterzeichnerstaaten beschickten einen Council. Ein Central Committee, bestehend aus Vertretern Chinas, der Sowjetunion, dem Vereinigten Königreich und den Vereinigten Staaten, war für die Entscheidungen zwischen den Ratssitzungen zuständig, die administrative Verantwortung übernahm ein Generalsekretär. Obwohl diese Organisation 1949 aufgelöst wurde, sollte sie die internationale Nachkriegsordnung tief greifend prägen. Dafür sorgte zum einen ihre Größe. An der UNRRA waren 44 Länder beteiligt, neben lateinamerikanischen Staaten auch Exilregierungen, neben China auch Indien, Äthiopien und Liberia. Die UNRRA hatte in der kurzen Zeit ihrer Existenz 20.000 Angestellte, eine Größe, die die UNO erst 1977 erreichen sollte. Siebzig Prozent der Mittel stammten aus den Vereinigten Staaten, die beides, das strukturelle und organisatorische Konzept, aber auch die ideelle Basis entscheidend prägten. Die organisatorische Struktur war auf die Bündelung verschiedener Institutionen im State Department ausgelegt. Eine wichtige Rolle spielte die Lend-Lease-Administration, die auf Grund der Leih- und Pachtgesetze seit 1941 die amerikanischen Kriegsmateriallieferungen an die Alliierten regelte. Im Konzept der UNRRA waren militärische und zivile Verwaltung eng verbunden – schließlich ging es um die Sicherstellung von Herrschaft in neu eroberten Gebieten. Neben den militärischen Aufgaben hatte die UNRRA eine zivile, politische Ausrichtung. Eine Presseabteilung sollte die Öffentlichkeit von der ideologischen Bedeutung der durch die UNRRA geleisteten Hilfe überzeugen. Die UNRRA sollte von Entbehrung und Not befreien und war somit Teil der vom amerikanischen Präsidenten Franklin D. Roosevelt (1882–1945) eingeforderten Internationalisierung der vier Freiheiten (freedom of speech, freedom of religion, freedom from want, freedom from fear). Die Beziehungen zum Völkerbund waren auf der institutionellen wie auf der personellen Ebene sichergestellt. Die UNRRA arbeitete allerdings auch mit vielen anderen Organisationen außerhalb des Völkerbunds zusammen, so dass eine globale internationale Kooperation von einer Breite gelang, wie sie in Friedenszeiten nicht erreicht worden war. Verschiedene regionale Organisationen übernahmen die Koordination vor Ort, wobei eine chinesische UNRRA-Organisation die größte Eigenständigkeit aufwies.

Die UNRRA lieferte das Vorbild für künftige Formen globaler Koordination. Allerdings verfestigte dieses Konzept ein asymmetrisches Machtgefälle zwischen Asien und dem angelsächsischen Raum. Dies hat zum einen mit der Politik der UNRRA zu tun, die weiter unten ausgeführt wird. Sie ist zum anderen die Konsequenz einer kriegsinduzierten dichten Verflechtung von amerikanischem und europäischem Internationalismus. Nach Ausbruch des Kriegs waren neben den Institutionen des Völkerbunds Vertreter und Vertreterinnen eines europäischen liberalen Internationalismus in großer Zahl in die USA geflüchtet. Diese europäischen Internationalisten wurden nicht nur in die Koordination der UNRRA mit noch bestehenden internationalen Organisationen einbezogen, sie prägten auch den öffentlichen Diskurs über die Vorstellungen der Nachkriegsordnung. Noch vor dem Kriegseintritt der USA diskutierten Internationalisten jeden Sonntag im Radio über „Which ways to a lasting peace?" Über die Gestaltung der künftigen Weltorganisation sprachen Schauspieler aus Hollywood, NBC war ebenso beteiligt wie das State Department, das 1944 den Posten des Assistant Secretary of State for Public and Cultural Relations einführte. Dieser mit den Vorstellungen europäischer Internationalisten amalgamierte amerikanische Internationalismus geriet allerdings nicht erst durch die wachsenden Spannungen zwischen der Kriegskoalition und dem aufbrechenden Kalten Krieg unter Druck. In Asien blieb die UNRRA höchst umstritten. Für China errichtete die UNRRA in Chunking ihr Hauptquartier. Die anstehenden Aufgaben waren gewaltig – ein Gebiet so groß wie Europa, aber mit einem weit höheren Bevölkerungsanteil von ungefähr 260 Millionen Menschen musste mit Tonnen von Hilfsgütern versorgt werden. Die mangelhafte Infrastruktur und die bereits seit 1931 zunehmenden Kriegsschäden erschwerten die Transport-

UNRRA:
problematische
Implementierung
in Asien

möglichkeiten. Neben internationalen Zweigstellen der UNRRA in größeren Städten wie Shanghai und Nanjing gründete die chinesische Regierung 1945 eine eigene Organisation, die Chinese National Relief and Rehabilitation Administration (CNRRA). Mit 30.000 Angestellten handelte es sich neben der Armee um die größte Verwaltungseinheit in China. Die Unterstützung der UNRRA beschränkte sich nicht auf Hilfsgüter, vielmehr wünschte sich die chinesische Regierung die Rekrutierung von ausländischen Spezialisten, so dass schließlich „personnel on loan" aus 28 Nationen in China tätig war. Allerdings war die Hilfe auf nur drei Jahre limitiert – schlimmer noch, die internationale Hilfe wurde überlagert und schließlich abgelöst durch eine Internationalisierung des Bürgerkriegs zwischen der von der Sowjetunion unterstützten chinesischen kommunistischen Partei und der nationalistischen Guomindang, die ihrerseits Militärhilfe von den Vereinigten Staaten erhielt.

In Indien regte sich der Widerstand gegen das von der UNRRA dargestellte Konzept internationaler Organisation aus einem ganz anderen Grund. 1943 brach in Begalen eine Hungersnot aus. Indien, selbst Gründungsmitglied der UNRRA, hatte allerdings kein Anrecht auf Unterstützung, da diese Hungersnot nicht in kriegsversehrten Gebieten stattfand – was in der amerikanischen Öffentlichkeit zur bitteren Feststellung führte, dass offenbar ehemalige Feinde in den eroberten Gebieten mehr Unterstützung erhielten als eines der Mitglieder der UNRRA. Das amerikanische Parlament erreichte schließlich eine spezielle „India clause", welche die gesetzliche Grundlage der UNRRA korrigierte und alle Gebiete einschloss, die für die militärischen Operationen der Alliierten von Bedeutung waren. Allerdings ließen die Lebensmittellieferungen auf sich warten, denn die britische Regierung reagierte zurückhaltend und vermutete hinter der amerikanischen Unterstützung für Indien politische Motive. Die indische Hungersnot war zwischen die Fronten divergierender Wirtschaftskonzepte geraten, denn die britische Regierung wollte die Handelsvorteile des Sterlingblocks nicht aufgeben, während wiederum die amerikanischen Angebote als Umsetzung amerikanischer hegemonialer Handelspolitik interpretiert wurden. Die Politisierung der Hungerhilfe und deren Verknüpfung mit ökonomischen Interessen prägten die Vorstellungen internationaler Kooperation – freedom from want entwickelte sich zum Interessengegensatz. Standen auf der einen Seite die Interessen des Commonwealth, prägten auf der anderen Seite zivilgesellschaftliche Organisationen und amerikanische Intellektuelle wie die Schriftstellerin Pearl S. Buck (1892–1973) die Debatte. Diese Netzwerke waren dafür besorgt, dass die internationale Wahrnehmung Indiens den Schwerpunkt in ökonomischer Abhängigkeit und Unterentwicklung setzte und zu einem Teil des die Nachkriegszeit prägenden Entwicklungshilfediskurses wurde.

Internationale Kongresse zur Planung der neuen Weltordnung

Die Nachkriegsordnung wurde bereits während des Zweiten Weltkriegs im Rahmen internationaler Konferenzen auf unterschiedlichen Ebenen geplant. 1941 hatten der amerikanische Präsident Franklin D. Roosevelt und der britische Premierminister Winston Churchill (1874–1965) auf einem Kriegsschiff die Atlantik-Charta unterzeichnet. Das programmatische Papier beschrieb die Nachkriegsordnung als Ära des Friedens, der sozialen Sicherheit, der wirtschaftlichen Kooperation und der Selbstbestimmung. Zahlreiche Konferenzen beschäftigten sich zum einen mit den versprochenen wirtschaftlichen Sicherheiten und versuchten grenzübergreifende Kooperationen neu zu regeln. Gleichzeitig und auf einer anderen Ebene fanden die War summits statt, Treffen auf höchster Ebene, die von 1943 an die „großen Drei" zusammenbrachten, den amerikanischen Präsidenten Roosevelt, den britischen Premier Churchill und den Vorsitzenden des sowjetischen Rats der Volkskommissare Josef Stalin (1879–1953). Die Gipfeltreffen selbst sind eine bemerkenswerte Neuerung im internationalen Entscheidungsfindungsprozess – moderne Kommunikations- und Verkehrstechnologien ermöglichten mehrere, schnelle Zusammenkünfte der Staatschefs. Diese trafen sich außerhalb ihrer jeweiligen Hauptstädte und wurden nach Casablanca, Teheran, Jalta und schließlich unter veränderten Rahmenbedingungen nach Potsdam geflogen. In diesem Moment spielten die außenpolitischen Vertretungen und die Außenministerien eine eher sekundäre Rolle. Sowohl der britische wie der amerikanische Außenminister beklagten sich darüber, zu wenig in die politischen Entscheidungen einbezogen worden zu sein. In dieser stark personenbezogenen Phase entstanden zu mitternächtlicher Stunde Dokumente wie das zwischen Stalin und Churchill im Oktober 1944 ausgehandelte so genannte „Prozentabkommen", das den prozentualen Anteil der jeweiligen Einflusssphäre in Osteuropa ausführte. Diese Periode der internationalen Politik endete allerdings bereits 1945, als Roosevelt starb und Churchill nicht wieder gewählt wurde.

Gipfeltreffen während des Krieges

Die Gipfeltreffen skizzierten eine zu schaffende internationale Organisation, deren Ausarbeitung wiederum das Anliegen von zahlreichen internationalen Expertenkonferenzen war. Diese Zusammenkünfte bedienten sich einer aus der Zeit des Völkerbunds wohl bekannten Metapher: Es ging um den (Wieder)-Aufbau eines internationalen Mechanismus, um nichts weniger als „starting the operations of the greatest inter-governmental machinery in history" (Louis Dolivet, 1946). Dazu wurden die bestehenden internationalen Organisationen neu konzipiert, Wirtschaft und Bildung gestärkt und die schwachen Kommissionen des Völkerbunds in starke Sonderorganisationen umgebaut. Zahlreiche Treffen verbanden die alliierten Verwaltungen auf allen Stufen und stärkten die transgouvernementalen Beziehungen. An der zur Gründung der UNESCO führenden Konferenz trafen sich die alliierten Erziehungsminister. Vergleichbare Treffen gaben den in alle Winde zerstreuten Völkerbundsbeamten wieder eine internationale Plattform. Glanzvollstes Ereignis war dabei die Gründungskonferenz der UNO, die 1945 in San Francisco stattfand.

In der Geschichte der Neuzeit sind vier Großanlässe zu verzeichnen, die über einen Friedensschluss hinausgingen und mit einer neuen Weltordnung spezifische Traditionen der internationalen Ordnungsstiftung einführten. Neben dem Westfälischen Frieden von 1648, dem Wiener Kongress von 1814/15 und den Pariser Friedenskonferenzen von 1919 unterschied sich die in San Francisco verabschiedete Weltordnung deutlich von den bisherigen Formen einer Neukalibrierung des internationalen Systems. Erstmals fand ein Friedensschluss mit globaler Zielsetzung in den Vereinigten Staaten statt, erstmals wurde die Basis der neuen Organisation – die Charta der Vereinten Nationen – verabschiedet, während der Krieg noch nicht beendet war. Erst nach der Unterzeichnung zwang der amerikanische Atomschlag

Die Konferenz von San Francisco

Japan zur Kapitulation. Zur wohl bedachten Zeremonie der feierlichen Unterzeichnung am 26. Juni 1945 wurden nicht etwa jene Staaten zugelassen, die bereits Frieden geschlossen hatten, sondern ausschließlich jene, welche den Achsenmächten den Krieg erklärt hatten. Die Konferenz von San Francisco war von einer Größenordnung, die das machtpolitische und ökonomische Potential der Vereinigten Staaten in aller Deutlichkeit aufzeigte – die Organisation der Konferenz kostete allein 25 Millionen Dollar. 10.000 Personen waren während der Konferenz anwesend, unter ihnen Vertreter unterschiedlicher internationaler Organisationen. Wiederum an vorderster Front vertreten waren die internationalen Frauenverbände, unterstützt von Eleanor Roosevelt (1884–1962), der Gattin des zum Zeitpunkt der Konferenz bereits verstorbenen amerikanischen Präsidenten. Die Inszenierung des Anlasses war auf Medienwirksamkeit bedacht, und erstmals hatte eine internationale Organisation ein Emblem, das die Bedeutung nationaler Symbole erreichte – der Olivenzweig um den stilisierten Erdball auf blauem Grund erschien auf Flaggen, Nadeln und Ausweisen.

Das Scheitern der globalen Wirtschaftsordnung: das System von Bretton Woods

Die alliierten internationalen Konferenzen gingen mit viel Sachverstand daran, die Fehler des Versailler Systems auszubessern. Diesmal war die neue internationale Ordnung nicht Teil eines Friedensvertrags. Dennoch sollte in einem zentralen Bereich, der Organisation der Weltwirtschaft, die Brüchigkeit der Nachkriegsordnung schnell deutlich werden. Seit 1942 debattierten der englische Wirtschaftsexperte John Maynard Keynes (1883–1946) und Harry Dexter White (1892–1948), Mitarbeiter von Finanzminister Henry Morgenthau (1891–1967), über die künftige internationale Wirtschaftsordnung und die Möglichkeiten, globale Krisen in Zukunft zu vermeiden. White plante zur Kontrolle des Devisenverkehrs einen internationalen Stabilisierungsfonds und strebte nach supranationalen Weisungsbefugnissen über Kurse, Währungen, Investitionen und handelspolitische Maßnahmen. Diese Überlegungen waren die Basis für die Konferenz in Bretton Woods, die 1944 als erste einer Reihe von Konferenzen die globalen Ordnungsvorstellungen der Nachkriegszeit verabschiedete. In Bretton Woods wurden zum einen der Internationale Währungsfonds (IWF) und zum anderen die Weltbank (Internationale Bank für Wiederaufbau und Entwicklung, IBRD) gegründet. Die beiden Organisationen dienten der internationalen währungspolitischen Kooperation und dem Wiederaufbau und sollten einer ausschließlich nationalen Währungspolitik ein Ende setzen. Die Weltwirtschaft beruhte nach den Beschlüssen von Bretton Woods künftig nicht mehr auf der Golddeckung der nationalen Währung, sondern auf festen Wechselkursen zu einer Leitwährung und deren ebenfalls fixierten Golddeckung. Dem Anspruch der Leitwährung konnte die bislang für die Weltwirtschaft zentrale Währung, das britische Pfund Sterling, nicht mehr genügen. London, dominantes Finanzzentrum im 19. und beginnenden 20. Jahrhundert, wurde von New York abgelöst. Obwohl das System der amerikanischen Leitwährung bis 1973 funktionierte, zerbrachen die Vorstellungen einer globalen Regulierung der Weltwirtschaft unter dem Druck des beginnenden Kalten Kriegs nach 1945 zusehends in bipolares Stückwerk. Die Sowjetunion ließ die auf Jahresende 1945 gesetzte Ratifikationsfrist verstreichen, IWF und Weltbank begannen ihre Arbeit ohne sowjetische Beteiligung.

2. Die Struktur internationaler Ordnung nach dem Zweiten Weltkrieg

Struktur und Funktion der Vereinten Nationen prägten die internationale Ordnung der Nachkriegszeit. Die beispielgebende Rolle der UNO leitete sich zum einen aus ihrer schieren Größe und dem im Vergleich zum Völkerbund bedeutend gewachsenen Handlungsspielraum ab. Die Vereinten Nationen erfassen mit 192 Mitgliedsländern die große Mehrheit der als Staaten anerkannten Gemeinschaften. Ihre Hauptaufgabe, die Sicherung des Friedens, schließt die Anerkennung der Menschenrechte ein und wird durch die Vollversammlung und den mit Vetorecht ausgestatteten Sicherheitsrat umgesetzt. Die UNO besitzt eigene Truppen, die „Blauhelme", die 1948 erstmals zur Überwachung des Waffenstillstands nach dem arabisch-israelischen Krieg eingesetzt wurden. Die UNO hat ihren Hauptsitz in New York, daneben Sekretariate in Genf, Wien und Nairobi. Ihre internationale Verwaltung setzt neben politischen Strategien technische Kooperationen, Fragen des Rechts, der Bildung und der sozialen Sicherheit um. Die UNO ist überdies Kernstück eines gelegentlich als „UN family" beschriebenen Konglomerats aus verschiedenen internationalen Regierungsorganisationen. Die Nähe oder Ferne von Staaten wie von internationalen Organisationen zur UNO hat sich in der internationalen Ordnung des 20. Jahrhunderts als Indikator internationaler Anerkennung durchgesetzt.

Charta der Vereinten Nationen
(Charter of the United Nations, Preamble: www.un.org/aboutun/charter/preamble.shtml)

We the peoples of the United Nations determined to save succeeding generations from the scourge of war, which twice in our lifetime has brought untold sorrow to mankind, and to reaffirm faith in fundamental human rights, in the dignity and worth of the human person, in the equal rights of men and women and of nations large and small, and to establish conditions under which justice and respect for the obligations arising from treaties and other sources of international law can be maintained, and to promote social progress and better standards of life in larger freedom, and for these ends to practice tolerance and live together in peace with one another as good neighbours, and to unite our strength to maintain international peace and security, and to ensure, by the acceptance of principles and the institution of methods, that armed force shall not be used, save in the common interest, and to employ international machinery for the promotion of the economic and social advancement of all peoples, have resolved to combine our efforts to accomplish these aims. Accordingly, our respective Governments, through representatives assembled in the city of San Francisco, who have exhibited their full powers found to be in good and due form, have agreed to the present Charter of the United Nations and do hereby establish an international organization to be known as the United Nations.

Das System der Vereinten Nationen setzte mit der Unterscheidung zwischen gouvernementaler und nongouvernementaler Internationalität eine Zäsur mit weit reichenden Folgen. Die Definition der UN legte fest, dass

Die Trennung zwischen IGOs und NGOs

91

IGOs auf einer multilateralen Konvention zu beruhen hatten – allen anderen Organisationen wurden fortan als Nongouvernmental Organizations (NGOs) bezeichnet und für diese ein spezielles Prozedere internationaler Anerkennung geschaffen. Fortan bestimmte die UNO auch die Distanz zwischen der Gemeinschaft nongouvernementaler Organisationen und der formalen Ebene internationaler Politik. Für die Geschichte der internationalen Organisation begann mit den Ordnungsvorstellungen der Vereinten Nationen eine Phase normativer völkerrechtlicher Vorgaben.

Rahmenbedingungen der NGOs

Die legalistische Ära reduzierte den informellen Handlungsspielraum, brachte aber auch eine Phase der Rechtssicherheit wie sie internationale Organisationen bislang nicht kannten. Im Vergleich zur Vorkriegszeit hatten NGOs nach 1945 zwar deutlich schlechtere Startbedingungen als die IGOs, dennoch hatten sich die strukturellen Voraussetzungen zu deren Entwicklung gebessert. Menschenrechte und Koalitionsfreiheit stärkten die Handlungsmöglichkeiten einer internationalen Öffentlichkeit: Die vormals diffusen und über viele unterschiedliche Themen verteilten Forderungen nach einer grenzübergreifenden Zivilgesellschaft gewannen mit der Erklärung der Menschenrechte 1948 ein stabiles Referenzsystem. Ob die Menschenrechte universelle Prinzipien oder verkappte westliche Werte darstellten, wurde zumindest in ihrer Konstitutionsphase nicht aus der Sicht eines westlichasiatischen Gegensatzes thematisiert. Stellvertretender Vorsitzender der Menschenrechtskommission war der chinesische Philosoph Chang Pengchun (1892–1957), der zu den maßgeblichen Gestaltern der Erklärung der Menschenrechte gehörte und dabei Konzepte asiatischer Philosophie einbrachte. Auch wenn deren Umsetzung bei weitem nicht gesichert war, eignete sich die Forderung nach der Wahrung der Menschenrechte zur Mobilisierung einer internationalen Öffentlichkeit. Internationale Organisationen wie die 1961 gegründete Amnesty International erreichten politische Aufmerksamkeit durch die Veröffentlichung von Menschenrechtsverletzungen, die durch individuelle Schicksale dokumentiert wurden. Die Plattform der internationalen Öffentlichkeit hatte nach dem Zweiten Weltkrieg ebenso an Bedeutung zugelegt, da zumindest im begrenzten Rahmen der ILO die 1948 geschlossene Konvention Nr. 87 die Vereinigungsfreiheit und ein Koalitionsrecht garantierten. Wiederum handelt es sich um eine bei weitem nicht überall und derzeit von bloß 148 Staaten ratifizierte Konvention – aber die beiden, für die Ausprägung einer internationalen Öffentlichkeit zentralen Grundrechte schufen eine neue Argumentationsbasis, die nach dem Zweiten Weltkrieg nun auch eine inhaltliche Neuorientierung gewann. Welche der zivilgesellschaftlichen Organisationen auch (eingeschränkten) Zugang zur UNO hatte, entschied der Wirtschafts- und Sozialrat der Vereinten Nationen (ECOSOC), der 1946 erstmals zusammentrat.

Im Wirtschafts- und Sozialrat war ein Gremium geschaffen worden, dass die im Konzept des Völkerbunds in einzelnen Kommissionen fragmentierten Fragen der kulturellen, sozialen und ökonomischen internationalen Organisation bündelte. Vom Wirtschafts- und Sozialrat sollten fortan die Ordnungsvorstellungen über die Beziehungen der UN zur vielfältigen Welt der internationalen Organisationen ausgehen, auch und besonders zu denjenigen, die keinen gouvernementalen Status besaßen. Die Grundlage bietet Artikel 71 der UN Charta, der die Möglichkeit der Konsultation internationaler

Menschenrechte

Organisationen enthält. Der auf drei Kategorien aufgeteilte Konsultativstatus sagt aus, ob eine internationale Organisation ein Rederecht besitzt und die Tagesordnung der Gremien des ECOSOC beeinflussen darf – Rechte, die nur für die erste Kategorie eines exklusiven Kreises von NGOs vorgesehen sind. Die Zuordnung des jeweiligen Konsultativstatus muss regelmäßig überprüft werden – was in der Phase des Kalten Kriegs jeweils dazu führte, dass, abhängig von der Zusammensetzung des ECOSOC und der politischen Lage – internationale Organisationen zwischen den drei Kategorien wanderten.

NGOs hatten im Vergleich zu den IGOs in der Nachkriegszeit eher schwierigere Rahmenbedingungen. Für die meisten von ihnen begann nach dem Ende des Kriegs eine grundsätzliche Neuorientierung. Einige hatten aus den oben erwähnten Gründen ihre Archive und letztlich auch einen Teil des Gedächtnisses verloren. Die Frage nach ihrer Verortung im Kalten Krieg stellte sich so schnell, dass eine Vergangenheitsbewältigung – etwa im Sinne der Rückforderung geplünderter Archive – in diesem Bereich ebenso ausblieb wie ein personeller Neuanfang. Funktionsträger in ehemals faschistischen internationalen Organisationen setzten ihre Karrieren in der Nachkriegszeit fort. Neben der kontinuierlichen Zunahme internationaler Organisationen boten die Entwicklung des Massentourismus und der stete Ausbau der Verkehrs- und Touristikadministrationen für Grenzgänger, alte und neue Internationalisten, ein reichhaltiges Arbeitsgebiet. Der – teils nicht unberechtigte – Ideologieverdacht begleitete die Entwicklung der NGOs durch alle Konjunkturen des Kalten Kriegs. In den siebziger Jahren änderte sich die Lage: Entspannungspolitik, neue soziale Bewegungen, die Entwicklung des Konzepts der Zivilgesellschaft zur Opposition in den kommunistischen Staaten verdichteten sich zu einer neuen Ära internationaler Organisationen.

Die Ordnung internationaler Organisationen nach ihrer Nähe und Ferne von den Vereinten Nationen und in Abhängigkeit zu ihrem Offizialitätsstatus konnte bei weitem nicht in der gewünschten Klarheit umgesetzt werden. Das IKRK beispielsweise, wurde als Völkerrechtssubjekt anerkannt, obwohl es sich dabei keineswegs um eine Organisation handelt, die aufgrund einer multilateralen Konvention gegründet worden war. Dennoch bleibt festzuhalten, dass die Vereinten Nationen ihre Beziehungen zu bereits bestehenden internationalen Organisationen mit strikten Vorgaben versahen, die als erstes zur Auflösung von Parallelorganisationen führten. Das vor dem Ersten Weltkrieg gegründete Office international d'hygiène publique und die Hygienekommission des Völkerbunds wurden 1948 in der Weltgesundheitsorganisation (WHO) zusammengeschlossen. Die Völkerbundssatzung hatte sich mit einer Einladung zur Partizipation zufrieden gegeben – die UNO verlangte von den IGOs eine Neuorientierung und kreierte den Status der „Sonderorganisation", der specialized agency. Die specialized agencies sind zwar selbständige Völkerrechtssubjekte, bei deren Zugehörigkeit die Mitgliedschaft in den Vereinten Nationen keine Bedingung darstellt. Allerdings sind die Sonderorganisationen bei weitem nicht mit den vom Völkerbund unabhängigen Verwaltungsunionen zu vergleichen. So übt die UNO verschiedene Kontroll- und Koordinationsfunktionen aus, die in einer eigens dazu konstituierten Administrative Commission on Coordination ge-

IGOs und
die Schaffung
der Sonder-
organisationen

bündelt werden. Das Konzept der Sonderorganisation setzte dem Typus der im 19. Jahrhundert geschaffenen Verwaltungsunionen ein Ende, und zwar ohne dass die Mitgliedsländer ihre Zustimmung geben mussten. Da die zu Sonderorganisationen der UNO transformierten IGOs einen exterritorialen Status erhielten und daher die Oberaufsicht des Sitzlandes wegfiel, waren sie nun nicht mehr als versteckte Instrumente kleinstaatlicher Weltpolitik zu gebrauchen. Mit der UNO hatten die vormals aktiven Kleinstaaten ein wesentliches Instrument außenpolitischer Profilierung verloren. Sie blieben – wie die Schweiz – sogar für lange Jahre außerhalb der Vereinten Nationen, oder profilierten sich neu als Knotenpunkt regionaler Netzwerke, wie dies Belgien als Zentrum der europäischen Integration gelingen sollte.

1946–1989:
Kalter Krieg
und IGOs

1989 ff.:
Epoche der
NGOs

Zwar wird im Folgenden keine Geschichte der UNO erzählt, wohl aber werden die strukturellen Vorgaben internationaler Ordnung zum Ausgangspunkt der historischen Entwicklung internationaler Organisationen genommen. Von besonderem Interesse sind dabei Veränderungen in den strukturellen Kernbereichen internationaler Ordnung, Wandel im Verhältnis zwischen demokratischer Staatengemeinschaft und der Durchsetzung der Großmachtpolitik sowie die Einflüsse des Kalten Kriegs auf die Kooperationsformen zwischen IGOs und NGOs. Mit allem Vorbehalt der Ergebnisse des Reformprozesses, in den die UNO selbst seit dem Ende des Kalten Kriegs einbezogen ist, lassen sich für die Zeit nach 1946 die strukturellen Ausprägungen von zwei Phasen erkennen: Eine mit den Konjunkturen des Kalten Kriegs verbundene Epoche der IGO und eine vielfältigeren Kooperationen verpflichtete, gesellschaftliche gegenüber gouvernementalen Netzwerken eher stärkende Epoche der NGOs nach 1989.

a) Parallelorganisationen und geteilte Begrifflichkeit: Strukturen internationaler Ordnung 1946–1989

Die Vorbereitung der Nachkriegsordnung führte zu einer Vielfalt globaler Kooperationen. 1946 war allerdings bereits vom Dritten Weltkrieg die Rede. Am 22. Februar 1946 schickte der amerikanische Botschafter in Moskau, George F. Kennan (1904–2005), sein „langes Telegramm" nach Washington, das die Sowjetunion als expansionistisch, aggressiv und destruktiv beschrieb. Kennans Argumentation wurde unter dem Pseudonym „Mr X" alsbald in der Zeitschrift Foreign Affairs öffentlich zugänglich. Wenig später sprach Winston Churchill im amerikanischen Fulton, Missouri, in Anwesenheit des amerikanischen Präsidenten über ‚The Sinews of Peace', in der vom „Eisernen Vorhang" die Rede war, der sich in Europa zwischen Stettin und Triest gesenkt habe.

Die Eliminierung der alten Verwaltungsunionen und deren Einbindung als Sonderorganisationen unter das Dach der Vereinten Nationen hatten nach Kriegsende für eine Reduktion der Anzahl an IGOs geführt. Unter dem Einfluss des Kalten Kriegs setzte nun eine Gegenbewegung ein. Die IGOs nahmen wieder zu, da jeweils Parallelorganisationen zu den im Osten oder Westen gegründeten Institutionen aufgebaut wurden. Diese Entwicklung prägte die Phase des Wiederaufbaus. Der Marshallplan, der 1948 im amerikanischen Senat verabschiedet wurde, hatte neben der amerikanischen Organisation die Gründung von internationalen Organisationen und Begleitprogrammen zur Folge. Kulturelle Austauschprogramme, Radiosendungen und Filme internationalisierten den American Way of Life in einer Mischung von Umerziehung und neuem Identifikationsangebot. Das Programm führte 1948 zur Gründung der OEEC, der Organization for European Economic Cooperation mit Sitz in Paris. Diese Organisation setzte die Marshallplanhilfe in Europa um, blieb aber nach der Phase des Wiederaufbaus mit einer über Europa hinausreichenden Mitgliedschaft bestehen. 1961 wurde die OEEC in OECD umbenannt – das für Europa stehende E war durch Development ersetzt worden. Die OECD erfasst heute 30 Mitgliedsstaaten, die die Stärkung der Weltwirtschaft im Sinne der Ziele der UNO erwirken sollen.

In der Nachkriegszeit waren die Ziele neu geschaffener internationaler Organisationen hauptsächlich auf den Wiederaufbau ausgerichtet. Die Sowjetunion nahm allerdings am Marshallplan nicht teil. Ebenso verzichteten die osteuropäischen Staaten unter dem Druck der Sowjetunion auf den Marshallplan, der als amerikanisches Wiederaufbauprogramm das Gegenstück zur vorgesehenen währungspolitischen Sanierung bildete. Im sowjetischen Machtbereich wurde 1949 der Rat für Gegenseitige Wirtschaftshilfe (RGW resp. COMECON) gegründet. Die konsequente Weiterführung der Gründung von Parallelorganisationen führte 1949 zum westlichen Militärbündnis, der North Atlantic Treaty Organization (NATO). 1955 folgte der Warschauer Pakt, ein multilateraler Vertrag, der die Streitkräfte der osteuropäischen Staaten unter der Führung der Sowjetunion bündelte. In der Ära der Parallelorganisationen scheiterten systemübergreifende Wirtschaftsorganisationen. Statt der 1945 geplanten globalen Handelsorganisation gelang nur mehr die Unterzeichnung der General Agreements on Tariffs and Trades (GATT). Die 23 Unterzeichnerstaaten gewährten auf der Basis bilateraler Abkommen Handelsrestriktionen und Meistbegünstigung, ohne dass die ursprünglich vorgesehene internationale Organisation gegründet werden konnte. Erst nach dem Ende des Kalten Kriegs sollte schließlich mit vierzigjähriger Verspätung die World Trade Organisation (WTO) ihre Arbeit aufnehmen.

Internationale Organisationen waren in der Phase des Kalten Kriegs Gegenstand konkurrierender Systemvergleiche. In der zwischen 1966 und 1973 in der Bundesrepublik Deutschland erschienenen Enzyklopädie „Sowjetsystem und Demokratische Gesellschaft" wurde den Internationalen Organisationen eine schwer eingrenzbare Scharnierfunktion zugewiesen, die einerseits die Notwendigkeit technischer Kooperation in einer zusehends vernetzten Welt betonte und andererseits die Ideologiegebundenheit von Internationalität als Ausdruck der (kommunistischen) Internationale vorstellte. In der zeitgenössischen Literatur kam neben dem von beiden Seiten geäußerten Ideologieverdacht aber auch ein struktureller Konflikt zum Vorschein. In der Lesart des Westens beinhalteten internationale Organisationen die Option der Supranationalität, wie sie sich im europäischen Integrationsprozess ankündigte. Staaten im Einflussbereich der Sowjetunion betonten dagegen die Unverletzlichkeit staatlicher Souveränität.

Die Internationale als Charakteristikum kommunistisch geprägter Transnationalität vermochte dagegen zumindest in der ersten Phase des Kalten Kriegs keine globalen Synergien zu entwickeln. Die 1947 gegründete Kom-

Schlüsselthemen und Meistererzählungen

inform, das Kommunistische Informationsbüro, löste die 1943 auf Druck der Alliierten stillgelegte Komintern ab. Allerdings blieb die Kominform auf Europa und auf die Auseinandersetzung mit dem von Jugoslawien unter Josip Broz Tito (1892–1980) eingeschlagenen „Dritten Weg" begrenzt. Dieser „Dritte Weg" wiederum überbrückte nicht nur eine zunehmend zur amerikanisch-sowjetischen Systemkonkurrenz verdichtete Bipolarität, er stand vor allem für die Erweiterung des Handlungsspielraums internationaler Organisationen und für die Überlagerung des West-Ost- mit dem Nord-Süd-Konflikt. Dieses Spannungsfeld prägte die Auseinandersetzung um das Deutungsmonopol über die internationalen Beziehungen und signalisierte eine Ausrichtung der internationalen Ordnung auf Staaten und Netzwerke der so genannten ‚Dritten Welt'. Am Beginn des „Dritten Weges" stand die 1955 zusammengetretene Konferenz von Bandung. Der bei diesem Treffen vereinbarte Zusammenschluss zwischen dem jugoslawischen Präsidenten Josip Broz Tito (1892–1980), dem indischen Ministerpräsidenten Jawaharlal Nehru (1889–1964) und dem ägyptischen Ministerpräsidenten Gamal Abdel Nasser (1918–1970) stellte auf der politischen Ebene den Kern eines globalen Netzwerks dar. Diese Beziehungen sollten sich 1961 zur Bewegung der Blockfreien, dem Non-Aligned Movement (NAM) verdichten. Im Gegensatz zur Entwicklung formaler internationaler Institutionen traten in diesem Fall Infrastruktur und Organisationsgrad eher in den Hintergrund. Obwohl die UN-Vertretungen der 2008 auf 118 Staaten angewachsenen NAM-Staaten die Plattform für regelmäßige Treffen darstellen, versteht die NAM sich als Netzwerk und verzichtete bislang auf die Etablierung einer internationalen Institution. Die losen Treffen auf höchster Ebene wurden von so genannten „developping countries" als Konsultativplattform genutzt, die – ganz im Gegensatz zur bisherigen Geschichte der Institutionenbildung – keine feste Struktur benötigte. Die G-77, eine 1964 konstituierte Gruppe, die heute auf 130 Staaten angewachsen ist, bildete sich am Rande einer UNCTAD-Konferenz in Genf. Das strukturelle Merkmal dieser weniger institutionell sondern Netzwerk- und Regime-orientierten Zusammenschlüsse erinnert einmal mehr daran, internationale Organisation weder als Prozess der Institutionalisierung noch als Ausbreitung eines westlichen Modells zu interpretieren. Dem politischen Charme der losen Gruppenbildung erlagen schließlich auch die mächtigsten Industrienationen. Diese gründeten 1975 die Gruppe der Sechs, die 1998 mit der Einbeziehung Russlands zur G8 erweitert wurde. 1999 schlossen sich die Industrienationen mit den „emerging-market countries" zur G20 zusammen.

Zunahme souveräner Staaten und Verschiebung der Schlüsselthemen

Neben dem Kalten Krieg und mit diesem verflochten, wurde die internationale Ordnung nach 1945 durch die Zunahme der Anzahl souveräner Staaten geprägt. Zwischen 1945 und 1999 wurden 80 Territorien in drei Schüben (1946/47, 1960 und 1990) unabhängig. Die Entscheidungsfindung in den Vereinten Nationen gewann damit ein neues Profil. Insbesondere 1960, im Annus mirabilis der Unabhängigkeitserklärungen, verschoben sich die Mehrheitsverhältnisse in den Vollversammlungen der Vereinten Nationen zu jenen, die bislang eher Objekte denn Subjekte internationaler Politik waren – damit nahm aber auch die Differenz zwischen den Entscheidungen des Sicherheitsrats und den Forderungen der Vollversammlung zu. In den sechziger Jahren verlagerten sich die politischen Debatten zusehends zu einem Diskurs, der die Veränderungen der globalen Ordnung zwischen Dekolonisierung, Forderung nach Unabhängigkeit und Entwicklungshilfe verortete. Bei dieser Debatte waren nun auch wieder NGOs prominent vertreten. Strukturelle Veränderungen kündigten sich überdies mit der wachsenden Bedeutung der OPEC an. Diese 1960 in Bagdad gegründete Organisation erdölexportierender Staaten nutzte zu Beginn der siebziger Jahre den Rohstoff Öl zur politischen Waffe und orchestrierte das Ende einer Epoche, die aus der Perspektive des Westens ein „Goldenes Zeitalter" darstellte. Die Feststellung einer möglichen Verknappung von Ressourcen verdichtete sich im Kontext einer allmählich einsetzenden Entspannungspolitik zur Erkenntnis, dass sich die Regelung von Rohstoff-, Währungs- und Umweltproblemen letztlich der Logik einer geteilten Welt entzog. Internationale Organisation zeichnete sich nun durch internationale Regime in den Bereichen Energie und Umwelt, der Sicherheits-, Währungs- und Wirtschaftspolitik aus. Allerdings wäre es nicht richtig, die internationalen Organisationen als Vorläufer einer nach dem Ende des Kalten Kriegs nun endlich globalen Ordnung vorzustellen. Die Zäsur von 1989, der Zerfall der Sowjetunion, der friedliche Übergang der Volksdemokratien zu demokratischen Staaten und der atemberaubende ökonomische Aufstieg der asiatischen Tigerstaaten erwiesen sich aus der politischen Lage der achtziger Jahre als wenig vorhersehbar und führten vorerst ganz und gar nicht zu einer Zunahme internationaler Organisationen.

b) Strukturen internationaler Organisation im 21. Jahrhundert: Erweiterung des Völkerrechts, multistakeholder partnerships, Translation der Kernbegriffe

Nach dem Ende des Kalten Kriegs setzte in den 1990er Jahren erstmals seit 1945 eine Stagnation in der Gründung von IGOs ein. In der Tat wurde eine ganze Reihe von internationalen Organisationen aufgelöst, die bislang aus einer bipolaren Perspektive als mächtige Schaltstellen des Kalten Kriegs zur internationalen Organisation der Welt beigetragen hatten. 1991 lösten sich der Warschauer Pakt und der Rat für Gegenseitige Wirtschaftshilfe auf, zwei Jahre später gab es auch das Coordinating Committee for Multilateral Strategic Export nicht mehr, eine 1949 gegründete internationale Organisation unter amerikanischer Führung, die den Export strategisch wichtiger Güter in den so genannten Ostblock verhindern sollte (COCOM). Nicht alle internationalen Organisationsgründungen des Kalten Kriegs verschwanden. Viele wurden umdefiniert und sollten nun im Kontext der Globalisierung zentrale Funktionen übernehmen.

Müsste mit 1989 und dem Ende des Kalten Kriegs ein neues Kapitel internationaler Organisation beginnen? Auf den ersten Blick setzte eine dramatische Bedeutungsverschiebung ein. Die Transformation der Volksdemokratien in demokratische Staaten fiel mit einer informationstechnologischen Revolution zusammen. Der Eindruck des Beginns einer neuen Epoche spiegelte sich in einer Vielzahl von Begriffen: Die Zeit nach 1989 wird als Ära der Postmoderne, des Postcolonial, der Global Governance und der Globalisierung beschrieben. Historiker und Historikerinnen werden auf die Frage nach den charakteristischen Merkmalen der Zeit nach 1989 wohl stets da-

Ende des
Kalten Kriegs und
internationale
Organisation

rauf hinweisen, dass das Neue keineswegs neu ist, dass eine sich zusehends global verstehende Gesellschaft vielmehr die Vergangenheit nun nach Entwicklungsmustern von grenzübergreifender Vernetzung befragt. Sie werden hinzufügen, dass sich damit auch die Vergangenheit neu darstellt und bislang wenig beachtete Formen historischer Globalisierungsprozesse an Bedeutung gewinnen, und sie werden betonen, dass ein modernes Verständnis von Globalisierung in seiner Differenz zur Vergangenheit an Schärfe und Kontur gewinnt.

Strukturwandel internationaler Organisationen im 21. Jahrhundert

Was unterscheidet die internationale Organisation des 21. Jahrhunderts vom Internationalismus des 19. Jahrhunderts und der Zwischenkriegszeit und von der legalistischen Ordnungsvorstellung der Vereinten Nationen? Das wohl charakteristischste Merkmal ist *erstens* der Wandel von Internationalität zur Vorstellung von Globalität und damit zu einer Ordnungsvorstellung, welche die vormals hierarchisch strukturierten Konzepte internationaler Organisation aufgaben. *Zweitens* ist eine Verschiebung des Interesses von einer Geschichte der Institutionen zu einer Geschichte interferierender grenzübergreifender Prozesse festzustellen. *Drittens* haben sich die räumlichen und zeitlichen Koordinaten verändert. Informationstechnologien haben eine Welt der Gleichzeitigkeit geschaffen, in der Distanzen schwinden und die Vorstellung von Zentrum und Peripherie von komplexen Verflechtungen abgelöst wird. Schließlich werden Grenzüberschreitungen einem unterschiedlichen Risiko zugeordnet. Grenzüberschreitungen sind nach wie vor gefährliche Übergänge und Transformationen – doch die Verortung der Gefahr hat sich verschoben: Im 19. Jahrhundert bändigten völkerrechtliche Absprachen und die beginnende zivilgesellschaftliche Kontrolle den souveränen Staat, dessen geheimdiplomatisches, auf Expansion ausgerichtetes Eigenleben die internationale Ordnung in der Ära des Völkerbunds immer noch gefährdete. Im 20. Jahrhundert wurde das multilaterale Gefahrenpotential zusehends zu einer bipolaren Gefährdung. Das Zählen von atomaren Sprengköpfen und Erstschlagskapazitäten wurde zum Gegenstand strategischer Risikoberechnungen, die grenzübergreifend konzipiert waren. Die Vorstellung, globalen Risiken ausgesetzt zu sein, begründete eine neue Form grenzübergreifender Kooperation. Nach dem Ende des Kalten Kriegs sollte sich dieser Diskurs weiterentwickeln, nur standen nicht mehr die Atomwaffen, sonder die Zerstörung der Umwelt im Zentrum des Interesses. Angesichts von globaler Erwärmung, Umweltverschmutzung und Umweltkatastrophen, Terrorgefahr und Vogelgrippe ist die Vorstellung eines internationalen Systems souveräner Staaten nicht mehr ausreichend.

Einmal mehr muss festgehalten werden, dass diese Phänomene nicht erst im ausgehenden 20. Jahrhundert auftreten – ein Vorläufer der IUCN (International Union for Conservation of Nature) wurde bereits kurz vor dem Ersten Weltkrieg gegründet und multilaterale Sanitätskonventionen versuchten die Verbreitung von Seuchen bereits im 19. Jahrhundert zu stoppen. Eine Welle von Attentaten führte 1898 zu einer internationalen Diplomatenkonferenz, die Maßnahmen zum Schutz gegen Anarchismus erarbeitete. Neuerungen sind folglich nicht in einer Erweiterung internationaler Regime zu suchen, sondern in einer strukturellen Veränderung des internationalen Systems. Trotz der aufgezählten internationalen Bemühungen stand die Bedeutung staatlicher Souveränität für das 19. wie für das 20. Jahrhundert nicht zur Debatte – die Trennung zwischen IGO und zivilgesellschaftlicher Organisation trug im 20. Jahrhundert sogar noch eher zur Stärkung des Souveränitätsbegriffes bei. Im 21. Jahrhundert beginnen dagegen internationale Organisationen zusehends das Verständnis staatlicher Souveränität zu relativieren.

Die Strukturen internationaler Organisation im 21. Jahrhundert sind durch die Relativierung strikter Souveränitätsvorstellungen, durch die informationstechnische und informationspolitische Reduktion des staatlichen Arkanbereichs und durch die Aufwertung zivilgesellschaftlicher Netzwerke von internationalen Arenen zu internationalen Akteuren geprägt. Was also sind typische internationale Organisationen des 21. Jahrhunderts?

Typen internationaler Organisationen im 21. Jahrhundert

Der Internationale Strafgerichtshof, 1998 durch eine multilaterale Konvention geschaffen, die 2002 in Kraft trat, relativiert die nationale Regelung der Rechtsprechung durch den Ausbau des Völkerrechts zu einem Völkerstrafrecht. Die mit den Nürnberger Prozessen begonnene Entwicklung hat zur Etablierung einer ständigen internationalen Organisation geführt, welche die Jurisdiktion über Genozid, Verbrechen gegen die Menschlichkeit und Kriegsverbrechen wahrnimmt. Im Zuge dieser Entwicklung haben Menschenrechte als Schlüsselkategorie internationaler Politik deutlich an Bedeutung gewonnen und sind zum Gegenstand neuer Begriffe und Konzepte geworden: So begründet das Konzept der ‚humanitären Intervention' militärisches Eingreifen bei Menschenrechtsverletzungen, während sich „Translational Justice" mit der Retablierung von Gesellschaften nach Gewaltherrschaften auseinandersetzt und dabei Formen der Vergangenheitsbewältigung diskutiert, für die internationale Historikerkommissionen eingerichtet wurden.

Zwar gilt die These der Verbindung zwischen informationstechnologischem Wandel und der Entwicklung neuer Generationen internationaler Organisationen nach wie vor. In der Tat hat die Entwicklung des Internets nicht einfach zu einem Ausbau bestehender Telekommunikationsorganisationen, sondern zu Neugründungen geführt, die als ‚multistakeholder partnerships' beschrieben werden, also als Netzwerke, die das Ziel haben, möglichst alle am jeweiligen Problem Beteiligten und Interessierten einzubeziehen. Es wäre nicht richtig, darin ausschließlich eine Kopie der tripartistischen Struktur der ILO oder gar die Revitalisierung der Semioffizialität des 19. Jahrhunderts zu sehen. Multistakeholder Partnerships haben einen losen, weniger institutionenbezogenen und auch nicht mit dem bürgerlichen Verein vergleichbaren Charakter. Ihre Zielsetzungen sind breiter abgestützt und können die Frage kultureller Auswirkungen von Veränderungen einbeziehen. Solche thematischen Verschiebungen lassen sich mit technischen Innovationen nicht hinreichend erklären, geben aber dem Bild internationaler Organisation im 21. Jahrhundert ein charakteristisches Profil.

Internationalisierung neuer Technologien

Seit 2006 ist der gesetzliche Sammelauftrag der Deutschen Nationalbibliothek um digitale Publikationen und die Archivierung von Websites erweitert worden. Die nationale Reaktion steht am vorläufigen Ende einer langen Kette von Reaktionen auf die neuen Möglichkeiten des grenzüberschreitenden Informationstransfers im 21. Jahrhundert. Auf der Ebene der internationalen Ordnung hat die Herausforderung durch die neuen Kommunikationstechnologien zu einer neuen Generation von internationalen Or-

Internationale Organisationen im digitalen Zeitalter

99

ganisationen geführt. Die 1998 gegründete Internet Corporation for Assigned Names and Numbers (ICANN) ist ein besonders beeindruckendes Beispiel für den Konflikt zwischen unterschiedlichen Generationen internationaler Organisationen. ICANN sorgt für die Funktionalität eines globalen Internet, indem diese Organisation die Beteiligung am World Wide Web mit der Zuordnung eindeutiger Identitäten sicherstellt. Einmalige Zahlenstrings sorgen dafür, dass Informationspakete an den richtigen Adressaten ausgeliefert werden, und Zahlen definieren die Existenz der im Internet tätigen Akteure. Wer keine derartigen Adressen hat oder wessen Adresse gestrichen wird, verschwindet vom Netz, ohne die Möglichkeit zu besitzen, auch nur auf sein Verschwinden aufmerksam zu machen oder alternative Formen virtueller Visibilität erreichen zu können. Adressenzuweisung und -koordination sind daher machtpolitisch höchst brisante Funktionen, lagen aber in den Gründerjahren des Internet im Kompetenzbereich privater Firmen, regionaler Netzwerke und des sich zum weltweiten Oberaufsichtsorgan durchsetzenden amerikanischen Handelsministeriums. In den neunziger Jahren folgte eine Auseinandersetzung um die strukturrelevanten Organe, die sich aus einer historischen Perspektive nachgerade als Konfrontation unterschiedlicher Traditionen internationaler Organisation lesen lassen: In der Debatte um die Kontrolle des World Wide Web beteiligten sich internationale Netzwerke wie die 1989 gegründete RIPE (Réseaux IP Européens) und die 1992 gegründete Internet Society (ISOC). Dabei handelt es sich um lose, über Workshops definierte Gruppierungen, die teilweise nicht einmal eine Mitgliedschaft einforderten. Sie ignorierten jegliche Unterschiede zwischen individuellen, korporativen, zivilen oder gouvernementalen Beteiligungen und standen für jegliche Formen von wie auch immer organisierten Interessen weltweit offen. Im virtuellen Raum des World Wide Web finden sich aber auch konventionelle internationale Organisationen wie die ITU. Diese Nachfolgeorganisation der Telegraphenunion gehört zu den ältesten internationalen Organisationen der Neuzeit. Ebenso ist Intelsat einer früheren Generation internationaler Organisationen zuzuordnen. Es handelt sich dabei um ein 1964 gegründetes, ursprünglich gouvernementales und seit 2001 privat geführtes Konsortium, das die technische Voraussetzung zur globalen Fernsehübertragung sicherstellt. Zu Beginn der neunziger Jahre fand die Auseinandersetzung vornehmlich zwischen technisch versierten Experten wie dem legendären Jonathan Bruce Postel (1943–1998) statt. Experten imaginierten den Virtual Space als anarchisches Utopia, während findige Unternehmer unter Beteiligung von alten, für den Schutz des geistigen Eigentums errichteten Organisationen wie der WIPO mit der Ausbreitung des E-commerce verwertbare Eigentumsrechte durchzusetzen suchten. Zu diesen komplexen Verflechtungen kamen die Interessen der Regierungen an der Kontrolle nationaler Domains und der Frage, wer die so genannten Top Level Domains vergeben sollte. Der von der amerikanischen Regierung durchgesetzte Kompromiss bestand in der Gründung der ICANN, die als „Internet world government" imaginiert wurde und seither darum kämpft, als NGO und Non-Profit-Organisation ernst genommen zu werden. Die weitere Entwicklung dieser Organisation wird zeigen, ob sich die derzeit festzustellende Gouvernementalisierung weiter verstärkt – dies würde bedeuten, dass auch im global kommunizierenden 21. Jahrhundert interna-

ICANN
Intelsat
Internet Society

tionale Organisationen von staatlicher Exekutivgewalt abhängig sind. Aus der Sicht der historischen Entwicklung internationaler Organisation ist die Feststellung interessant, dass Information und globale Informationsvermittlung im 21. Jahrhundert nochmals deutlich an Bedeutung zugelegt haben, internationale Organisationen dabei eine wesentliche Rolle spielen, aber selber bislang als internationale Akteure kein Alleinstellungsmerkmal erreicht haben. Historiker und Historikerinnen haben selten das nötige Fachwissen, um Veränderungen im World Wide Web adäquat beurteilen zu können. Dennoch ist die Lektüre der Top Level Domains, der Liste der höchsten Ebene der Adressenzuweisung wie .org, .de oder .com von einigem Interesse. Hier lässt sich feststellen, dass zumindest IGOs über eine eigene Adresse, .int verfügen. Allerdings wird sie im Zeitalter des globalen Datenverkehrs erstaunlich selten benutzt. So legen Organisationen wie der internationale Strafgerichtshof und die 1949 gegründete NATO Wert darauf, in der virtuellen Welt als internationale Organisation zu erscheinen, während die Vereinten Nationen nach wie vor unter .org zu finden sind.

Das World Wide Web hat die Möglichkeiten der globalen Selbstdarstellung auf eine durch hierarchische Strukturen nicht mehr kontrollierbare Weise vergrößert und die Rahmenbedingungen für politische Oppositionen, weltweite Kriminalität, für Handel, die Selbstdarstellung von Individuen, Organisationen und Staaten grundlegend und in einem nur teilweise dem Modernisierungsgefälle geschuldeten Maß verändert. Internationale Organisationen waren im 19. Jahrhundert als Bindeglied zwischen den Nationen entstanden, im 21. Jahrhundert ist der Ort zwischen den Nationen allerdings kein Niemandsland mehr, sondern eine dicht belegte transkulturelle Kontaktzone mit fließenden Grenzen. Die strikte Trennung von ‚international' und ‚national' hat in dieser auf Verflechtungen fokussierenden Periode nur noch eine beschränkte Aussagekraft, normative Ordnungsvorstellungen zeigen ein deutlich anderes Gepräge als vor dem Ende des Kalten Kriegs. In der 2008 vom UN-Department of Public Information publizierten Definition eines NGO erscheint die lokale, nationale und internationale Zuordnung als optionales Kriterium, an dessen Stelle die für das Allgemeinwohl eintretenden Stakeholders zivilgesellschaftliche Interessen vertreten:

Globalität und politische Organisation nach 1989

Erweiterte Definition der NGOs im 21. Jahrhundert
(www.un.org/dpi/ngosection/criteria.asp)

A non-governmental organization (NGO) is a not-for-profit, voluntary citizens' group, which is organised on a local, national or international level to address issues in support of the public good.

Q

Die Herausforderung wird darin bestehen, politische Entscheidungsprozesse über die Nutzung globaler Plattformen darzustellen und Formen indirekter Beeinflussung („soft power") und einer die Grenzen von Ordnungskriterien überschreitenden kulturellen Verflechtung mit der machtpolitischen Durchsetzung von Interessen abgleichen zu können. Die Nutzung des Internets als globales Archiv bringt dabei eine bedeutende Erweiterung des bislang berücksichtigten Quellenmaterials, das nicht nur die neuen, sondern auch die traditionellen Akteure in einem neuen Licht zeigt. Der

Blick auf die historische Entwicklung internationaler Organisation erlaubt die Frage, welche Formen globaler Präsentation neben der Auflösung der Parallelorganisationen des Kalten Kriegs verschwunden sind, welche an Bedeutung verloren haben und welche Erwartungen sich nicht erfüllt haben.

Pluralisierung der Begriffe

Informations- und Kommunikationstechnologien haben Politik und Gesellschaft seit dem Ende des Kalten Kriegs nachhaltig geprägt. Zwischen der zunehmenden Nutzung von IT durch Staaten und den eher stagnierenden Bemühungen um eine „E-Democracy" ist aber ein deutliches Entwicklungsgefälle festzustellen. Die Vorstellung, dass über das Internet ein Forum politisch aktiver Bürger und Bürgerinnen entsteht und neueste Informationstechnologien eine Stärkung basisdemokratischer Entscheidungsfindung bedeutet, hat sich bislang nicht bestätigt. Ebenso wenig ist die 1989 viel diskutierte Prognose Realität geworden, dass mit dem Ende des Kalten Kriegs die globale Durchsetzung westlicher Demokratien und damit ein „Ende der Geschichte" erreicht werde. Vielmehr haben sich mit der zusehends berücksichtigten globalen Perspektive zwei unterschiedliche Ebenen entwickelt. Auf der Ebene des wissenschaftlichen Diskurses zeichnet sich eine Pluralisierung der Begriffe ab. Von zentraler Bedeutung ist dabei das von Shmuel N. Eisenstadt eingeführte Konzept der „multiple modernities". Ebenso gehören Debatten über kulturelle Differenzen im Verständnis von Demokratie in diesen Kontext, wie sie insbesondere in der Vorstellung einer spezifisch „Konfuzianischen Demokratie" auftreten und an der Ausdifferenzierung des Begriffes der Citizenship festzustellen sind. Auf einer politisch pragmatischen Ebene treten zusehends grenzübergreifende Informationsnetzwerke auf, die für sich beanspruchen, eine globale Zivilgesellschaft zu vertreten. Die Sicherung demokratischer Grundrechte wird in derartigen Netzwerken allerdings als eines von zahlreichen anderen Merkmalen humanitärer Rechte verstanden. Als Beispiele seien die 1993 gegründete Transparency International und das ReliefWeb zitiert. Transparency International ist auf den Kampf gegen Korruption spezialisiert, das 1996 ins Netz gestellte, von den Vereinten Nationen verwaltete ReliefWeb arbeitet als globale Sammelstelle für humanitäre Informationen. Eine wichtige Funktion solcher Organisationen besteht in der Bündelung und Bewertung der zahllosen, digital verfügbaren Informationen.

Derzeit lässt sich schwer abschätzen, in welcher Form das institutionalisierte und das netzwerkbezogene Profil internationaler Organisation verschmelzen werden. Immerhin bleibt festzuhalten, dass das politische Potenzial kultureller Differenzen in einem bedeutenden Maß in global verfügbaren Plattformen ausgehandelt wird. Die wachsende Bedeutung von Finanzkrisen globalen Ausmaßes haben aber wiederum jene Tendenzen verstärkt, die von staatlicher Kontrolle und multilateralen Abkommen mehr Sicherheit erwarten als von schnellen, elektronisch abgewickelten Börsengeschäften.

Weltausstellungen

Sind Weltausstellungen angesichts der neuen Möglichkeiten der globalen Informationsbeschaffung noch geeignet, die globalhistorische Ausrichtung der jeweiligen Gesellschaft darzustellen? Die Weltausstellungen finden seit 1947 in regelmäßigem Turnus statt, die Besucherzahlen gehen aber zurück. Die erste deutsche Weltausstellung, die im Jahr 2000 in Hannover stattfand, hatte noch 18 Millionen Besucher – eine vergleichsweise geringe Anzahl gegenüber den 64 Millionen, die 1970 auf die Weltausstellung von Osaka reisten. In der zweiten Hälfte des 20. Jahrhunderts sind Weltausstellungen zumindest für ein breites Publikum von global übertragenen Sportveranstaltungen überholt worden. Sport spielte bereits während des Kalten Kriegs in Form ideologisch aufgeladener Stellvertreterkonflikte eine wesentliche Rolle, hat aber seither weiter an Bedeutung zugelegt. Die attraktive Kombination von globaler Visibilität und nationalistischem Identifikationsangebot zeigt deutlich, dass transkulturelle Schnittstellen keine kosmopolitische Gesellschaft ankündigen. Sie fordern eher spezifische Formen von Übersetzungsleistungen ein – und sei es jene Form eines transnationalen Nationalismus, der in der weltweiten Begleitung der eigenen Mannschaft besteht.

3. Kalter Krieg und internationale Ordnung

Die Geschichte des Kalten Kriegs lässt sich unterschiedlich erzählen: als ideologisch begründete Systemkonkurrenz, als Konfrontation von Supermächten und deren wandelnden militärischen Doktrinen. Der Kalte Krieg kann auch als Teil einer europäischen Geschichte verstanden werden, in der Europa den Status als Machtzentrum der Neuzeit verloren hat, aber zur bedeutendsten Plattform der Auseinandersetzung zwischen West und Ost geworden war. Der Kalte Krieg gehört zweifellos zu den großen Themen der Weltgeschichte des 20. Jahrhunderts und nimmt in der Konfrontation von idealistischen und realistischen Ansätzen eine zentrale Position in der wissenschaftshistorischen Entwicklung der Lehre von den Internationalen Beziehungen ein. Die Auseinandersetzung um die historische Bedeutung des Kalten Kriegs nahm an dessen unvorgesehen schnellem Ende nochmals an Bedeutung zu. Neuere Ansätze, wie sie beispielsweise John W. Young und John Kent vertreten, verzichten auf ein ausschließlich bipolares Konzept, in dem Sowjetunion und Vereinigte Staaten als Schachspieler imaginiert werden, deren Züge weltweite Konsequenzen haben. Diese neueren Ansätze schlagen vor, den Kalten Krieg als globalen Konflikt, als spannungsreichen und krisenhaften Aushandlungsprozess über die Nachkriegsordnung zu verstehen.

> Kalter Krieg und Dekolonisierung

Ein multilateralisierter Kalter Krieg beschränkt sich demnach weder allein auf die Außenpolitik der Staaten noch auf die zeitgenössischen Ordnungsvorstellungen. Statt die eine erste (westliche) Welt einer zweiten kommunistischen Welt entgegen zu stellen und den Rest des Globus unter der Vorstellung einer dritten, entwicklungsbedürftigen Welt zusammenzufassen, werden hier Globalisierungsprozesse und deren politische Interferenzen stärker berücksichtigt. Mit einer globalhistorischen Ausrichtung hat sich auch das Interesse an den Akteuren verändert: Statt einer auf die Aktivitäten der Supermächte bezogenen Entwicklung interessieren derzeit die Folgen der Auflösung großer Imperien und die vielseitigen Aspekte dessen, was als Dekolonisierungsprozess beschrieben wird und weit über das Erreichen staatlicher Souveränität hinausgeht. Schlüsselbegriffe, die vormals der Meistererzählung des Kalten Kriegs untergeordnet waren, haben an Bedeutung zugenommen. Entwicklungspolitik, Kolonialherrschaft und Unabhängigkeitsbewegungen werden deutlicher als globalhistorische Konzepte wahrgenommen und zeitgenössische Vorstellungen, dass Berlin am Mekong verteidigt werde, mehr als Ausdruck internationaler Ordnungsvorstellungen statt als militärisches Konzept von Stellvertreterkriegen gesehen.

E | **Dritte Welt**

1952 leitete der französische Anthropologe und Wirtschaftshistoriker Alfred Sauvy (1898–1990) von dem für die Französische Revolution zentralen Dritten Stand die Existenz einer Dritten Welt ab. Der Begriff ‚Dritte Welt‘ setzte sich als zeittypischen Schlüsselbegriff durch und prägte die Meistererzählung der Entwicklungspolitik. Fortan legitimierten zahlreiche internationale Organisationen ihre Programme mit entwicklungspolitischen Vorstellungen. Zur Analyse der Entwicklungspolitik als prägendes Element der internationalen Ordnung ist die Einsicht in die Synergien dreier politischer Vektoren notwendig: Entwicklungspolitik pflegte ein komplexes Nahverhältnis zur kolonialen Vergangenheit des Westens, erlaubte tief greifende Interventionen selbst unter der Voraussetzung der Dekolonisierung, war aber unter den Bedingungen der Systemkonkurrenz auch als politisches Druckmittel bei der Einforderung von finanzieller Unterstützung zu gebrauchen. Die Verbindung von Dekolonisierung, Entwicklungshilfe und der Forderung nach Unabhängigkeit beschreibt einen Aspekt des Kalten Kriegs, der zu einer Vielfalt von grenzübergreifenden Netzwerken geführt hat – von den entsprechenden Organisationen der UNO bis zu privaten internationalen Netzwerken wie dem 1967 gegründeten Kinderhilfswerk Terre des hommes.

a) Die Vereinten Nationen im Spannungsfeld von Dekolonisierung und Unabhängigkeit

Die Nachkriegsordnung in Asien

Am Ende des Zweiten Weltkriegs galt es einmal mehr, koloniale Eroberungen eines unterlegenen Gegners aufzulösen. Wiederum stellte sich die Frage nach den Konsequenzen der Dekolonisierung für die noch bestehenden, siegreichen Kolonialmächte. Wie bereits nach dem Ersten Weltkrieg geschehen, kam der neu geschaffenen internationalen Ordnung in der Festlegung des Dekolonisierungsprozesses eine wichtige Rolle zu. Während sich die Landkarte Afrikas vorerst kaum veränderte, befand sich Asien in der unmittelbaren Nachkriegszeit in einem schnellen Prozess des Wandels, in dem sich nationale Unabhängigkeitsforderungen, koloniale Vorrechte vornehmlich britischer und französischer Provenienz und internationale Eingriffe überlagerten. China und Korea sollten als unabhängige Staaten wiederhergestellt werden. Die japanische Regierung hatte aber neben Expansion und Besetzung auch die Unabhängigkeitsbewegungen in den europäischen Kolonialgebieten unterstützt. In Asien überlagerten sich daher alte und neue Imperialismen, Spannungen zwischen der Sowjetunion, China und den USA vermischten sich mit regionalen Konflikten. Unterschiedliche Vorstellungen der Siegermächte zur Realisierung von Artikel 3 der UN-Charta komplizierten die Lage zusätzlich. Dazu kam die Festlegung der Kriegsschuld durch ein 1946–1948 tagendes internationales Militärtribunal, das in seiner Zusammensetzung unmittelbar nach Kriegsende die für Asien zentralen Mächte repräsentierte: die USA, das Commonwealth mit Indien, Australien, Kanada, Neuseeland, die Kolonialmächte Großbritannien und Frankreich, China und die Sowjetunion. Das Interesse an einem breit abgestützten Verfahren hielt sich in Grenzen. Das amerikanische Ziel bestand darin, angesichts des heraufziehenden Kalten Kriegs möglichst schnell in Asien einen verlässlichen Bündnispartner zu haben. Bereits am 3. Mai 1947 trat die neue japanische Verfassung in Kraft. Das unter starkem amerikanischem Einfluss zustande gekommene Verfassungswerk enthält eine für die allgemeine Verfassungsgeschichte bemerkenswerte Kriegsächtungsklausel. Demnach wird sowohl auf die Androhung als auch auf die Ausübung von Gewalt zur Regelung internationaler Streitigkeiten für alle Zeiten verzichtet (Art. 9). Ebenso rasch und grundlegend erfolgte die Umstellung der japanischen Wirtschaft. In Industrie und Landwirtschaft wurde die japanische patriarchalische Vorkriegsstruktur aufgebrochen. In der Industrie wurden die alten Zaibatsu, patriarchalisch geführte Großkonzerne in Familienbesitz, dezentralisiert und reorganisiert, und die Reform mit einer Antimonopolgesetzgebung abgesichert. In der Agrarwirtschaft sorgte eine Bodenreform dafür, dass das Land an die Bauern verkauft wurde. Doch all die zusätzlichen Arbeitsgesetze, Bildungsreformen oder die Reform von Zivil- und Strafrecht konnten nicht darüber hinwegtäuschen, dass der Wandel auf den Kalten Krieg hin ausgerichtet war, und die Vergangenheitsbewältigung nicht im Zentrum des Interesses stand. Der nach dem Ende des Kalten Kriegs zwischen China und Japan ausgebrochene Schulbuchstreit zeigt, wie wenig das internationale Militärtribunal zur Vergangenheitsbewältigung beigetragen hatte.

Japan wie Europa sollten aus der amerikanischen Sicht durch ihre Einbindung in einer von den Vereinigten Staaten dirigierten Weltwirtschaft durch ökonomischen Aufschwung gegenüber kommunistischer Infiltration immun gemacht werden und im Sinne eines eurasischen Kräftegleichgewichts die Sowjetunion in Schach halten. Am Ende des Jahres 1948 war sowohl in Moskau als auch in Washington klar, dass die Kommunisten in China den Bürgerkrieg gewinnen würden. Obwohl das chinesisch-sowjetische Verhältnis schwierig blieb, schlossen die beiden Staaten 1950 einen Freundschaftsvertrag, während Tschiang Kai-schek (1887–1975) nach Taiwan abgedrängt wurde und bei den Vereinigten Staaten Unterstützung suchte. China gehört zu den Gründerstaaten der UNO und hat Anrecht auf einen ständigen Sitz im Sicherheitsrat. Allerdings war die Frage umstritten, ob nun Taiwan oder die Volksrepublik China den ständigen Sitz beanspruchen konnte. Die Lage klärte sich, als Taiwan 1971 den Sitz abgab und die Volksrepublik China in den Sicherheitsrat Einzug hielt.

China

Die Nachkriegsordnung nahm eine doppeldeutige Wende: Shanghai und Harbin, in den zwanziger Jahren kosmopolitische Zentren in Asien, wurden zu chinesischen Provinzstädten, die Anzahl souveräner Staaten vervielfachte sich. Neben Taiwan, Korea und den Philippinen wurde 1947 nun auch Indien unabhängig. Religiöse Differenzen zwischen Hindu und Muslims führten allerdings dazu, dass nicht ein, sondern zwei Staaten, nämlich Indien und Pakistan entstanden. Die Unabhängigkeit von Burma und Ceylon 1948 unterstrich den allmählichen Bedeutungsverlust des Vereinigten Königreichs als der ehemals bedeutendsten Kolonialmacht in Asien. Der erste Dekolonisierungsschub bedeutende längst noch nicht das Ende des westlichen Kolonialstaats, allerdings sollten fortan Staaten Mitglieder der Vereinten Nationen sein, die auf die Unverträglichkeit der Kolonialherr-

Dekolonisierung

schaft mit der UN-Charta verwiesen. Der indische Premierminister Jawaharlal Nehru betonte 1948 in seiner Rede vor der Generalversammlung der UNO, dass das Argument des Kolonialismus ausgedient hatte.

Kolonialherrschaft und UNO

Die UNO hatte das Mandatssystem des Völkerbunds aufgegeben und statt dessen ein System der Treuhandschaft eingerichtet. Schon 1946 verpflichtete eine Resolution die Kolonialmächte, regelmäßig der UNO Informationen über den Status abhängiger Gebiete zukommen zu lassen. Zuständig war ein Committee on Information from Non-self-governing Territories. Staaten mit Kolonialgebieten begannen nun in den fünfziger Jahren mit einer Umdefinition der Non-self-governing Territories. Frankreich schloss Protektorate davon aus, und erst recht Algerien, das als Teil von Frankreich betrachtet wurde. Spanien und Portugal erklärten, die Territorien in Übersee seien spanische respektive portugiesische Provinzen aber keine Kolonialgebiete. Die Vereinten Nationen waren daher damit beschäftigt, *erstens* zu definieren, was unter abhängigen Territorien zu verstehen war. *Zweitens* galt es die Frage zu klären, welche Informationen die Kolonialmächte zugänglich machen mussten. Dieser Prozess der Auseinandersetzung erlaubt relevante Einsichten in den jeweiligen Stand der internationalen Organisation. Die alten großen Kolonialmächte Frankreich und Großbritannien wollten die Informationspflicht gegenüber der UNO auf soziale und wirtschaftliche Fragen, auf Bildung und Erziehung beschränken – also auf jene Bereiche, mit denen ECOSOC und Sonderorganisationen beschäftigt waren. Die als offensichtlich politisch ungefährlicher eingeschätzten bildungs- und sozialpolitischen Themen betrafen entwicklungspolitische Bereiche, zu denen zivilgesellschaftliche Netzwerke besseren Zugang hatten, die aber in den fünfziger Jahren als politisch sekundäre Fragen betrachtet wurden. Allerdings sprach die internationale Lage gegen eine derartige Einschätzung. Die

Zäsur 1956

Vorstellung, dass Konflikte in der so genannten **„Dritten Welt"** weiterhin als klassische Stellvertreterkriege geführt werden konnten, fand im Krisenjahr 1956 ein abruptes Ende. Im Herbst dieses Jahres beendete der sowjetische Einmarsch in Budapest die ungarische Revolution. Reaktionen und Gegenmaßnahmen wurden durch die Gleichzeitigkeit von ungarischer Revolution und Suezkrise erschwert. Die Suezkrise war von europäischen Kolonialmächten vom Zaun gebrochen worden und ermöglichte der Sowjetunion Handlungsfreiheit in Osteuropa. Zwischen dem 29. und dem 31. Oktober 1956 griffen französische und israelische Truppen den Sinai an, während britische Flugzeuge Ägypten bombardierten. Der militärische Angriff war die Antwort auf die Verstaatlichung des Suezkanals, die der ägyptische Staatschef Gamal Abdel Nasser als Reaktion auf die Verweigerung westlicher Gelder zum Bau des Assuan-Staudamms veranlasst hatte. Die komplexe Lage verschärfte sich durch den Konflikt Ägyptens mit Israel, durch den panarabischen und antikolonialen Kurs des ägyptischen Staatschefs und dessen Bedeutung in der Bewegung der Blockfreien, die britischen Wirtschaftsinteressen an der Kanalzone und Frankreichs Ziel, die ägyptischen Waffenlieferungen an Algerien zu stoppen. Die Suezkrise endete mit einer Verurteilung des Angriffs durch die Vereinten Nationen und der Stationierung der United Nations Emergency Forces. Die Folgen aber beschränkten sich nicht nur auf die Niederlage der einstigen britischen Weltmacht. Die Suezkrise signalisierte die zunehmende Bedeutung der Unabhängigkeitsbewegungen auf der Agenda der internationalen Politik, verdeutlichte aber auch die wachsenden transnationalen Einflüsse der Forderung nach Unabhängigkeit auf die innenpolitische Lage der Kolonialmächte.

1960 erreichte die Welle der Unabhängigkeitserklärungen ehemaliger Kolonien ihren Höhepunkt – knapp ein Viertel aller Unabhängigkeitserklärungen zwischen 1945 und 1999 fallen auf dieses Jahr. Diesmal stammten die neuen Akteure im internationalen System vornehmlich aus Afrika. Die Folgen ließen nicht lange auf sich warten. Im Dezember 1960 verabschiedete die Vollversammlung der Vereinten Nationen die Resolution 1514. Fortan galt die Selbstbestimmung nun nicht mehr als begrüßenswertes Prinzip, sondern als Recht. Die Resolution hielt fest, dass die Unterwerfung von Völkern unter Fremdherrschaft im Gegensatz zur UNO-Charta stehe, dass alle Menschen den Anspruch auf Selbstbestimmung hätten und Ungleichheit in der Entwicklung nicht als Vorwand zum Herauszögern der Unabhängigkeit führen dürfe. Nach einer britischen Intervention enthielten sich die amerikanischen Delegierten der Stimme – bei der Verkündigung des Abstimmungsergebnisses sollte sich aber zeigen, dass die Resolution transnationale Identitäten mobilisierte. Unter denen, die sich zur Würdigung des Abstimmungsergebnisses erhoben, war eine afroamerikanische Delegierte der Vereinigten Staaten, die für diesen Akt der Distanzierung mit Beifall bedacht wurde. In der Tat beobachtete die afroamerikanische Bevölkerung die amerikanische Außenpolitik gegenüber afrikanischen Ländern sehr genau. Auf diese Karte setzte nun der junge, dynamische Kandidat der Demokraten im Präsidentschaftswahlkampf des Jahres 1960. John F. Kennedy (1917–1963) kritisierte die fehlenden Kompetenzen des State Department, profilierte sich medienwirksam als Afrikaexperte – und vermied mit der Thematisierung Afrikas innenpolitische Debatten über die Forderungen der schwarzen Bürgerrechtsbewegung.

Unabhängigkeits-erklärungen 1960

Dekolonisierung, Unabhängigkeit und Entwicklungspolitik stellen zentrale Themen internationaler Ordnung dar, sie sind sensible Indikatoren für die Spannungsfelder des Kalten Kriegs und ein Feld internationaler Profilierung für die Staaten Asiens und Afrikas. Diese charakteristische Verflechtung unterschiedlicher politischer Motive auf nationaler wie auf internationaler Ebene eskalierte in den sechziger Jahren im Fadenkreuz des West-Ost- und des Nord-Süd-Konflikts zu einer mit allen Mitteln geführten Auseinandersetzung um die Beanspruchung von politischen Deutungsmonopolen. Dekolonisierung und Unabhängigkeitsbewegungen beschreiben daher weder ein Verlaufsmodell, in dem eine Unabhängigkeitsbewegung die Kolonialmacht ablöst, noch lassen sich Dekolonisierung und Freiheitskampf zur unterschiedlichen Sichtweise verharmlosen. Sie erzeugten, wie das Beispiel der Republik Kongo zeigt, oft genug Chaos und Krieg mit unabsehbaren Folgen.

Dekolonisierung versus Unabhängigkeit

Auf der Ebene der internationalen Politik sorgten die Antagonismen des Kalten Kriegs dafür, dass sich der Handlungsspielraum der afrikanischen und asiatischen Staaten erweiterte. Als 1961 die Sowjetunion die Dekolonisierungspolitik der UNO unter Einschluss eines allgemeinen Truppenabzugs beschleunigen wollte, setzten afrikanische und asiatische Staaten als akzeptablen Kompromiss die Gründung des so genannten Komitees der 24 durch. Diese fortan für die Informationsbeschaffung verantwortliche internationale

Special Committee of 24 on Decolonization

Kommission besteht zu zwei Dritteln aus Staaten mit einem dezidiert anti-kolonialen Programm. Die Tätigkeit der Kommission war nun nicht mehr auf die Treuhandgebiete der UNO begrenzt. Selbst die Ablehnung der Kolo-nialmächte konnte das Komitee nicht hindern, Informationen über deren Kolonialgebiete zu sammeln. Damit hatte sich eine zentrale Funktion inter-nationaler Organisationen, nämlich die Regelung des grenzübergreifenden Informationsaustauschs, grundsätzlich verändert. Bislang hatten restriktive Regelungen dafür gesorgt, dass das Deutungsmonopol der Nationalstaaten gewahrt wurde und internationale Organisationen einen eher administra-tiven Charakter bei der Informationsverteilung inne hatten. Nun war inner-halb der Vereinten Nationen eine Kommission etabliert worden, die Infor-mationserhebungen als eigenständiges Instrument internationaler Politik einsetzen konnte. Das Komitee der unterdessen 27 Mitglieder prägt weiter-hin die Dekolonisierungspolitik der UNO, die mit dem Ende des Kalten Kriegs Programme zur „Eradiction of Colonialism" ins Leben rief.

b) Grenzübergreifende Proteste und transnationale soziale Bewegungen

Die Vereinten Nationen erreichten in der Nachkriegszeit zusammen mit den Sonderorganisationen eine internationale Administration von bislang nicht gekannter Größe. Es wäre allerdings verfehlt, die internationale Ord-nung der Nachkriegszeit allein aus der Sicht der wachsenden Bedeutung der IGOs zu beschreiben. Die normative Trennung zwischen NGO und IGO veränderte auch deren Selbstverständnis. Bislang hatten zivilgesell-schaftliche Netzwerke eine offiziell legitimierte Form der Internationalität beansprucht – mit allen Gefahren, welche diese Form der Mimikry in den dreißiger Jahren beinhaltete. Nach dem Zweiten Weltkrieg akzentuierte sich zwischen IGO und NGO ein Verhältnis der Konkurrenz und der Ab-grenzung, das durch die gesellschaftliche Entwicklung der sechziger Jahre zusätzlich verstärkt wurde. Es gilt daher in der Nachkriegszeit zwei Ent-wicklungsebenen zu berücksichtigen, eine zunehmende Abgrenzung der IGO vom zivilgesellschaftlichen Kontext auf der einen Seite und eine wach-sende Bedeutung transnationaler Bewegungen.

Wachsende gouvernementale Verbindlichkeit der IGOs – neue Formen der NGOs

Mit der Gouvernementalisierung internationaler Organisationen wuchs deren Verbindlichkeit. Statt informelle zivilgesellschaftliche Netzwerke zu sein, wie sie in den Zwanziger Jahren als nationale Völkerbundsorganisatio-nen gegründet wurden, begleiteten IGOs den Ausbau der staatlichen Verwal-tungen und drückten sich in der Zunahme transgouvernementaler Kontakte aus, also von Kooperationen, die zwischen staatlichen Verwaltungen ohne notwendige Einbeziehung der Außenministerien stattfanden. Die Welthan-delsorganisation ist ein Beispiel für derartige transgouvernementale Kon-takte, denn deren oberstes Entscheidungsorgan ist eine alle zwei Jahre statt-findende Ministerkonferenz, die die Handels- und Agrarminister der Mit-gliedsländer zusammenbringt. Die Aufwertung der Fachministerien stärkte zum einen den Ausbau der grenzübergreifenden Kontakte innerhalb dieser Verwaltungen, die Gouvernementalisierung der internationalen Organisatio-nen hat aber auch in Bereichen staatlicher Verwaltung zu Veränderungen ge-führt, die auf den ersten Blick mit diesem Bereich wenig zu tun haben, wie beispielsweise das nationale Bibliothekswesen. Der Völkerbund hatte als erste globale Organisation ein Publikationskonzept entwickelt, das Propaganda und Informationstransfer an die Öffentlichkeit sicherstellen sollte. Allerdings waren diese Publikationen in komplizierten Sonderreihen mit inkonsistenter Verteilung veröffentlicht worden. Die Publikationen sind bis zum heutigen Tag als vollständiger Quellenbestand nur schwierig zu eruieren, da die Schweizerische Nationalbibliothek als einzige Depositärbibliothek über den gesamten Bestand verfügt. Die UNO und ihre Sonderorganisationen regelten den Publikationentausch seit 1946 mit der Bestimmung von Depository Libraries. Damit erhielten IGO-Publikationen den Status von Regierungspublikationen und gerieten in den internationalen Publikationentausch, der weltweit etabliert ist. Die indische Delivery of Books Act bestimmte beispielsweise, dass die Publikationen der IGOs und der UNO in der indischen Nationalbibliothek greifbar sein müssen. Nimmt man die wachsenden Verflechtungen innerhalb der IGOs dazu, so hat die Welt nach 1945 in der Tat eine neue Qualität in der Präsentation des Globalen erreicht.

In der gleichen Epoche begannen sich auch die Erscheinungsformen zivilgesellschaftlicher Netzwerke grundlegend zu verändern. Neben Neugründungen und der Erweiterung bereits etablierter Organisationen, in denen sich die technologische Entwicklung abbildet, entwickelte sich eine neue Form grenzübergreifender Kooperation. Diese wird in der wissenschaftlichen Literatur als TSMO, als Transnational Social Movement Organization beschrieben. Derzeit gelten TSMOs in der wissenschaftlichen Literatur als Merkmal für eine globale Neuorganisation nach dem Ende des Kalten Kriegs und als spezifische Form grenzübergreifender Vernetzung in Asien. Auftreten und Bedeutung der TSMO sollen hier allerdings nicht deren Bedeutung als Teil einer soziologischen Theoriedebatte darlegen. Vielmehr geben TSMO als neue Erscheinungsformen grenzüberschreitender Vernetzung Hinweise auf sich allmählich verändernde Meistererzählungen. Dabei lässt sich feststellen, dass die nach 1945 zumindest prinzipiell erreichte Rechtssicherheit von IGOs und NGOs im internationalen System bereits in den sechziger Jahren nicht mehr ausreichte. Mit den Protestbewegungen der Studierenden und der Ausprägung einer außerparlamentarischen Opposition in den sechziger Jahren entwickelten sich neben den älteren Generationen internationaler Organisationen neue Formen grenzüberschreitender Netzwerke. Die Protestbewegung selbst stellte gleich in mehrerer Hinsicht ein globales Phänomen dar. Zum einen entzündete sich der Protest an den Kolonialkriegen der Vereinigten Staaten und Frankreichs in Vietnam und in Algerien. Zum anderen verbreitete sich die Protestwelle als politischer, gesellschaftlicher und kultureller Aufbruch weltweit und schließlich gehörten Studierende und mithin eine transnational gut vernetzte Gruppe zu den Hauptakteuren der Proteste. Die Opposition gegen den bürgerlichen Staat und die Solidarität mit unterschiedlichen Emanzipationsbewegungen stellten gemeinsame Schnittstellen grenzübergreifender Kooperationen dar. Feministische Emanzipationsbewegungen, der Aufbruch der Afroamerikaner, die Solidarität mit der Dritten Welt, Friede und Abrüstung, Hausbesetzer, freie Sexualität, Protestmärsche und Konzerte, die Bewunderung asiatischer und lateinamerikanischer Helden waren von der organisatorischen Tradition internationaler bürgerlicher Vereine weit entfernt und erreichten dennoch eine grundlegende gesellschaftliche Neuorientierung. Die neuen Ak-

TSMO und grenzüberschreitende Proteste

teure verstanden sich als Aktivisten und Teil einer Massenbewegung, nicht als Elite und Mitglieder eines exklusiven Vereins. Die neue Generation von Grenzgängern legte Wert auf eine alternative Kultur, suchte ihre Helden unter den gut aussehenden Revolutionären Lateinamerikas und verehrte neben Ernesto Che Guevara (1928–1967) den nordvietnamesischen Präsidenten Ho Chi Minh (1890–1969). Diese Akteure strebten keine Legitimierung über Anpassung an diplomatische Gepflogenheiten an, sie waren weder Internationalisten noch Kosmopoliten. Sie erreichten dennoch, dass grenzübergreifende Zusammenkünfte ein neues Erscheinungsbild erhielten. Statt Kongresse und Weltausstellungen konstituierten Festivals, Konzerte und Happenings eine internationale Öffentlichkeit, die nachhaltig von der Entwicklung der Kommunikationstechnologien bestimmt war.

Die Satellitentechnologie erlaubte Ereignisse zusehends global und in Real Time zu verbreiten. 1967 startete das Eurovisionsprogramm „Our World" mit der ersten satellitenübertragenen Livesendung. Einer der erfolgreichsten, über diese Sendung ausgestrahlten Songs der Beatles – „All you need is love" – machte deutlich, dass die neue Technologie auch der im Protest gegen den Vietnamkrieg geeinten Opposition ein grenzüberschreitendes Potential gewaltigen Ausmaßes verlieh.

Vietnam und die transnationale Antikriegsbewegung

Der Krieg in Vietnam hatte 1946 als Krieg der französischen Kolonialmacht begonnen, wurde seit der Teilung in Nord- und Südvietnam 1954 zu einem der wichtigsten Stellvertreterkriege im Kalten Krieg und wurde in den sechziger Jahren zusehends zu einem amerikanischen Krieg. Der amerikanische Präsident Lyndon B. Johnson (1908–1973) versuchte vergeblich, das amerikanische Engagement in Vietnam zu internationalisieren und die SEATO, die 1954 gegründete ‚asiatische NATO', einzubinden. Neben kleineren Kontingenten aus Australien, Neuseeland, den Philippinen und Thailand kämpften vornehmlich amerikanische Truppen in Vietnam. Dennoch war der Vietnamkrieg weit mehr in internationale und transnationale Verflechtungen eingebunden, als dies von einem klassischen Stellvertreterkrieg zu erwarten war. Ho Chi Minh verstand es, sowohl chinesische wie sowjetische Hilfe zu mobilisieren. Der Krieg beeinflusste aber auch die Außenpolitik Kanadas, Polens und Indiens, jener drei Mächte, die in der 1954 gegründeten International Commission for Supervision and Control (ICSC) vertreten waren. Diese Kommission hatte die Aufgabe, die an der Genfer Indochinakonferenz ausgemachten Bestimmungen zu übrwachen. Indien hatte den Vorsitz der Kommission und profilierte sich international als blockfreie Macht in Asien. Neben allen höchst schwierigen bilateralen Spannungen mit China und Pakistan gewann Indien damit eine Ebene der internationalen Politik, die sich deutlich von der kolonialen Vergangenheit unterschied. Indien bietet aus dieser Sicht ein komplexes Beispiel dafür, dass mit dem Erreichen der Unabhängigkeit auch eine Revision der Traditionen internationaler und transnationaler Verflechtungen notwendig war. Wie bedeutend diese koloniale Vergangenheit war, lässt sich am Beispiel von Tibet aufzeigen. Indische Proteste gegen die chinesische Annexion von Tibet setzten sich dem Vorwurf einer Weiterführung der britischen Kolonialpolitik aus.

Der Vietnamkrieg, hatte als eine der „transnational moments of change" (Horn/Kenney 2004) weit reichende transnationale und kulturelle Auswirkungen, und zwar in sozialistischen so gut wie in kapitalistischen Staaten. Im

Rahmen von sozialistischen Solidaritätsaktionen kamen Studierende, Auszubildende und schließlich auch Vertragsarbeiter aus Vietnam in die DDR. Die dabei entstandenen informellen Netzwerke blieben für den Aufbau der deutsch-vietnamesischen Beziehungen nach dem Ende des Kalten Kriegs von zentraler Bedeutung. In Europa wie in den Vereinigten Staaten bildete der Vietnamkrieg zentrales Anliegen einer transnationalen Antikriegsbewegung. Sie setzte an den amerikanischen Universitäten ein, verband sich mit der Bürgerrechtsbewegung um Martin Luther King (1929–1968) und erweiterte sich zur allgemeinen Protestbewegung. Sie erfasste die Hippie-Bewegung und die Pazifisten, Sänger wie Bob Dylan und Joan Baez. Eine Ikone der Protestbewegung war aber auch der Boxer Cassius Clay, der mit dem Satz den Einsatz in Vietnam verweigerte, er persönlich habe keinen Streit mit dem Vietcong. Eine Stunde nach dieser Erklärung wurde ihm der Weltmeistertitel aberkannt, erst nach einem weiteren Prozess die Verurteilung aufgehoben. Der Vietnamkrieg spaltete die amerikanische Gesellschaft, verschärfte nach der Ermordung von Martin Luther King und dem Aufschwung einer radikalisierten Bürgerrechtsbewegung die innenpolitische Lage und zeitigte globale Auswirkungen. 1966 initiierte der Philosoph, Mathematiker und Pazifist Bertrand Russell ein International War Crimes Tribunal nach dem Vorbild des Nürnberger Gerichtshofes. Die amerikanische Intervention sollte als Kriegsverbrechen verurteilt werden. Dem Russell-Tribunal gehörten die führenden Köpfe der linken Intelligenz an, Jean Paul Sartre (1905–1980) und Simone de Beauvoir (1908–1986) ebenso wie der Schriftsteller Peter Weiss (1916–1982). Weitere internationale Vietnamkonferenzen sollten folgen und brachten die Aktivisten der Antikriegsbewegung zusammen, Intellektuelle, die die Bücher von Herbert Marcuse und Frantz Fanon lasen und aus den Schriften des 1967 in Bolivien getöteten, und zum Märtyrer hochstilisierten Ernesto Che Guevara zitierten. Derartige Veranstaltungen fanden in den USA, in Europa und in Japan statt. Von der Protestbewegung gingen weltweit weitere transnationale Veranstaltungen aus, etwa in einer internationalen Vietnam-Konferenz im Februar 1968 an der Technischen Universität in Westberlin. Auf dieser Konferenz kündigte sich mit der Forderung, in den westlichen Industriestaaten müsse eine zweite Front zur Unterstützung der Befreiungsbewegungen in der Dritten Welt gegründet werden, eine Radikalisierung der Bewegung an. Letztlich spaltete diese Radikalisierung die Bewegung in eine Gruppe, die zum Marsch durch die Institutionen bereit war, und eine andere, die auf transnationalen Terror setzte und Guerillabewegungen wie die uruguayanische Stadtguerilla Tupamaros zum Vorbild nahm. Aus diesen radikalisierten Zweigen der Bewegung sollte sich später die Rote Armee Fraktion herausbilden.

Zu Beginn der siebziger Jahre zogen sich die amerikanischen Truppen aus Vietnam zurück. 1975 nahmen nordvietnamesische Truppen Saigon ein und leiteten die Wiedervereinigung von Nord- und Südvietnam ein. Die internationale Ordnung der siebziger Jahre zeigte ein ambivalentes Bild. In China drohte die Kulturrevolution das Land unregierbar zu machen, und die chinesisch-sowjetischen Beziehungen hatten sich 1967 bis zur Besetzung der sowjetischen Botschaft in Peking verschärft. Der amerikanische Außenminister Henry Kissinger setzte in dieser Lage auf die Multilateralisierung der amerikanischen Außenpolitik, die neben der Weiterführung der Abrüs-

Die Siebziger Jahre: Multilateralisierung der Krisen und die Zunahme internationaler Organisationen

tungsverhandlungen die Einbeziehung Chinas einschloss. Die Form der amerikanisch-chinesischen Annäherung fand dabei in einer für die siebziger Jahre charakteristischen Weise statt: Transnationale Beziehungen, in diesem Fall ein Pingpongturnier, bereiteten 1971 den Boden für „a whole new game", wie die Times titelte.

Gleichzeitig waren die siebziger Jahre eine Phase der Rezession, der Währungs- und Rohstoffkrisen, der Westen schien am Ende des Goldenen Zeitalters angekommen zu sein. Der Club of Rome, eine 1968 von einem italienischen Industriellen gegründete Organisation, die sich als „global think tank" versteht, veröffentlichte 1972 eine Studie mit dem diese Zeit prägenden Titel „Die Grenzen des Wachstums".

In dieser Phase der Verunsicherung entwickelte sich aus der Dynamik transnational politisierter Gesellschaften und einer Tendenz zur Multilateralisierung staatlicher Außenpolitik ein bemerkenswerter Aufschwung internationaler Programme und Organisationen. Im Mai 1974 verabschiedete die UNO Vollversammlung eine Erklärung und ein Programm für eine neue Weltwirtschaftsordnung. Darin wurde die Lücke der wirtschaftlichen Entwicklung und das globale Entwicklungsgefälle beklagt und neben einer Entwicklungspolitik auch eine Reform des internationalen Finanzsystems in Aussicht gestellt. Der New International Economic Order (NIEO) folgte im gleichen Jahr 1974 eine Charta wirtschaftlicher Rechte und Pflichten der Staaten, die in Analogie zur UN-Charta die Gleichheit der Staaten und deren unbeschränkte Verfügungsgewalt auch gegenüber fremdem Besitz forderte. Ausdruck dieser Entwicklung zur neuen Weltwirtschaftsordnung war 1975 das so genannte erste Lomé-Abkommen zwischen der EG und einer Gruppe afrikanischer Staaten, das gewissen Erzeugnissen wie Kakao, Bananen, Kaffee, Baumwolle und anderen Waren zollfreien Zugang zum EG-Markt gewährte, und EG-Produkte zu Meistbegünstigungskonditionen für den Import vorsah. Kritiker betonten allerdings, dass Modifikationen des Handels auch eine Veränderung der internationalen Finanzordnung bedingten. In der Tat war die in Bretton Woods entwickelte Finanzordnung nicht mehr länger zu halten. Der Dollar hatte seine Bedeutung als Leitwährung verloren. In dieser Situation lud der französische Präsident 1975 zum informellen Gespräch auf Schloss Rambouillet ein. Das Schloss erfüllte alle Voraussetzungen für ein informelles Treffen. Es gab weder Zimmer mit Bad noch ein professionelles Sekretariat. Neben dem französischen Gastgeber und Helmut Schmidt erschienen Harold Wilson aus London, Aldo Moro aus Italien, Gerald Ford aus den USA und Takeo Miki aus Japan. Die informelle Runde sollte sich nicht institutionalisieren, wohl aber zu jenen regelmäßigen multilateralen Treffen führen, die heute als G8 Gipfel bezeichnet werden.

Thematische Schwerpunkte und transkulturelle Konzepte

In Analogie zur Multilateralisierung internationaler Politik ist in den siebziger Jahren eine deutliche und markante Zunahme nongouvernementaler Organisationsgründungen festzustellen. Wie Sanjeev Khagram et al. darlegen, verdoppelte sich in den siebziger Jahren die Anzahl der NGOs, die sich für Menschenrechte einsetzten. Umweltorientierte NGOs verzeichneten eine dramatische Zunahme, ebenso Organisationen, die im weitesten Sinne entwicklungspolitischen Vorstellungen verpflichtet waren. Umweltorganisationen hatten ihre Wurzeln im 19. Jahrhundert, Menschenrechtsbewegungen ebenso. Allerdings wiesen die neuen Organisationen gemeinsame Charakteristika auf, die sie deutlich von ihren Vorgängerorganisationen unterschieden: Sie setzten auf interventionistische Konzepte, die Planung und Durchführung lokaler Aktionen beinhalteten. Die vereinsähnliche Struktur zivilgesellschaftlicher Organisationen erweiterte sich um Aktionsprogramme, die das nach wie vor zentrale Anliegen der Informationsvermittlung um spektakuläre und medientaugliche Aktionen vor Ort ergänzten. Obwohl die Mehrheit der Organisationen nach wie vor die Nähe urbaner Zentren suchte, ist in den siebziger Jahren eine Tendenz zur geografischen Differenzierung festzustellen. Aktionistische Konzepte wie Friedensmärsche und Mahnwachen lenkten den Blick auf lateinamerikanische Diktaturen, auf Atomanlagen und Waffenarsenale. Der Trend zur geografischen Diversifizierung verstärkte sich durch die wachsende Anzahl von NGOs in Entwicklungsländern. Wie Stephen N. Ndegwa feststellt, nahm die Anzahl registrierter NGOs zwischen 1975 und 1987 allein in Kenia um das Dreifache zu. Selbst die Anzahl indigener NGOs verzeichnete eine Zunahme von 130 Prozent. Die Fokussierung auf lokale Anliegen verbanden die sozialen Bewegungen der siebziger Jahre mit einem wirtschafts- und technologiekritischen Ansatz. Auf der Suche nach Vorbildern für diese Form des grenzübergreifenden Aktivismus verabschiedeten sich die Protagonisten der transnationalen sozialen Bewegungen von den bisherigen Vorstellungen, die auf staatliche und zivilgesellschaftliche Konzepte westlicher Provenienz ausgerichtet waren. Eine ganze Reihe von Bewegungen und Organisationen legitimierte ihr Vorgehen mit dem Konzept des gewaltlosen Widerstands. Diese für die sechziger und siebziger Jahre grenzübergreifende und einflussreiche Meistererzählung schloss den Widerstand der buddhistischen Mönche in Südvietnam ebenso ein wie die afroamerikanische Emanzipationsbewegung unter Martin Luther King. Die Idee eines im Übrigen keineswegs gewaltfreien „Gewaltlosen Widerstands" stellt ein transkulturelles Konglomerat dar. Für transnationale Bewegungen war insbesondere die auf Gandhi zurückgehende und von seinen Nachfolgern weiterentwickelte Idee der „Shanti sena" (Friedensbrigaden) von Bedeutung. Ursprünglich als Deeskalationsmaßnahme zwischen Hindu und Muslims in Indien gedacht und vom indischen Staat keineswegs begrüßt, folgten diesem Konzept die 1961 in Beirut gegründeten World Peace Brigades und deren 1981 gegründete Nachfolgeorganisation, die Peace Brigades International. Greenpeace und Médecins sans Frontières, beide 1971 entstanden, begründen ihre Aktionen mit Formen des gewaltlosen Widerstands und loten damit die Grenzen des zivilen Ungehorsams im Rahmen eines internationalen Netzwerks aus. Die für die siebziger Jahre weitaus bedeutendste und ihre Zeit prägende transnationale Bewegung entstand allerdings aus der Antikriegsbewegung, die gegen den Vietnamkrieg antrat.

Die direkten politischen Folgen dieses Aufschwungs an internationalen Organisationen sind schwierig abzuschätzen. Immerhin präsentiert diese weniger institutionen- als aktionsorientierte Form internationaler Organisation eine wieder erwachte internationale Zivilgesellschaft, deren transnationale Maßnahmen über einen Elitediskurs hinausreichten. Die Verabschiedung der UN-Resolution gegen die Apartheid 1973 wurde maßgeblich durch transnationale Aktionen unterstützt. Früchte aus Südafrika blieben in

Konzept des gewaltlosen Widerstands

den Regalen liegen, afrikanische Staaten setzten das Internationale Olympische Komitee erfolgreich unter Druck. 1968, 1972 und 1976 verweigerte das IOC Rhodesien und Südafrika eine Teilnahme an den Olympischen Spielen.

4. Internationale Organisationen im 21. Jahrhundert

Der Weg zum Ende des Kalten Kriegs

Unter dem Eindruck der Nachkriegsordnung dominierten zwischen 1945 und 1989 für ein halbes Jahrhundert gouvernementale Organisationen – mit dem Ende des Kalten Kriegs begann die Epoche der NGOs. Es ist naheliegend, den Aufschwung der transnationalen Bewegungen der siebziger Jahre als Vorgeschichte des Aufstiegs der NGOs zu betrachten. Allerdings kann von einer linearen Entwicklung nicht die Rede sein.

Krisenjahr 1979: Iran, Afghanistan, NATO-Doppelbeschluss

Die These, dass eine Zunahme an internationalen Organisationen und deren zunehmende Fokussierung auf grenz- und ideologieüberschreitende Themen zu einer friedlicheren Welt geführt hätte, lässt sich nicht bestätigen. Die siebziger Jahre endeten mit dem Beginn einer zweiten Phase des Kalten Kriegs. 1979 verabschiedeten die Verteidigungs- und Außenminister der NATO-Staaten den NATO-Doppelbeschluss: Bei misslingenden Abrüstungsverhandlungen sollten demnach in Europa Mittelstreckenraketen stationiert werden. Die Abrüstungsbemühungen, die seit 1962 mit der Gründung der United Nations Conference on Disarmement eine internationale Plattform gefunden hatten, waren offensichtlich nur beschränkt erfolgreich. Zwar gelang es, dieses Gremium in den siebziger Jahren zu erweitern – allerdings vergrößerte sich auch der Kreis der Atomwaffen besitzenden Staaten. Im Krisenjahr 1979 eskalierte der Machtwechsel im Iran trotz Vermittlungsversuchen der UNO und Einreichung einer Klage beim Internationalen Gerichtshof.

Im gleichen Jahr marschierte die sowjetische Armee in Afghanistan ein. Das afghanische Militärregime war trotz sowjetischer Militärhilfe gegen die von den USA unterstützten Freischärler nicht zu halten. Diese erhielten überdies Waffen aus China und Saudi-Arabien. Schnell wurde allerdings klar, dass die Unterstützung einer sowjetfreundlichen Regierung mit militärischen Mitteln nicht ausreichte. Die Gegner waren islamisch-fundamentalistische Gotteskrieger (Mujaheddin), die den Islam in diesem von unterschiedlichen Sprachen, Stämmen und Ethnien bewohnten Gebiet zur Identitäts- und Koalitionsbildung nutzten. Aus einem Bürgerkrieg wurde damit ein Krieg gegen die Invasion einer fremden Macht, die ihrerseits im unwegsamen Gebirgsland gegen den Guerillakrieg wenig ausrichten konnte. Eine internationale Lösung des Konflikts schien überdies wenig wahrscheinlich, da sich der amerikanische Präsident Ronald Reagan (1911–2004) mit der Strategic Defense Initiative (SDI) profilierte, einem im Weltraum positionierten Raketenabwehrsystem, das in der Öffentlichkeit nach dem gleichnamigen Film als ‚Star Wars' bezeichnet wurde.

Der Vergleich der russischen Intervention in Afghanistan mit dem amerikanischen Engagement in Vietnam ist nahe liegend, wird aber meistens auf die innenpolitischen Folgen begrenzt. Hatte aber Afghanistan für die internationale Ordnung eine ähnlich paradigmatische Bedeutung wie Vietnam für die Mobilisierung einer internationalen Zivilgesellschaft? Auf den ersten Blick sind solche Gemeinsamkeiten nicht festzustellen. Zwar führte der sowjetische Einmarsch in Afghanistan zum Teilboykott der olympischen Spiele, die 1980 in Moskau stattfanden, allerdings ohne dass diese Proteste eine gesellschaftliche Breitenwirkung erfahren sollten. Dennoch gibt es andere Hinweise auf eine Neuausrichtung der internationalen Ordnung. Die 1973 in Helsinki beginnenden Konferenzen über Sicherheit und Zusammenarbeit in Europa (KSZE) entwickelten eine zukunftsweisende Form grenz- und ideologienübergreifender Zusammenarbeit. Die in so genannten „Körben" gebündelten Anliegen stärkten transnationale Kontakte, die Unterstützung der Zusammenarbeit in den Bereichen der Wirtschaft, der Kultur und der Wissenschaft. Der KSZE-Prozess festigte Informationsaustausch und zivilgesellschaftliche Kontakte als Normen grenzübergreifender Kooperation. Seit 1995 ist aus der KSZE eine internationale Organisation, die Organization for Security and Co-operation in Europe (OSZE) mit Sitz in Wien geworden. Die regionale Organisation, deren Mitglieder „from Vancouver to Vladivostok" reichen, hat für eine neuartige Implementierung kultureller Themen und zivilgesellschaftlicher Netzwerke gesorgt.

1982 starb Leonid Breschnew (1906–1982) nach über zwanzigjähriger, die Sowjetunion prägender Herrschaft. Nach zwei, nur kurze Zeit bestehenden, Interimsregierungen wurde 1985 Michail Gorbatschow Generalsekretär der KPdSU und 1990 Präsident der Sowjetunion. Der Machtwechsel in Moskau fiel mit dem sowjetischen Rückzug aus Afghanistan zusammen. Der außenpolitische Reformkurs von Michael Gorbatschow führte gleichzeitig zu einer Aufwertung internationaler Organisationen. In der Transformationsphase der späten achtziger Jahre gab die Sowjetunion die reservierte Haltung gegenüber UNO und IGOs auf und begann Beitrittsverhandlungen zum Weltwährungsfonds (IMF), zur Internationalen Bank für Wiederaufbau und Entwicklung (IBRD) und zum Allgemeinen Zoll- und Handelsabkommen (GATT). Die Mitgliedschaft in diesen Organisationen war eine notwendige Voraussetzung für die Integration des Landes in das Welthandelssystem. Gleichzeitig erfuhren kulturelle und zivilgesellschaftliche Netzwerke eine deutliche Aufwertung.

Transformation und Aufwertung internationaler Organisationen durch die Auflösung der Sowjetunion

Die Tausendjahrfeier zum Bestehen der russisch-orthodoxen Kirche bot die von Gorbatschow unterstützte Gelegenheit einer religiösen und kulturellen Annäherung über die transnationalen Netzwerke der Kirchen. 1988 wurde schließlich in Moskau die „International Foundation for the Survival and Development of Humanity" eröffnet. Dabei handelte es sich um eine Stiftung nach amerikanischem Vorbild und mit international besetztem Beirat. An der neuen Organisation war auch der Physiker und Oppositionspolitiker Andrei Sacharow (1921–1989) beteiligt.

Afghanistan blieb derweilen auf eine ganz andere Weise ein typisches Beispiel für den sich nach dem Ende des Kalten Kriegs ankündigenden Bedeutungswandel internationaler Organisationen. Das entlegene Land am Hindukusch, größter Opiumproduzent der Welt und als Rückzugsgebiet für Terroristen seit dem Anschlag vom 11. September 2001 im Zentrum sicherheitspolitischer Interessen, lässt zwar nach wie vor zivilgesellschaftliche Or-

Afghanistan

ganisationen vermissen. Dafür weist Afghanistan eine augenfällige Dichte an internationalen Organisationen auf: Für den Aufbau rechtstaatlicher Strukturen ist die 2002 vom UN-Sicherheitsrat gegründete United Nations Assistance Mission in Afghanistan (UNAMA) zuständig, die Leitung dieser Organisation koordiniert 19 weitere Agenturen der Vereinten Nationen. Das Land wird militärisch von der International Security Assistance Force kontrolliert, diese besteht aus Truppen der NATO, die im Auftrag der Vereinten Nationen die innere Sicherheit zu garantieren suchen. Die Operation Enduring Freedom (OEF) ist eine Spezialeinheit zur Terrorbekämpfung, EU-POL Afghanistan ist eine Initiative der EU und mit dem Aufbau der Afghanischen Polizei befasst, der IMF kontrolliert die Wirtschaftsentwicklung, dazu haben eine große Anzahl Hilfsorganisationen Zweigstellen und Spezialprogramme in Afghanistan lanciert, wie Technische Hilfswerke, die Welthungerhilfe und das Kinderhilfswerk der UNO (UNICEF). Die Organization for Mine Clearance & Afghan Rehabilitation (OMAR), ist für Minenräumung zuständig und gehört zu jenen internationalen Organisationen, die speziell für Afghanistan gegründet wurden. Man mag diese bei weitem nicht vollständige Liste als Ausdruck internationaler Solidarität interpretieren – sie zeigt aber nicht minder, dass internationale Organisationen im 21. Jahrhundert in höchst unterschiedlicher Weise sichtbar werden: als gut geschützte Administrationen in den Glaspalästen von Genf und New York, in direktem Kontakt mit der Zivilbevölkerung immer dann, wenn es um Krisenregionen und Notfallsituationen geht und in der Form von internationalen Koordinationskonferenzen, die zusehends gouvernementale Sicherheitspolitik mit den zur Verteidigungsindustrie umbenannten Rüstungsunternehmen kombinieren.

Was also sind die wesentlichen Merkmale der neuen internationalen Ordnung und wie unterscheiden sie sich nach dem Ende des Kalten Kriegs von jener Generation, die 1945 als Sicherung internationaler Kooperation eingeführt wurde?

a) Die neue Bedeutung der NGOs

Das beginnende 21. Jahrhundert ist eine Zeit der Abgrenzung, der Kritik an bestehenden IGOs, der Aushandlungsprozesse um nationale oder aber transkulturelle Deutungsmonopole, die im Folgenden auf ihre historische Textur und die Konstruktionen von Traditionen untersucht werden sollen. Die historische Methode ist nicht geeignet, zukünftige Entwicklungen zu prognostizieren. Historiker und Historikerinnen können aber untersuchen, welchen Vorstellungen der Vergangenheit die Gegenwart ein Zukunftspotential zuschreibt.

Die Ära der Gegenkongresse

In den neunziger Jahren gingen die NGOs auf Konfrontationskurs zu den gouvernementalen Netzwerken. Ihre Parallelveranstaltungen konkurrierten mit den offiziellen Konferenzen und machten auf diese Weise auf alternative Lösungsvorschläge und die Verantwortlichkeit internationaler Administrationen gegenüber einer grenzübergreifenden Zivilgesellschaft aufmerksam.

Den Start zu dieser Entwicklung gab der unterdessen vielzitierte Earth Summit, der 1992 in Rio de Janeiro stattfand und mehr als 40.000 Menschen mobilisierte. Bei diesem Anlass sollte sich die für die künftige Debatte zentrale Neuorientierung des Naturschutzes ankündigen, der fortan die ganze Umwelt thematisierte. Biodiversität und Klimawandel schloss künftig auch Fragen der Menschenrechte ein. NGOs rechneten allerdings die Differenz zwischen Rhetorik und Realität vor. Als 1993 die World Conference on Human Rights in Wien stattfand, fand das diplomatische Großereignis bei den NGOs wenig Zustimmung. Die Regierungsdelegierten waren nämlich weder bereit, den in diesem Bereich tätigen Menschenrechtsorganisationen einen speziellen Status zuzugestehen, noch sollte ein Problem gelöst werden, das mit der Anerkennung kultureller Differenzen fortan den globalen Diskurs prägen sollte: Das Eingeständnis der adäquaten Berücksichtigung kultureller und regionaler Unterschiede („Asian values") stellte die Universalität der Menschenrechte in Frage. Fünf Jahre später trafen sich die NGOs auf einem eigenständigen internationalen Forum in Ottawa. Die Lage der NGOs war nach wie vor ungelöst. Zwar gab es Beispiele einer frühen Beteiligung der NGOs, wie auf der zweiten Weltkonferenz über menschliche Siedlungen (Habitat II) 1996 in Istanbul. Allerdings befürchteten Kritiker, dass NGOs bei Fragen der Menschenrechte zu spät oder überhaupt nicht einbezogen wurden.

NGOs hatten nach wie vor eine ambivalente Bedeutung. Ihre politische Mobilisierungskraft war offensichtlich, denn Tausende von Menschen waren bereit, dem Aufruf der NGOs zu Parallelveranstaltungen zu folgen. Diese Situation war allerdings vier höchst unterschiedlichen Vorstellungen internationaler Ordnung zuzuweisen: eine Aufwertung der internationalen Zivilgesellschaft im internationalen System, eine neoliberale Verschiebung von politischer Verantwortung auf den privaten Sektor, eine schlagkräftige Organisation der Globalisierungsgegner oder eine neue Form lokaler Politik, die ihre Anliegen über eine internationale Öffentlichkeit durchsetzt.

Internationale Zivilgesellschaft Neoliberalismus Lokale Interessen

Die Mobilisierung der internationalen Zivilgesellschaft erhöhte den Druck für eine bessere Einbindung der NGOs in das System der Vereinten Nationen und öffnete auf diese Weise neue Formen der Kooperation. Die auf diese Weise erreichte Aufwertung der NGOs verstärkte allerdings als zweite Option auch neoliberale Privatisierungsvorstellungen und legitimierte die Abgabe staatlicher Zuständigkeiten an private Organisationen – mit allen problematischen Konsequenzen, die sich aus dieser Entwicklung ergaben. Derzeit existiert eine ganze Reihe von Organisationen, die semistaatliche Funktionen übernehmen. Es handelt sich dabei um Organisationen, die, wie das 2004 gegründete Secretariat of the Antarctic Treaty, unterschiedliche Gremien in internationalen Territorialverwaltungen steuern. Staaten pflegten dagegen internationalen Anforderungen zusehends mit dem Hinweis auszuweichen, dass die dafür nötige Infrastruktur im öffentlichen Sektor nicht zur Verfügung stand. Daraus ergaben sich neue und komplexe Strategien, die von Shalini Randeria im Konzept des ‚listigen Staates', des „cunning state" beschrieben werden. Staaten richten demnach ihre Strategie durchaus nicht immer auf eine fortschrittsgerichtete Politik aus. Vermeintliche oder tatsächliche Schwäche kann in einem vernetzten System auch als politischer Vorteil genutzt werden. Eine dritte Gruppe ging auf Konfrontationskurs und betrieb eine Internationalisierung der Globalisierungsgegner mit dem Ziel der Organisation von Massenprotesten und gewaltsamen Konfrontationen. Innerhalb dieser vielschichtigen Gegenbewegung bildete sich 2001 das Weltsozialforum heraus. Dabei handelt es sich um eine lose Gemeinschaft von Gegnern einer neoliberalen Auffassung von ökonomisch begründeter Globalisierung. Die Bewegung lancierte den Slogan „another world is possible" und weist mit dem philippinischen Soziologen Walden Bello einen profilierten Globalisierungsgegner auf. Eine vierte Möglichkeit besteht in der Durchsetzung lokaler Forderungen, denen die viel beachteten globalen Plattformen eine im nationalen Kontext nicht vorhandene Möglichkeit der Politisierung regionaler Anliegen verschaffen. Diese Option hat sich zum Begriff ,glokal' und ,glocal' als Zusammenzug von global und lokal verdichtet. Auch in diesem Fall trifft allerdings die emanzipatorische Funktion glokaler Konzepte nur die halbe Wahrheit. Menschenrechtsorganisationen wie Amnesty International beklagen den Auftritt ,unechter' NGOs, so genannter „GONGOs". Diese vom Staat gezielt initiierte und finanzierte Organisationen haben das Ziel, das politische Potential einer ,echten' Zivilgesellschaft zu neutralisieren.

Welche dieser Optionen sich durchsetzen werden, wird die Zukunft weisen. Das in den neunziger Jahren noch deutlicher präsente Ideal einer weltweiten, nach demokratischen Spielregeln funktionierenden internationalen Zivilgesellschaft sah sich mehrfach herausgefordert. Der Terrorangriff vom 11. September 2001 stärkte eher gouvernementale Kooperationen und staatliche Kontrollmechanismen, das Gleiche gilt für die Finanzkrise 2008.

Charakteristische NGOs des 21. Jahrhunderts

Friedensnobelpreise, seit ihrer Begründung feine Indikatoren der Legitimation grenzübergreifender Netzwerke, spiegeln seit der Mitte der neunziger Jahre eine neue Vielfalt internationaler Organisationen. 2001 erhielten die Vereinten Nationen endlich den Friedensnobelpreis. Doch die Preise dokumentieren vor allem die wachsende Bedeutung von NGOs in bislang für diese nicht zugänglichen Bereichen der internationalen Politik. Längst wird dabei die Friedenssicherung breit interpretiert. Der Friedensnobelpreis hat sich in dem Sinne den Forderungen angenähert, die 1980 zur Gründung des alternativen Nobelpreises – Right Livelihood Award – führten, nachdem das Nobelkomitee keinen Preis für Entwicklung und Ökologie ausgeben wollte. Seit den neunziger Jahren wird der Preis zusehends an Personen und Organisationen vergeben, die zehn Jahre zuvor politisch noch höchst umstritten waren (Greenpeace, Médecins sans Frontières), die innovative Formen internationaler Kooperation entwickelten (International Campaign to Ban Landmines), die Fragen von globaler Bedeutung lancierten (Klimawandel) oder aber die typische Textur des Kalten Kriegs in eine für das 21. Jahrhundert taugliche Form umzuwandeln verstanden (Atomenergiebehörde, IAEA).

Die Bekämpfung von Landminen: NGOs als Akteure in der Sicherheits- und Rüstungspolitik

Die International Campaign to Ban Landmines (ICBL) erhielt 1997 bereits fünf Jahre nach ihrer Gründung den begehrten Friedensnobelpreis. In der Tat handelt es sich dabei um eine aus einer Koalition von NGOs entstandene Bewegung, wie sie in dieser Form während des Kalten Kriegs schwer vorstellbar gewesen wäre. Das Verbot von Waffen gehörte als Teilbereich des staatlichen Gewaltmonopols zu den bis dahin ausschließlich gouvernementalen Bereichen internationaler Politik. Während des Kalten Kriegs handelte es sich überdies um einen für die Großmächte reservierten Politikbereich, der mit der Reduktion und Kontrolle atomarer Waffen die Menschheit retten wollte, das Los der von unzähligen Kriegen betroffenen Zivilbevölkerung aber nicht verbesserte. Die Beteiligung zivilgesellschaftlicher Organisationen hatte zu diesem Zeitpunkt eine in der internationalen Friedensbewegung wohl fundierte Tradition grenzübergreifender Proteste. Zivilgesellschaftliche Organisationen zur nuklearen Abrüstung sind seit den fünfziger Jahren nachzuweisen. Mit der Gründung umweltorientierter Organisationen nahm die Frage der Entsorgung an Bedeutung zu. Nach dem Ende des Kalten Kriegs gewannen die im Titel einer 1989 unterzeichneten Konvention erscheinenden „transboundary movements of hazardous wastes and their disposal" an Bedeutung und wurden zum Ziel nongouvernementaler Organisationen wie dem Basel Action Network (1997). Die Abfallentsorgung profilierte eine grenzübergreifende Kooperation zwischen privaten Umweltaktivisten und gouvernementalen Bemühungen, das Problem international zu regeln. Diese Zielsetzung erwies sich insbesondere nach dem Ende des Kalten Kriegs als ein in der Öffentlichkeit relevantes Thema und ersetzte teilweise jene internationalen Organisationen, die sich in der Zeit des Kalten Kriegs für Verbot oder Kontrolle der Atomwaffen eingesetzt hatten. Die Verschiebung des Interesses zur internationalen Regelung der Abfallentsorgung bündelte eine Reihe von internationalen Aktivitäten. Recycling und Abfallentsorgung sind global regelungsbedürftige wie unter Umständen auch sehr lukrative Politikbereiche, die zwar in Europa und Asien auf einer starken Umweltbewegung basieren, zusehends aber in Asien an Bedeutung gewinnen.

Die Bekämpfung der Landminen war bislang von den Staaten ausgespart worden und stellte insbesondere kein internationales Thema dar. Landminen sind resistent gegen politische Lösungen, sie explodierten auch nach Friedensschluss und können nicht zwischen militärischen und zivilen Opfern unterscheiden. Die Beseitigung der Überreste von Konflikten in einer Phase, in der die politische Lösung bereits durchgesetzt war, fiel in eine Grauzone internationaler Politik, für die keine staatlichen Akteure zuständig waren. Die Aktion ging von einer Gruppe von NGOs aus, die im weitesten Sinne humanitäre Arbeit leisteten. Dennoch unterschied sich deren Argumentation grundlegend von einer Rhetorik der Entwicklungshilfe, zumal das Verbot der Landminen bei der im 21. Jahrhundert zusehends wichtigen Verpflichtung der Produzenten zur Abfallentsorgung anknüpfte und daher auf eine Verpflichtung hoch industrialisierter Staaten ausgerichtet war. NGOs konnten Aufklärungsarbeit leisten und die Öffentlichkeit sensibilisieren. Die Kooperation mit bekannten Persönlichkeiten wie Nelson Mandela und der Princess of Wales war Teil einer mediengerecht lancierten internationalen Öffentlichkeitsarbeit. Allerdings war die wachsende Organisation zur Formalisierung eines internationalen Verbots auf staatliche Kooperation angewiesen. Die politische Strategie bestand darin, Staaten mittlerer Größe einzubeziehen. Dazu gehörten neben Kanada, Deutschland und Südafrika auch Belgien und die Schweiz. Staaten, die sich bereits im 19. Jahrhundert mit der völkerrechtlichen Umsetzung semioffizieller Kooperationen profiliert hatten. Die Nutzung solcher Kooperationen war nach dem Ende des Kalten Kriegs wieder möglich und beendete eine Phase strikter normativer Abgrenzung zwischen staatlichen Politikbereichen und der Tätigkeit der Nichtregierungsorganisationen. Aus einer historischen Perspektive greift

Landminen

diese Strategie eine Entwicklung auf, die hundert Jahre zuvor Hintertüren zur Macht geöffnet hatte. Die Rahmenbedingungen sind im 21. Jahrhundert dennoch grundsätzlich verschieden. Die Verflechtung zwischen NGOs und staatlicher internationaler Politik, zwischen IGOs und internationaler Zivilgesellschaft muss unter Berücksichtigung einer Distanz neu definiert werden, die von gegnerischen Positionen ausgeht.

Kooperation zwischen Regierungen und internationaler Zivilgesellschaft
(Jody Williams, Koordinatorin ICBL, Nobel Lecture, 10.12.1997, http://nobelpriz e.org)

A handful of governments agreed to sit down with us and talk about where the movement to ban landmines would go next. Historically, NGOs and governments have too often seen each other as adversaries, not colleagues, and we were shocked that they came. (…) The treaty negotiations were historic. (…) For the first time, smaller and middle-sized powers had come together, to work in close cooperation with the nongouvernmental organizations of the International Campaign to Ban Landmines, to negotiate a treaty which would remove from the world's arsenals a weapon in widespread use.

Annäherung von IGOs und NGOs

Seit der Jahrtausendwende erschienen gouvernementale Netzwerke auf der Liste der Ausgezeichneten. Dieser Prozess spiegelt einen Trend zur Regouvernementalisierung, ist allerdings auch Ausdruck des doppelten Bedeutungswandels, der sich innerhalb der großen gouvernementalen Organisationen durchsetzte: Die vormals abgeschotteten IGOs suchten zivilgesellschaftliche Schnittstellen und Kooperationsmöglichkeiten. Einigen von ihnen gelang es überdies, ihr im Kalten Krieg geprägtes Profil zu modifizieren. Ein interessantes Beispiel dieses doppelten Bedeutungswandels stellt die bereits zitierte Atomenergiebehörde dar, die noch in den neunziger Jahren mit den Untersuchungen im Irak ihre durch die Überwachung des Atomwaffensperrvertrags militärische Funktion wahrnahm. 2004 profilierte sich die Organisation mit der Gründung von PACT for Global Cancer Partnership und engagiert sich in Krebsbekämpfung und der Unterstützung von Radiotherapien. Ähnliche Transformationsprozesse lassen sich in der Satellitentechnologie und der Erdbeobachtung feststellen, die zusehends als weltumgreifende Beobachtungs- und Vorwarnsysteme genutzt werden. Der derzeit breiteste und einflussreichste Internationalisierungsprozess der neuen Generation ist in den Bereichen der Umweltpolitik, des Klimawandels und der globalen Erwärmung zu suchen. Zum einen profilierten sich mit diesem neuen Thema alte Organisationen wie die meteorologischen Fachorganisationen. Die erste Weltklimakonferenz wurde 1979 von der World Meteorological Organization (WMO) einberufen, 1988 unterstützte die gleiche Organisation die Errichtung eines Intergovernmental Panel on Climate Change, einer gouvernementalen Expertengruppe, die 2007 den Friedensnobelpreis erhielt. Das Panel ist vornehmlich für die Ausarbeitung globaler Normen zuständig und eine wesentliche Voraussetzung für die politische Durchsetzung der Erkenntnis, dass Klimawandel durch menschliches Handeln induziert ist.

b) Neoliberalismus und Transkulturalität: die Suche nach der neuen Begrifflichkeit

Der Trend zur Verdichtung transnationaler Netzwerke ist im 21. Jahrhundert kein westliches Phänomen. Vielmehr haben asiatische Initiativen zugenommen, ebenso das Engagement von Staaten, die sich bisher zurückhaltend zeigten, bei denen kein Systemwechsel und keine grundlegende ideologische Neuorientierung festzustellen sind. China blieb ein kommunistisches Regime, allerdings ist in den neunziger Jahre ein Schub von chinesischen Beitritten in internationale Organisationen festzustellen – gekrönt vom Beitritt in die WTO 2001 nach einer Verhandlungszeit von 15 Jahren. Das Muster der allmählichen Erweiterung staatlich tolerierter internationaler Organisationen folgt dabei dem historischen Entwicklungsmodell. Parallel zum gouvernementalen Beitritt zu den IGOs entwickelten chinesische Wissenschaftler und Experten eigene NGOs, wie die 1987 gegründete World Federation of Acupuncture-Moxibustion Societies (WFAS). Andere zivile Organisationen folgten, wie die 1992 gegründete Asian Dragon Boat Federation. Der Kontext des wachsenden politischen Potentials lässt sich an der Schaffung neuer regionaler Verbundsysteme ablesen, etwa an den Shanghai five, eine Verbindung eurasischer Verteidigungsministerien, die mit der Auflösung der Sowjetunion entstand und in einem Gebiet des transkulturellen Übergangs China als neue dominante Macht im Netzwerk der IGOs etablierte.

Die Daten der Union des Associations Internationales bestätigen auch für Indien und Japan eine Zunahme regionaler, auf Asien bezogener Netzwerke. Indien präsentiert ein ausnehmend vielseitiges Bild unterschiedlicher Organisationen. Zwischen 1989 und 2007 zählt die UAI für Indien nicht weniger als 109 Neugründungen – doppelt so viele wie in China und mit einer Tendenz der Annäherung an Japan mit 168 neu gegründeten Organisationen. Neben der regionalen Ausrichtung wird ein ‚Generationenkonflikt' sichtbar. Statt indische Partizipation in bereits bestehenden Organisationen als primäres Ziel anzustreben, präsentieren in Indien gegründete internationale Organisationen ein Gegenmodell nicht westlicher Ausrichtung mit dem Angebot weltweiter Partizipation. So bietet ein 2004 in Indien gegründetes International Nobel Peace Prize Recommendation Forum mit Sitz in Lakhnau (Lucknow) Möglichkeiten zum Vorschlag von Nobelpreisträgern per Mausklick an. Die Organisation unterstreicht ihren Charakter als internationale „Grassroot"-Bewegung durch ihre Verbindung mit einem 1997 in Indien gegründeten International Non-Olympic Committee. Diese Organisation will vornehmlich jene Sportarten international fördert, die nicht als olympische Disziplinen anerkannt sind. Super-Cricket wird auf der indischen Website der Organisation als Paradebeispiel eines bislang vernachlässigten Sportart präsentiert und als „new sport for the millenium" angepriesen – trotz seiner offensichtlichen Zugehörigkeit zu britischen Traditionen. Andere Organisationen globalisieren einen Bereich, der bislang als regionales Charakteristikum verstanden wurde. Der 1995 gegründete International Trust for Traditional Medicine (ITTM) beansprucht ein Deutungsmonopol asiatischer traditioneller Medizin und sammelt Daten, die von traditionellen tibetanischen Medizinaltexten bis zu

Merkmale internationaler Organisationen 1989–2007: Regionalisierung, ‚Generationenkonflikt', Umweltbezogenheit

Pilotprojekten zum biodynamischen Anbau von Medizinalpflanzen reichen.

In der internationalen Ordnung des 21. Jahrhunderts haben vielfältige Organisationsvorstellungen ein uneinheitliches Bild geschaffen, das von einer starken Zunahme von Akteuren bestimmt ist. Die Bedeutung von transnationalen Netzwerken, von IGOs wie von NGOs wird nicht länger angezweifelt. Allerdings ist diese Feststellung unvollständig und unbefriedigend. Sie reflektiert zu wenig, dass die Rahmenbedingungen internationaler Organisation sich seit der zweiten Hälfte des 19. Jahrhunderts grundlegend verschoben haben und zwar in einer Weise, die sich der bislang etablierten wissenschaftlichen Begrifflichkeit entzieht. Seit dem Ende des Kalten Kriegs ist ein Wettstreit unterschiedlicher Narrative festzustellen, eine Epoche der Neologismen, der begrifflichen Neuinterpretation und der Bündelung bisheriger Aktionen zu einer neuen Form der Interpretation von Globalität. Der Begriff der Entwicklung und damit einer zentralen Vorstellung internationaler Organisation, hat dabei besonders vielfältige Formen gefunden, von dem in den achtziger Jahren gebräuchlichen „sustainable development" zu dem derzeit gebräuchlichen „capacity development". Gouvernementale Organisationen, allen voran die Vereinten Nationen, interpretieren diesen Prozess der Veränderung weniger als strukturellen Umbruch, sondern als eine Zunahme von grenzübergreifenden Prozessen, die mit einer Politik der synergetischen Erweiterung und der Implementierung neuer Programme beantwortet wird. Die Vereinten Nationen verabschiedeten im

Jahr 2000 die United Nations Millenium Declaration. Das Programm stellt neben dem Versuch, das Deutungsmonopol globaler Zielsetzungen zu wahren, vor allem die strukturelle Bündelung internationaler Akteure unter dem Dach der UNO dar. Auf die Milleniumsziele wurden Mitgliedsländer und deren Entwicklungshilfeprogramme, aber auch vielfältige Entwicklungsorganisationen und Unternehmen im Rahmen der Multistakeholder Partnerships verpflichtet. Das Programm sieht vor, dass in einer bis 2015 begrenzten Zeitspanne acht Forderungen zu erreichen sind: die Eliminierung von extremer Armut und Hunger, die Sicherung des Bildungszugangs, die Förderung der Gleichheit der Geschlechter, die Senkung der Kindersterblichkeit, die Verbesserung der Gesundheit von Müttern, die Bekämpfung von HIV/Aids und weiterer Krankheiten, die Sicherung von ökologischer Nachhaltigkeit und die Entwicklung einer globalen Partnerschaft, die auf einem nichtdiskriminierenden Wirtschaftssystem beruhen soll. Diese Ziele sind unterdessen in der Tat Teil einer globalen Narrative geworden. Sie treten in Schulungsprogrammen aller Art auf und beeinflussen die strategische Ausrichtung der NGOs. Traditionsreiche NGOs wie die 1889 gegründete Interparlamentarische Union entwickelten neue Strategien der Zusammenarbeit mit der UNO. Die ‚Globalisierung' der UNO durch die Einbeziehung bislang vernachlässigter Akteure ist allerdings keine hinreichende Beschreibung der Charakteristika grenzübergreifender Vernetzung im 21. Jahrhundert.

Moderne Informationstechnologien erlauben Formen internationaler Organisation, die nicht in herkömmliche Interpretationsmuster passen. Der virtuelle Raum ist einerseits von höchster Wichtigkeit, andererseits können Websites auch von Einzelpersonen ins Netz gestellt werden. Hinter internationalen Organisationen steht oftmals nicht mehr als eine Website. Selbst die institutionengebundene Zählung der UAI weist Organisationen aus, die bereits ein Jahr nach ihrer Gründung nicht mehr existieren. Die Ausbeutung billiger Arbeitskräfte hat mit neuen Formen einer internetbasierten Ökonomie allerdings neue Dimensionen entwickelt und individuelle Aktionen können beträchtliche Folgewirkungen haben. Als ein reicher Abenteurer mit allen Mitteln der medialen Repräsentation eine globale Abstimmung über die sieben neuen Weltwunder durchsetzte, mussten die Organisationen der UN ihre Zurückhaltung angesichts von 90 Millionen elektronisch abgegebener Voten schließlich aufgeben.

Die wissenschaftliche Interpretation solcher Ereignisse ist uneinheitlich und fordert die jeweilige Wissenschaftstradition heraus. Angesichts der Differenz zwischen Fächertraditionen und der zunehmenden Bedeutung nicht-institutionalisierter grenzübergreifender Bewegungen und Vernetzungen ist der Vorschlag des Einsatzes anthropologischer Methoden in der Tat nachvollziehbar. Feldforschungen im Cyberspace ergänzen die Vielfalt der Ansätze, die derzeit zwei unterschiedliche Orientierungen erkennen lassen. Wissenschaftliche Erklärungsmodelle setzen zum einen auf eine ökonomische Begründung internationaler Vernetzung oder folgen zum anderen einem kulturellen Diskurs. Beide Modelle überschneiden sich zwar, beginnen aber ihre Analysen aus einer unterschiedlichen Perspektive. Für die ökonomische Sichtweise seien die Arbeiten von Aihwa Ong zitiert, für den kulturellen Ansatz die Werke von Arjun Appadurai. Beide weisen auf die Transgression bestehender Strukturen hin, auf die Auflösung zentraler Vorstellungen von Entitäten wie Souveränität, auf die Entwicklung von neuen Formen des Austauschs, der Um- und Übersetzung von Ordnungsvorstellungen und Normen. Neoliberale Ordnungsvorstellungen nehmen dabei auf charakteristische Weise eine ihrer historischen Entwicklung entgegen gesetzte Bedeutung an. Statt – wie im klassischen Konzept des Liberalismus – Staat und Gesellschaft zu trennen, beschreiben neoliberale Strategien den zunehmenden Einfluss marktorientierter Entscheidungen in öffentlichen Verwaltungen, die Privatisierung und Individualisierung von Risiken und die Konzeptualisierung des globalen Kosmopoliten als Wirtschaftssubjekt. In dieser Sicht wird die nationale Identitätsbildung relativiert, ohne dass die Konstruktion einer auf der grenzübergreifenden Verallgemeinerung der Menschenrechte basierenden globalen Solidarität gesehen wird. NGOs werden eher als situativ und nicht kontinuierlich wirksame Plattformen einer globalen Öffentlichkeit betrachtet und der beängstigende Erfolg transnational wirksamer, radikal-islamischer Netzwerke zitiert. Das Ideal eines auf Kant zurückgehenden Kosmopolitismus lässt sich durch den Wandel dessen relativieren, was als säkulare Form der Diaspora beschrieben wird und unterdessen vielfältigste Formen angenommen hat, die in der Tat die von Ong aufgeworfene Frage nach einem „cyber-based race" stellen lässt. Dabei ist das Beispiel Chinas besonders beeindruckend. Die chinesische Diaspora wird auf 60 Millionen Menschen geschätzt und erscheint zusehends als ethnisch definierte Gemeinschaft. Auf der Website der World Huaren Federation werden Huaren nicht als Auslandchinesen, sondern wesentlich breiter definiert, nämlich als „people of Chinese origin by birth, decent and heritage inside and outside China". Die gleiche Website lässt sich

Transgression
Diaspora

allerdings auch aus einer transkulturellen Perspektive lesen, denn so sehr ‚Chineseness' als globales Konstrukt imaginiert wird, so sehr ist dessen historische Orientierung auf eine transkulturelle Schnittmenge ausgelegt. Die Website orientiert sich an Sun Yat-sen und betont die transkulturelle Ausrichtung seiner insbesondere vom amerikanischen Progressive Movement geprägten politischen Schriften.

Zur Interpretation derartiger Vorstellungen benötigen Historiker allerdings eine Kulturtheorie, die mit kulturellen Verflechtungen analytisch umzugehen weiß. Das vom deutschen Philosophen Wolfgang Welsch geprägte Konzept der Transkulturalität erscheint deshalb besonders hilfreich, weil über die Thematisierung von Austauschprozessen Erkenntnisse über kulturelle Translationen zu gewinnen sind.

5. Themen und Personen

Bei den Vereinten Nationen sind derzeit ungefähr 76.000 Personen beschäftigt – genaue Zahlen sind schwierig zu erhalten. Die internationalen Beamten werden nach einem komplexen, an den Mitgliedsländern und deren Repräsentation gemessenen Quotensystem und dem Resultat eines internationalen Wettbewerbs ausgewählt. Ihre Anzahl ist so bedeutend, dass sie das ökonomische Gewicht des jeweiligen UN-Sitzes nachhaltig prägen. Für Genf, den europäischen Hauptsitz der UNO und weiterer internationaler Organisationen, hat das kantonale statistische Amt für 2007 über 20.000 Beschäftigte festgestellt. Die in Genf niedergelassenen internationalen Organisationen zahlten in diesem Jahr Löhne von knapp 2 Milliarden CHF aus. 30.000 Personen kamen überdies als Delegierte und Experten zu internationalen Konferenzen nach Genf. Diese beeindruckenden Zahlen haben allerdings bislang ein eher geringes Interesse geweckt – die wissenschaftliche Literatur setzt sich eher mit den rechtlichen Aspekten der internationalen Beamtenschaft auseinander. Die davon betroffenen Personen werden nicht als Gruppe betrachtet, schon gar nicht zusammen mit den unzähligen, im System der Vereinten Nationen beschäftigten, aber nicht entlohnten Praktikanten. Ein Oral History Projekt hat zwar Material zu den Generalsekretären und zu einigen für die Geschichte der Vereinten Nationen zentralen Politikern für die historische Forschung zugänglich gemacht. Doch bis auf einige wenige Autobiographien und eine von der UAI publizierte biographische Datensammlung ist es nur schwer möglich, eine Vorstellung über die mit den Vereinten Nationen verbundenen Biographien zu gewinnen. In einer Epoche, in der die Kommunikationskosten sich deutlich verringert haben, sind Grenzüberschreitungen und globale Informationsbeschaffung keine spezifischen Merkmale einer bestimmten Gruppe von Menschen mehr, auch wenn deren Motive zwischen Flucht und Tourismus schwanken können und nach wie vor die Dynamiken unerzwungener Migration ungleich verteilt sind. Das wissenschaftliche Interesse konzentriert sich deutlicher auf ein seit dem Ende des Kalten Kriegs verändertes Verständnis der globalen Migration. Die heutige Forschung betont, dass Migration temporären Charakter haben kann und von einem ganzen Netzwerk von Organisationen begleitet wird. Netzwerke schließen Selbsthilfeorganisationen ebenso ein wie Rekrutierungsorganisationen und illegale Schlepperbanden. Migranten sind Flüchtlinge, aber auch gut bezahlte und einflussreiche Expatriates. Die Migrationsströme haben sich zusehends verändert. Das Bild der Migrationsströme, die sich vom Süden in den Norden bewegen, ist einer Süd-Süd-Migration gewichen, deren Bedeutung zunimmt. **Bedeutung von Migration**

Für die Diskurse der internationalen Ordnung bleibt der Prozess der Dekolonisierung ein wesentliches Thema. Nach dem Ende des Kalten Kriegs begannen sich allerdings neue Themen zu etablieren. Die heutige Gesellschaft setzt sich mit der wachsenden Bedeutung umweltbezogener Fragen auseinander, die beides zu leisten vermögen: die Thematisierung neuer Abhängigkeitsverhältnisse (Biopiraterie), aber auch die Darstellung globaler Interdependenzen in einer vielfach vernetzten Welt.

a) Westliche Opposition und Dekolonisierung

Debatten über die Struktur der internationalen Ordnung waren in der Nachkriegszeit von kontroversen Entwicklungs- und Modernisierungsmodellen geprägt. Dazu gehörten das Stufenmodell des amerikanischen Ökonomen Walt W. Rostow (1916–2003), die marxistischen Theorien der in Lateinamerika entwickelten Dependencia und die Überlegungen struktureller Ungleichheit in den Befreiungstheorien von Frantz Fanon (1925–1961). Westliche Intellektuelle positionierten sich in dieser Argumentationsstruktur und verbanden dabei politische Opposition mit Dekolonisierungsforderungen.

In diese Diskurse war eine in den Metropolen ausgebildete indigene intellektuelle Elite einbezogen, die ihrerseits das Dilemma reflektierte, eben Teil jener westlich geprägten Deutungshoheit zu sein, gegen die es kritisch anzutreten galt. In der Auseinandersetzung spielte der Psychiater und Philosoph Frantz Fanon für das Verhältnis des französischen Existenzialismus zur ‚Négritude' eine zentrale Rolle. Das vom französischen Philosophen Jean-Paul Sartre verfasste Vorwort zu Fanons Buch „Die Verdammten dieser Erde" zeigt die Heftigkeit der Debatten um alternative und gerechtere internationale Ordnungsvorstellungen. Afrikanische Intellektuelle, die nach der Unabhängigkeit eine erste Generation von Staatschefs stellten, wie der Senegalese Léopold Sédar Senghor (1906–2001), Kwame Nkrumah (1909–1972) aus Ghana und Julius Nyerere (1922–1999) aus Tansania prägten den politischen Dialog der sechziger Jahre. Andere, wie der ermordete kongolesische Ministerpräsident Patrice Lumumba (1925–1961) sollten erst sehr viel später nach dem Ende des Kalten Kriegs Anlass zu einer beginnenden Auseinandersetzung mit der kolonialen Vergangenheit geben. Wenn wir davon ausgehen, dass internationale Netzwerke zu einem differenzierten Verständnis globaler Zusammenhänge beitragen, gehört das subsaharische Afrika zu den großen Verlierern der postkolonialen Globalisierung. Zivilgesellschaftliche Netzwerke sind zweifellos vorhanden, aber das Bild wird von jenen internationalen Organisationen geprägt, die zur Nothilfe und Krisenintervention eingesetzt werden. **Afrika**

Dekolonisierung
Jean Paul Sartre: Vorwort zu Frantz Fanon, Die Verdammten dieser Erde (1961)

Einen Europäer erschlagen heißt zwei Fliegen auf einmal treffen, nämlich gleichzeitig einen Unterdrücker und einen Unterdrückten aus der Welt schaffen. Was übrig bleibt ist ein toter Mensch und ein freier Mensch.

Internationalisierung der Ökologie

In den siebziger Jahren setzten internationale Kampagnen ein, die auf die negativen Konsequenzen konventioneller Entwicklungshilfe verwiesen und den internationalen Großorganisationen ein Konzept entgegenhielten, das mit einer ökologischen Ausrichtung argumentierte. Natürlich sind auch in diesem Bereich Organisationen mit einer weit älteren Geschichte zu finden, wie die 1948 neu gegründete, aber letztlich in ihrem Kern bereits vor dem Ersten Weltkrieg verabschiedete International Union for Conservation of Nature and Natural Resources. Mit der Politisierung der Ökologie entwickelte sich aber in den siebziger Jahren eine neue Meistererzählung der internationalen Organisation, die nun nicht mehr auf traditionelle Vorstellungen des Naturschutzes ausgerichtet war, sondern über die in den sechziger Jahren erfolgten Gründungen wissenschaftlicher Netzwerke einer modernisierungskritischen Haltung ein politisches Programm verlieh. Mit dem 1972 lancierten United Nations Environment programme (UNEP) hatte diese Thematik eine zunächst auf Afrika ausgerichtete Zielsetzung. In den achtziger Jahren gewann der ökologische Diskurs zusehends an Breite, schloss Frauen- und Friedensbewegung ein und kombinierte Ökologie mit Minoritätenschutz in einer Weise, wie sie die 1986 gegründete Ecoterra International in der Formulierung „First Peoples & Nature First" umschrieb. Nach 1989 vervielfältigte sich die Bewegung und schloss von der Vereinigung ‚grüner' Hotels bis zu einer mit grünen Helmen ausgerüsteten Taskforce höchst unterschiedliche Formen weltweiter ökologischer Ziele ein. Mit der wachsenden Bedeutung der Biotechnologie und des genetischen Engineerings schlug die internationale Ökobewegung zusehends eine kulturelle Richtung ein.

Die 1975 gegründete International Society for Ecology & Culture (ISEC) ist eine für diese Entwicklung typische Erscheinung einer NGO des 21. Jahrhunderts. Sie versteht globales Engagement als Gegenbewegung zum globalen Konsum und den damit gleichgesetzten multinationalen Unternehmen, betont die Beziehung zu lokalen Projekten und imaginiert eine kulturelle Authentizität, die es mit dem Slogan „Towards Ancient Futures" zu bewahren gilt. Solche Bewegungen sind transkulturell geprägt, haben eine spirituelle, in vielen Fällen asiatische Zielrichtung. Internationalisten dieser Ausrichtung unterscheiden sich deutlich vom Habitus eines internationalen Beamten, sie sind aber auch nicht auf das Bild des westlichen Intellektuellen bedacht, sondern bevorzugen eine pragmatische, zuweilen betont nicht akademische Ausrichtung. Politische Konzepte internationaler Ordnung sind an die Vorstellung einer „open society" angelehnt. Zuweilen wird Karl Popper (1902–1994) als Vordenker und Vorbild zitiert, in einer für das 21. Jahrhundert charakteristischen Weise aber an die Seite von Gandhi gestellt. Die Verbindung zwischen der Vorstellung pluralistischer, demokratisch organisierter Gesellschaften und eines gewaltfreien Widerstands positionieren solche Bewegungen in einem deutlich anderen Kontext als in demjenigen, der mit der internationalen Sicherstellung von Individualrechten verbunden ist. Die Fokussierung auf Umwelt, Biodiversität und kulturelles Erbe pflegt einen prinzipiell bewahrenden Ansatz und ist an einer Erweiterung des Handlungsspielraums letztlich nicht interessiert. Internationale Ordnungsvorstellungen zielen dann auch weniger auf die Sicherstellung von Individualrechten. Vielmehr werden in der Durchsetzung von westlichen Vorstellungen des Privateigentums eine Gefährdung indigener Völker gesehen. Deren Vielfalt zu bewahren, ist ein Anliegen ähnlich ausgerichteter Bewegungen (als Beispiel sei die Bewegung der 1991 gegründeten Organisation Unrepresented Nations genannt).

Solche grenzübergreifenden Bewegungen sehen Schnittstellen zu gouvernementalen Internationalisierungsstrategien daher auch zu einem guten Teil in der völkerrechtlichen Sicherstellung von durchsetzbaren Strafbestimmungen. Globalisierung, so zeigt dieser Querschnitt durch die Entwicklung ökologisch orientierter internationaler Organisationen, ist im 21. Jahrhundert in der Debatte internationaler Ordnungsvorstellungen ein ambivalenter Begriff. Das gleiche gilt für Vorstellungen des Managements von internationalen Themen. Während eine politische Opposition die Charakteristik der Bewegung beibehalten hat und moderne Medien zur Mobilisierung der Öffentlichkeit einsetzt, zeichnet sich das UN-System durch einen hohen Grad der Professionalisierung aus. Ursprünglich gegen den Arkanbereich der Diplomatie angetreten, haben die Vereinten Nationen selbst im Laufe der Zeit ein gegen außen relativ abgeschlossenes Eigenleben entwickelt. Eine spezielle UN Diplomatie verfügt über eigene Ausbildungsagenturen (UNITAR) und eine spezifische Terminologie, das UNITAR-Glossar. Immerhin bleibt festzuhalten, dass die Vereinten Nationen sechs offizielle Sprachen zulassen: Arabisch, Chinesisch, Englisch, Französisch, Russisch und Spanisch.

> **Die Sprache der UNO:**
> (aus: UNITAR: A Glossary of Terms for UN Delegates, 2005)
> **Arria Formula**: informelle und vertrauliche Zusammenkünfte der Sicherheitsratsmitglieder, die nicht protokolliert werden
> **CONGO**: Kommission des ECOSOC, die über den Status der NGOs entscheidet
> **Sherpas**: mit der Vorbereitung eines Gipfeltreffens Befasste
> **TK**: traditional knowledge, auf indigene Völker und lokale Gesellschaften bezogen
> **ZRG**: Zero Real Growth. Übliche Forderung der Geberländer bei der Finanzierung der Sonderorganisationen

b) Neue Themen: Biopiraterie und Götter mit Rechtsanspruch

Biopiraterie beschreibt den Anspruch auf die ökonomische Verwertung von Pflanzen und Tiere sowie des darauf bezogenen Allgemeinwissens. Es handelt sich dabei um die Aneignung genetischer Ressourcen, die mit Hilfe von nur in bestimmten Bereichen der Welt vorhandenen biotechnologischen Möglichkeiten in Kombination mit internationalen Eigentumsrechten privatisiert werden können. Auf diese Weise werden aus Heilpflanzen, die vor-

Vereinte Nationen

E

Niembaumextrakte: internationale Sicherung lokaler Traditionen

127

mals von der indigenen Bevölkerung genutzt wurden, von westlichen Firmen produzierte Medikamente, die nun teuer erworben werden müssen. Biopiraterie ist im internationalen Diskurs ein Kampfbegriff geworden, der die Ungleichheiten in der postmodernen internationalen Ordnung spezifiziert und die im 19. Jahrhundert etablierten Formen der Internationalisierung einer grundsätzlichen Kritik aussetzt. Internationale Abkommen zur Sicherung von Eigentumsrechten stellten eine Voraussetzung für die Funktionsfähigkeit eines globalen Marktes dar, die Konventionen und die damit geschaffene internationale Organisation zum Schutze des geistigen Eigentums gelten als Meilensteine fortschreitender Internationalisierung. Auf Pflanzen und Tiere angewendet, ergibt sich eine Verbindung zwischen modernster Technologie und kolonialer Vergangenheit, denn die Beanspruchung fremder Pflanzen und Tiere beschreibt eine gängige Begleiterscheinung europäischer Expansion. In der Frühneuzeit brachten Händler und Forscher eingetopfte exotische Pflanzen mit nach Hause, im 18. Jahrhundert einigten sich europäische Wissenschaftler über Klassifikationen und Ordnungssysteme, die nun für die gesamte Pflanzen- und Tierwelt Geltung besaßen. Das 19. Jahrhundert formalisierte die Herrschaft des Wissens durch die faktische Eroberung und Ausbeutung des Raumes. Diese Erzählung findet ihre Fortsetzung in der Anwendung eines universell gültigen Eigentumsrechts, das im Falle der Biotechnologie allerdings nur von den happy few beansprucht werden kann. Als nun aber 2005 die versuchte Patentierung von Extrakten des Niembaumes (Azadirachta indica) nach einem zehnjährigen Rechtsstreit mit der Verweigerung des Patents endete, begann sich eine neue Entwicklung abzuzeichnen, für die der Niembaum paradigmatische Bedeutung gewann. Der Niembaum stammt aus Asien und wächst in tropischem Klima. Verschiedene Baumextrakte sind in der traditionellen indischen Medizin Ayurveda im Gebrauch und haben breite Wirkeigenschaften. Sie wirken gegen Läuse und Milben, senken aber auch den Cholesterinspiegel. In den 1980er Jahren entdeckten europäische und amerikanische Firmen das Niembaumöl als Mittel gegen Pilzbefall an Pflanzen. Als eine der Firmen mit dem amerikanischen Landwirtschaftsministerium ein entsprechendes Patent beim europäischen Patentamt einreichte, setzte eine internationale Protestbewegung ein. Dagegen erhob sich nun Widerstand, der eine moderne Argumentation für asymmetrische Beziehungen bereit stellte. Das Verfahren, gegen Pilzbefall Extrakte des Niembaumes einzusetzen, sei in Indien sehr alt, die versuchte Patentierung Beleg für die Ignoranz des Westens. Traditionelles asiatisches Wissen werde über ein westliches Eigentumsrecht usurpiert. Dies führe zu einem Transfer von Wissen in den Westen und zu einer Verknappung einer bislang frei zugänglichen Ressource in Indien.

Niembaum und Patentrecht

Die Durchsetzung des neuen Themas fand eine adäquate Form internationaler Kooperation. Als Kläger traten drei Vertreterinnen internationaler Netzwerke auf: der Fraktion der Grünen im Europäischen Parlament in Brüssel, der Research Foundation for Science, Technology and Natural Resource Policy, Delhi, und der IFOAM (International Federation of Organic Agriculture Movements). In diesem Kontext dienten internationale Organisationen nicht der Beschleunigung des globalen Austauschprozesses, sondern als internationales Korrektiv lokaler Interessen. Das Beispiel zeigt die Bedeutung internationaler Organisationen als mögliche (und notwendige) Instanz der Vermittlung. Die Frage nach der Konsequenz solcher Entwicklungen ist damit nicht geklärt.

Ob und inwiefern sich solche Aktionen auf eine Stärkung transkultureller Einflüsse auswirken, hat mehr mit der gesellschaftlichen und kulturellen Umsetzung internationaler Ordnungsvorstellungen als mit der Geschichte von internationalen Organisationen und Bewegungen zu tun. So ist es angemessen, am Schluss dieser Geschichte der internationalen Ordnung die Dynamik der Veränderung an der Verschränkung von englischem Rechtssystem und hinduistischen religiösen Vorstellungen auszuloten – zwei auf den ersten Blick aus der Sicht der Historiographie gewiss nicht kompatibler Bereiche:

1976 entdeckte ein indischer Bauer eine kleine Bronzestatue, die den Gott Shiva als tanzenden Gott, als sog. Nataraja zeigt. Die wertvolle Statue aus dem 12. Jahrhundert gelangte in den internationalen Antiquitätenhandel und wurde vom British Museum in London konfisziert, als ihr Besitzer sie zur Restauration brachte. Der indische Staat macht diesen Fall zu einem Rechtsfall, der beispielhaft die Problematik der Plünderung von Kulturgütern zeigen sollte, konnte aber aus juristischen Gründen nicht als Kläger auftreten. Die Vertreter des bestohlenen Tempels argumentierten ihrerseits, dass eigentlich Gott Shiva der Kläger sei und beriefen sich dabei auf hinduistisches Recht, das der Statue eines Gottes die Bedeutung einer Rechtspersönlichkeit zusichert. Vor dem englischen Gericht begann damit eine Debatte zur Frage, ob ein indischer Gott in einem Staat mit christlichem Oberhaupt als Kläger zugelassen werden sollte. Der Richter ließ den göttlichen Kläger zu und ermöglichte damit, dass die Statue nach Indien zurückgebracht werden und fortan ein indischer Tempel in England seinen Besitz einklagen konnte.

Die Episode zeigt sowohl die kulturelle Determiniertheit legaler Ordnungsvorstellung als auch die Problematik ihrer internationalen Anerkennung. Immerhin bleibt festzuhalten, dass eine Geschichte internationaler Ordnungsvorstellungen analytische Werkzeuge bereitzustellen vermag, die eine Verortung komplexer grenzübergreifender Vernetzungen ermöglicht. Solche Formen von Austauschprozessen gehen über die Vorstellung internationaler Organisationen hinaus und stellen letztendlich die Frage, wie Gesellschaften Fremdes adaptieren und transformieren, unter welchen historischen Rahmenbedingungen solche Prozesse als kulturelle Bereicherung oder aber als Plünderung und Enteignung definiert werden. Unter der Voraussetzung, dass unterschiedliche Historizitäten unter dem gemeinsamen Dach der historischen Methode Platz finden, steht Historikern und Historikerinnen ein weites Feld einer die internationale Ordnung neu überdenkenden transkulturellen Geschichtsschreibung offen.

Shiva als Kläger

Auswahlbibliographie

Weitere Hinweise, Materialien und Links sind online verfügbar über **www.internationalorganisations.net oder www.wbg-wissenverbindet.de**

Historiographie, Globalgeschichte, Überblicksdarstellungen

Asien-Europa: Asia and Europe in a Global Context (http://www.asia-europe.uni-heidelberg.de/).

Appadurai, Arjun: Modernity at Large, Minnesota 1996.

Baumgart, Winfried: Vom europäischen Konzert zum Völkerbund, Darmstadt ²1987.

Bayly, Christopher A.: Die Geburt der modernen Welt, Frankfurt 2006.

Budde, Gunilla, Sebastian Conrad, Oliver Janz (Hrsg.): Transnationale Geschichte, Göttingen 2006.

Chakrabarty, Dipesh: Provincializing Europe, Princeton 2000.

Conrad, Sebastian, Shalin Randeria (Hrsg.): Jenseits des Eurozentrismus, postkoloniale Perspektiven in den Geschichts- und Kulturwissenschaften, Frankfurt/Main 2002.

Eisenstadt, Shmuel N. (Hrsg.): Multiple Modernities, New Brunswick 2002.

Fisch, Jörg: Europa zwischen Wachstum und Gleichheit 1850–1914, Stuttgart 2002.

Herren, Madeleine: Hintertüren zur Macht, München 2000.

Hobsbawm, Eric J.: Das imperiale Zeitalter, (Neuaufl.) Frankfurt/Main 2008

Hobsbawm, Eric J.: Das Zeitalter der Extreme, München ⁶2003.

James, Harold, 15. November 1975: die Globalisierung der Wirtschaft, München 1997.

Khagram, Sanjeev, James V. Riker, Kathryn Sikkink (Hrsg.): Restructuring World Politics, Minneapolis 2002.

Ong, Aihwa: Neoliberalism as Exception, Durham ²2007.

Osterhammel, Jürgen, Niels P. Petersson: Geschichte der Globalisierung. Dimensionen, Prozesse, Epochen, München ⁴2007.

Osterhammel, Jürgen: Die Verwandlung der Welt. Eine Geschichte des 19. Jahrhunderts, München 2009.

Seth, Sanjay: Reason or Reasoning? Clio or Siva? In: Social Text 22/1 (2004), S. 85–101.

Stalder, Felix: Manuel Castells. TheTheory of the Network Society, Cambridge 2006.

Walters, Francis Paul: A History of the League of Nations, London 1952.

Welsch, Wolfgang: Transculturality – the Puzzling Form of Cultures Today. In: M. Featherstone, S. Lash: Spaces of Culture, London 1999, S. 194–213.

Young, John W., John Kent: International Relations since 1945, Oxford 2004.

Geschichte der internationalen Organisationen

Archer, Clive: International Organizations, London ³2001.

Boli, John, George M. Thomas: Constructing World Culture: International Nongovernmental Organizations since 1875, Stanford 1999.

Iriye, Akira: Global Community: The Role of International Organizations in the Making of the Contemporary World, Berkeley 2002.

Murphy, Craig N.: International Organization and Industrial Change: Global Governance since 1850, Cambridge 1994.

Ndegwa, Stephen N.: The Two Faces of Civil Society: NGOs and Politics in Africa, West Hartford 1996.

Randeria, Shalini: Globalization of Law: Environmental Justice, World Bank, NGOs and the Cunning State in India. In: Current Sociology, Vol. 51/ 3–4 (2003), S. 305–328.

Ranshofen-Wertheimer, Egon F.: The International Secretariat: A Great Experiment in International Administration, Washington 1945.

Rittberger, Volker, Bernhard Zangl: Internationale Organisationen: Politik und Geschichte, Opladen ²2003.

Rutherford, Kenneth R., Brem, Stefan, Matthew, Richard A.: Reframing the Agenda; The Impact of NGO and Middle Power Cooperation in International Security Policy, Westport 2003.

Schechter, Michael G. (ed.): United Nations Sponsored World Conferences: Focus on Impact and Follow-Up, New York 2001.

Wallace, Michael, J. David Singer: Intergovernmental Organization in the Global System, 1815–1964: A Quantitative Description. In: International Organization 24 (1970), S. 239–287.

Willets, Peter (Hrsg.): The Conscience of the World. The Influence of Non-Governmental Organisations in the UN System, Washington 1996.

Quellen, Archive, Findmittel, Reader

Baldwin, Simeon E.: The International Congresses and Conferences of the Last Century as Forces Working Toward the Solidarity of the World. In: The American Journal of International Law, Vol. 1/3 (1907), S. 565–578.

Fanon, Frantz: Die Verdammten dieser Erde, mit einem Vorwort von Jean-Paul Sartre, Frankfurt [5]1991.

Dolivet, Louis: The United Nations: A Handbook on the New World Organization, New York 1946.

Faries, John Culbert: The Rise of Internationalism, Diss., New York 1915.

Fried, Alfred H.: Das internationale Leben der Gegenwart, Leipzig 1908.

House, Edward Mandell, Charles Seymour, What really happened at Paris, New York 1921.

Huber, Max: Die soziologischen Grundlagen des Völkerrechts, Berlin 1928.

Knipping, Franz, Hans von Mangoldt, Volker Rittberger (Hrsg.): Das System der Vereinten Nationen und seine Vorläufer, 2 Bde., München 1995–1996.

Mazlish, Bruce, Akira Iriye (Hrsg.): The Global History Reader, New York 2005.

Reinsch, Paul S.: Public International Unions, their Work and Organization, a Study in International Administrative Law, Boston 1911.

Stead, William T.: The Americanisation of the World, London 1902.

Toll, Benno von: Die internationalen Bureaux der allgemeinen völkerrechtlichen Verwaltungsvereine, Diss., Tübingen 1910.

Trotzki, Leo: Mein Leben, Berlin 1961.

UNESCO Guide to the Archives of Intergovernmental Organizations www.unesco.org/archives/guide/.

United Nations Oral History Collection (www.un.org/depts/dhl/dag/oralhist.htm).

United Nations Treaty Collection (http://untreaty.un.org/).

Nachschlagewerke

International Organization Bibliography and Resources, in: Yearbook of International Organizations, 1950 ff.

Iriye, Akira, Pierre-Yves Saunier (Hrsg.): The Palgrave Dictionary of Transnational History, Basingstoke 2009.

Kuehl, Warren F.: Biographical Dictionary of Internationalists, Westport 1983.

Sowjetsystem und Demokratische Gesellschaft, hrsg. C. D. Kernig, 7 Bde., Freiburg 1966–1972.

Union of International Associations/Union des Associations Internationales: verschiedene Publikationen zur Entwicklung von IGO und NGO sowie der internationalen Kongresse und deren Standorte können im Yearbook of International Organizations (1950 ff.) nachgeschlagen oder in der kostenpflichtigen Datenbank der UAI gesucht werden.

Who's Who in International Organizations, in: Yearbook of International Organizations, Vol. 6/2008.

Weltausstellungen, Personen, epistemische Gemeinschaften, globale Zivilgesellschaft und Netzwerke

Appiah, Kwame Anthony: Cosmopolitan Patriots. In: Critical Inquiry 23 (1997), S. 617–637.

Berg, Nicolas: Luftmenschen. Zur Geschichte einer Metapher, Göttingen 2008.

Brunhammer, Yvonne (Hg.): Le livre des expositions universelles 1851–1989, Paris 1983.

Haas, Peter M.: Introduction: Epistemic Communities and International Policy Coordination. In: International Organization 46 (1992), S. 1–35.

Jones, Dorothy V.: Code of Peace: Ethics and Security in the World of the Warlord States, Chicago 1991.

Koskenniemi, Martti: The Gentle Civilizer of Nations: The Rise and Fall of International Law, 1870–1960, Cambridge 2002.

Rupp, Leila J.: Worlds of Women: The Making of an International Women's Movement, Princeton 1997.

Schroeder-Gudehus, Brigitte, Rasmussen, Anne, (eds.), Les fastes du progrès. Guide des expositions universelles, 1851–1992, Paris 1992.

Einzelne Themenbereiche

Kommunikationstechnologien/Telegrafie:

Headrick, Daniel R.: The Invisible Weapon: Telecommunications and International Politics, 1851–1945, New York 1991.

Thierer, Adam, Wayne Crews Jr. Clyde: Who Rules the Net? Internet Governance and Jurisdiction, Washington 2003.

Standards: Ariel, Avraham, Ariel Berger Nora: Plotting the Globe: Stories of Meridians, and the International Date Line, Westport 2006.

Bréard, Andrea: On Mathematical Terminology: Culture Crossing in Nineteenth-century China, in: Lackner, op.cit. S. 305–326.

Lackner, Michael, Ivo Amelung, Joachim Kurtz: New Terms for New Ideas: Western Knowledge and Lexical Change in Late Imperial China, Leiden 2001.

Asien und IOs:

Culver, Annika A.: „Between Distant Realities": The Japanese Avant-Garde, Surrealism, and the Colonies, 1924–1943, 2 Vols, Diss., Chicago 2007.

Duara, Prasenjit: Nationalists among Transnationals: Overseas Chinese and the Idea of China, 1900–1911, in: Ungrounded Empires: The Cultural Politics of Chinese Transnationalism, ed. Aihwa Ong and Donald M. Nonnini (New York, 1997), S. 39–60.

Horn, Gerd-Rainer, Kenney, Padraic (eds.): Transnational Moments of Change. Europe 1945, 1968, 1989, Manham 2004 (Bedeutung des Vietnam Kriegs).

Einzelne Organisationen:

Lüddeckens, Dorothea: Das Weltparlament der Religionen von 1893, Berlin/New York 2002.

Organisation pour la mise en valeur du fleuve Sénégal (OMVS), www.omvs.org.

Ranaivoson, Henri: L'Union Postale Universelle (UPU) et la constitution d'un territoire postal unique: analyse juridique de la genèse, de l'évolution structurelle et du fonctionnement d'une institution spécialisée des Nations Unies, Freiburg 1988.

Schirbel, Gabriele: Strukturen des Internationalismus: First Universal Races Congress, London 1911, Münster 1991.

Seckelmann, Margrit: Industrialisierung, Internationalisierung und Patentrecht im Deutschen Reich, Frankfurt 2006.

WIPO: Für einen kurzen Abriss zu Geschichte und Funktion der WIPO vgl. www.wipo.int.

Woodbridge, George: UNRRA: The History of the United Nations Relief and Rehabilitation Administration, 3 Bde., New York 1950. Zu Indien vgl. Chary, Shrinivas: The Eagle and the Peacock: U. S. Foreign Policy toward India since Independence, Westport 1995.

Xu, Xiaoqun: Professionals and the Republican State: the Rise of Professional Associations in Shanghai, 1912–1937, Cambridge 2001.

Völkerbund: Zur Bedeutung des Vertragswerks s. National Archives of Australia, http://www.founding docs.gov.au/.

Erez, Manela: The Wilsonian Moment: Self-Determination and the International Origins of Anticolonial Nationalism, Oxford 2007.

Totalitäre Unterwanderung: Fletcher, William Miles: The Search for a New Order: Intellectuals and Fascism in Prewar Japan, Chapel Hill 1982.

Herren, Madeleine: ‚Outwardly … an Innocuous Conference Authority': National Socialism and the Logistics of International Information Management, German History, 20/1 (2002), S. 67–92.

Sachregister

Namensregister